U0572984

权威·前沿·原创

皮书系列为
"十二五""十三五""十四五"时期国家重点出版物出版专项规划项目

BLUE BOOK

智 库 成 果 出 版 与 传 播 平 台

对外传播蓝皮书

BLUE BOOK OF OVERSEAS COMMUNICATION

中国对外传播发展报告
（2024）

REPORT ON DEVELOPMENT OF CHINA'S OVERSEAS
COMMUNICATION (2024)

主　编／林仲轩　支庭荣

社会科学文献出版社
SOCIAL SCIENCES ACADEMIC PRESS (CHINA)

图书在版编目（CIP）数据

中国对外传播发展报告.2024／林仲轩，支庭荣主编.--北京：社会科学文献出版社，2025.3.
（对外传播蓝皮书）. -- ISBN 978-7-5228-4664-4

Ⅰ.G219.26

中国国家版本馆 CIP 数据核字第 20253M2Q60 号

对外传播蓝皮书

中国对外传播发展报告（2024）

主　　编／林仲轩　支庭荣

出 版 人／冀祥德
责任编辑／陈　雪
责任印制／岳　阳

出　　版／社会科学文献出版社·皮书分社（010）59367127
　　　　　地址：北京市北三环中路甲29号院华龙大厦　邮编：100029
　　　　　网址：www.ssap.com.cn
发　　行／社会科学文献出版社（010）59367028
印　　装／天津千鹤文化传播有限公司

规　　格／开　本：787mm×1092mm　1/16
　　　　　印　张：20.25　字　数：302千字
版　　次／2025年3月第1版　2025年3月第1次印刷
书　　号／ISBN 978-7-5228-4664-4
定　　价／158.00元

读者服务电话：4008918866

▲ 版权所有 翻印必究

　　本书为教育部哲学社会科学研究重大课题攻关项目："粤港澳大湾区国际传播话语体系建构研究"（项目编号：23JZC036）阶段性成果。

《中国对外传播发展报告（2024）》
编　委　会

编委会主任　林仲轩　支庭荣

编委会成员　（以姓氏笔画为序）

史安斌　刘　涛　张　昆　张涛甫　林如鹏

林爱珺　罗　昕　周　勇　郑　亮　胡正荣

姜　飞　唐润华　隋　岩　曾一果

主要编撰者简介

林仲轩 暨南大学新闻与传播学院副院长、教授、博导，暨南大学计算传播研究中心常务副主任，广东省哲学社会科学重点实验室主任，受聘为广州市人民政府决策咨询专家等，入选中宣部"文化名家暨'四个一批'人才工程"宣传思想文化青年英才。研究方向为媒介文化、数码残障、港澳传播、国际传播等。2017 年以来以第一署名作者身份在 SSCI 和 A&HCI 期刊发文 53 篇，在 CSSCI 和 TSSCI 期刊发文 16 篇，出版教材和专著 7 部，获得省部级社科成果奖 3 项。主持国家社科基金重大项目和教育部哲学社会科学研究重大课题攻关项目各 1 项、国家社科基金一般项目和重大项目子课题各 2 项、教育部等省部级项目 10 项。

支庭荣 暨南大学新闻与传播学院教授、博导、党委书记，暨南大学计算传播研究中心主任。入选教育部"新世纪优秀人才支持计划"、广东省"特支计划"宣传思想文化领军人才等人才计划。系国家社科基金重大招标项目首席专家、教育部"马克思主义理论研究和建设工程"专家。获教育部高等学校科学研究优秀成果奖（人文社会科学）二、三等奖，广东省哲学社会科学优秀成果奖二等奖，教育部全国普通高校优秀教材二等奖（集体）、国家级教学成果奖二等奖（集体）。主编"新媒体传播理论与应用精品教材译丛""广播电视编导与播音主持艺术精品教材译丛"。兼任全国新闻与传播专业学位研究生教育指导委员会委员、中国新闻文化促进会常务理事、中国高等教育学会新闻学与传播学专业委员会常务理事。

摘　要

　　本书梳理和概括了2023年以来我国社会各领域对外传播的方式方法、主要成就、现实问题与优化路径。主要发现：2023~2024年，尽管国际传播秩序总体上仍呈现"西强东弱"的局面，但中国对外传播实践主体积极采用多元化策略，灵活运用多种话语策略和传播模式，显著提升了对外传播效能。主流媒体在讲好中国故事方面能力不断增强，地方各级国际传播中心建设成效显著，智库与科研机构的话语权得到加强，企业作为新兴力量在对外传播中崭露头角，民间社会组织及网红、互联网意见领袖等也在跨文化传播中发挥了独特作用。这一多元化格局的形成，不仅丰富了中国对外传播的内容与形式，也增强了在国际舞台上的影响力和话语权。除此之外，技术创新也已成为推动中国对外传播实践发展的重要动力。AIGC（人工智能生成内容）技术在辅助采编、精准投放、智能互动、内容生产及智能审核等方面展现出巨大潜力，为国际传播带来了新机遇。同时，虚拟现实、数字技术等新兴技术的应用，也为中国传统文化的沉浸式传播和文博风俗画的文化转译提供了新路径，进一步拓宽了对外传播的渠道和形式。

　　目前我国社会各领域的对外传播实践在全球范围内获得总体平衡偏正面的评价，但仍面临着地缘政治博弈、经济逆全球化等挑战。未来，我国需通过加强区域国别研究、善用人工智能技术、创新传播方式等举措，持续提升对外传播效果。同时，建议增强主流媒体国际传播能力、完善地方国际传播中心建设、鼓励智库机构开展对外传播实践、为中国出海企业提供支持，激

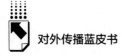

发民间组织与社会个体在传播实践方面的热情和活力，进一步构筑全方位、多层次的对外传播格局。

关键词： 多元化　技术创新　中华优秀传统文化　国际传播能力建设对外传播活力

目 录 ⊏⅔

Ⅰ 总报告

Ⅱ 专题篇

Ⅲ 创新篇

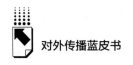
IV　媒体篇

V　案例篇

皮书数据库阅读**使用指南**

总 报 告

B.1

2023~2024年中国对外传播的
方式方法、主要成就及现实问题[*]

林仲轩　荆高宏　张入迁[**]

摘　要： 本报告以2023年1月至2024年8月为研究时段，通过检索相关学术文献、宣传报道、行业报告等资料，主要对2023~2024年中国对外传播的方式方法、主要成就及现实问题进行了梳理。研究发现，2023年1月至2024年8月，在方式方法上，我国社会各领域的对外传播实践主体积极采用多元化战略，灵活运用多种话语策略、综合各类传播模式，主动转变对外传播思维，不断优化自身的对外传播效能。在主要成就上，2023年以来，我国主流媒体讲好中国故事的能力不断提升、地方各级国际传播中心建设的成效明显、智库与科研机构的话语权得到加强、企业作为对外传播新兴力量

---

  * 本文为2023年度暨南大学博士研究生拔尖创新人才培养项目（项目编号：2023CXB008）的阶段性研究成果。

  ** 林仲轩，暨南大学新闻与传播学院副院长、教授、博士生导师，主要研究方向为媒介文化、数码残障、港澳传播、国际传播等；荆高宏，暨南大学新闻与传播学院博士研究生，主要研究方向为国际传播、新闻创新；张入迁，暨南大学新闻与传播学院博士研究生，主要研究方向为国际传播、媒体融合、算法治理。

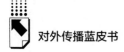

崭露头角、民间社会组织积极参与国际互动、网红与互联网意见领袖等在跨文化传播中亦发挥了独特作用。在现实问题上，主流媒体仍然在对外传播领域存在一定程度的内宣化、浅表化、模板化及笼统化问题；地方各级国际传播中心的队伍建设与受众定位仍待进一步明晰；智库与科研机构的对外传播影响力有待持续提升；民间社会组织及网红、互联网意见领袖等个体的对外传播活力也需进一步激发。

关键词： 对外传播　出海　主流媒体　企业　智库　民间组织　社会个体

　　近年来，全球经历着前所未有的变革，世界格局、时代特征与历史进程均以崭新且深刻的方式演进。随着全球逐渐走出新冠疫情阴影，以生成式人工智能为引领的信息技术革命正如火如荼，绿色低碳转型已成为全球性的共识，而区域性冲突的频发与保守主义思潮的兴起，则使整个世界步入了一个充满更大不确定性的环境之中。[①] 在此背景下，党的二十届三中全会审议并通过了《中共中央关于进一步全面深化改革、推进中国式现代化的决定》（以下简称《决定》）。其中，在"深化文化体制机制改革"部分，《决定》着重强调，要"构建更有效力的国际传播体系。推进国际传播格局重构，深化主流媒体国际传播机制改革创新，加快构建多渠道、立体式对外传播格局"[②]。

　　面对纷繁复杂的国际国内形势，2023 年以来，我国各级主流媒体、地方国际传播中心、智库与研究机构、企业、社会组织及民间个体等多元主体积极参与，共同推动了全方位、立体化、多层次对外传播格局的构建。本报告以 2023 年 1 月至 2024 年 8 月为研究时段，试图全面梳理、总结和分析现阶段我国对外传播领域的方式方法、主要成就及现实问题。课题组通过

---

① 郭晓科、应志慧：《2024 年我国国际传播的关键变量与重点议题前瞻》，《对外传播》2024年第 1 期。

② 《中共中央关于进一步全面深化改革、推进中国式现代化的决定》，https：//www.gov.cn/ zhengce/202407/content_ 6963770. htm？sid_ for_ share＝80113_ 2，2024 年 7 月 21 日。

设定"对外传播""国际传播""全球传播""出海""China international communication""China global communication"等中英文关键词，在中国知网（CNKI）数据库、Web of Science、国家权威搜索引擎"中国搜索"及微信"搜一搜"系统检索了研究时段内的相关学术文献、宣传报道、行业报告等资料。通过系统性的文献分析和交叉信息验证，课题组依照样本真实性、重要性及代表性进行了资料筛选，最终甄选出有效学术文献 416 篇、相关宣传报道 183 篇、行业研究报告 34 篇，作为本报告的写作与分析基础。通过深入剖析当前阶段下我国各领域对外传播实践活动中的工作经验与案例，本报告旨在赋能政府、企业、社会组织及民间个体等多元化主体，为国家的对外传播事业提供创新思路与灵感源泉，为构筑一个更为健全、高效的国际传播体系贡献力量。

一 2023~2024年我国对外传播领域的方式方法

对外传播的方式方法一直是学界和业界关注的重点领域，在进行对外传播的过程中，需要考虑国际社会中的文化差异、语言障碍、媒体环境、受众心理、舆论环境与国际形象等方面的因素，在方式方法的选择上，需要根据对外传播的场景来制定合适的策略，以此来保证对外传播的效果。通过有效的传播手段，国家可以向全球展示文化、价值观、发展成就和社会制度，增强其他国家和人民对我国的认同感和好感度。

对外传播中具有多样的方式方法，涉及复杂主体和多元路径，包括官方媒体对外传播、数字媒体对外传播、多边外交和公共外交、企业和商业对外传播、学术与智库交流、民间外交与草根传播等。为了将中国对外传播的方式方法进行归纳，总结出有效经验，报告采用定量的文献计量法和知识图谱分析，辅之以定性的文本分析，对 2023~2024 年国内外相关研究文献进行检索和分析，探究对外传播方式方法的集中分布状况，并对相关特征进行比较，厘清其脉络与关联，以期为中国对外传播的方式提供理论指导和价值启示。

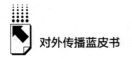

（一）中文研究视野下我国现阶段对外传播实践的方式方法

以"对外传播"为关键词，分别组合"国际传播""全球传播""方式""方法"等进行精确检索。本文梳理了与中国对外传播方式方法相关的中英文学术期刊论文。在经过初步的检索后，对检索结果进行进一步的筛选，排除新闻通讯、编者寄语等非学术论文内容项和重复内容项，然后通过人工识别的方法，剔除与研究主题无关或相关性较低的数据，筛选出符合相关研究要求的样本。最后，认真审核筛选出的样本，依据其引文文献进行回溯，补充遗漏内容，以确保数据收集的有效性与全面性。在此基础上，课题组筛选得到 271 篇有效中文文献样本。利用 Vosviewer（1.6.19 版本）进行关键词共现分析（参数设置：时间区间为 2023~2024 年；Type of analysis 选择 Co-occurrence；Unit of analysis 选择 Keywords；Counting method 选择 Full counting；关键词出现最少次数设置为 2 次），可得到相关中文文献的关键词共现图（见图 1）。

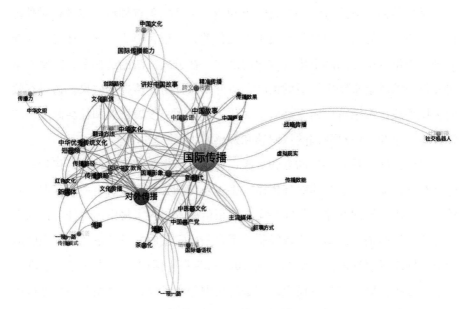

图 1　相关中文文献的关键词共现图

　　根据图1可以看出，2023~2024年中国对外传播研究领域的图景呈现出多元化特征，涵盖了文化传播能力、讲好中国故事、国际影响力等多个维度。其中，"文化传播能力"与"国际传播能力"紧密相连，反映出提升传播效能是研究的重点之一；"讲好中国故事"则强调了内容创新在对外传播中的核心作用，旨在通过生动的故事讲述、展现中国形象。在技术层面，社交媒体、纪录片、短视频等文化传播媒介成为研究热点，展现了新媒体时代对外传播的新路径。同时，"虚拟现实""数字传播"等关键词的出现，预示着数字技术将在未来对外传播中发挥更加重要的作用。此外，"非物质文化遗产"的保护与传播以及"战略传播"都成为对外传播研究的新热点，这些研究都非常强调"受众意识"和"国际受众"的研究视角。总体来看，2023~2024年的中国对外传播研究图景呈现出多元化、技术化、战略化与人文化并重的特征。

　　为进一步开展分析，课题组通过关键词聚类分析的方式，将271篇对外传播相关中文文献关键词分为四大集群（见表1），并总结出现阶段我国对外传播方式方法的四个主要维度。

表1　相关中文文献的四大集群

集群1		集群2	
关键词	共现次数	关键词	共现次数
对外传播	31	策略	7
新媒体	8	中国共产党	4
中华优秀传统文化	8	翻译方法	4
短视频	7	中医药文化	4
传播路径	5	社交机器人	3
茶文化	4	国际话语权	3
"一带一路"	3	话语传播	3
非物质文化遗产	3	纪录片	2
数智时代	3	中国方案	2
红色文化	3	人类命运共同体	2

续表

集群 3		集群 4	
关键词	共现次数	关键词	共现次数
国际传播	85	中国故事	11
跨文化传播	4	国际传播能力	10
战略传播	4	中华文化	8
精准传播	4	讲好中国故事	8
虚拟现实	3	传播策略	7
传播效果	3	国家形象	6
中国声音	3	文化自信	5
国家叙事	2	话语体系	5
体育赛事	2	主流媒体	4
受众意识	2	CGTN	4

1. 整合多元渠道，助推中华优秀传统文化对外传播

基于集群 1 中的关键词，结合对相关文献及案例的系统性分析，课题组发现，"整合多元渠道，助推中华优秀传统文化对外传播"是现阶段我国各领域开展对外传播活动的重要方式。就目前的传播情况来看，这种方式主要依托于两类"平台"而得以实现。其中，一类是以"一带一路""金砖国家""上合组织""博鳌亚洲论坛"等为代表的、依托于现实空间开展的国际交流合作与文明互鉴平台；另一类则是以互联网社交媒体为主的、主要在线上虚拟空间展开的数智化传播平台。通过线上与线下、虚拟与现实的同频共振、相互协作，多元主体在具体的国际传播过程中整合了多元化的传播渠道，最终助推了中华优秀传统文化的对外传播。

一方面，"一带一路"倡议的国际传播在中华优秀传统文化弘扬、非物质文化遗产推广、国际话语权重塑等方面具有重要作用。研究多以"一带一路"倡议为平台，剖析"一带一路"的政策话语、媒介话语、学术话语间的相互作用如何助推中华优秀传统文化的对外传播。具体而言，在"一带一路"倡议提出十周年之际，《人民日报》（海外版）、《中国日报》、新华社、CGTN 等主流媒体主动设置媒介议程，积极运用多种形式的媒介文本宣传，并注重国内国外宣传报道的语态差异，融入茶文化①、武术文化②、非遗文化等元素，尽可能地使国际社会切身感受到丝路文明的辉煌与悠久历史，在签署文化协定、开展文化交流活动的基础上，形成了具有文化特色的产业链，增强了中华优秀传统文化的影响力和感召力。依靠现实空间中的国际交往与协作，我国的人类命运共同体理念得以传播、各种形式的"第三文化空间"在共建"一带一路"国家得以建立，各种文化产品、文化内容也在国际社会的文明交流互鉴中得以传承和保护。③

另一方面，5G、VR、AR 等技术的勃兴，促使文化传播、讲好中国故事在数智传播环境的系统性变革下拥有了一定的技术优势。将平台进行的图像、视频传播与非物质文化遗产相结合，在宏观层面上形成了中华优秀传统文化对外传播的数字化策略。例如，2023 年中国国际电视台 CGTN 推出的海外传播节目《千年调·宋代人物画谱》成了传统文化对外传播的图像载体，通过 VR、AR 等技术将传统的静态图像转换为能够进行动态内容呈现的混合型媒介，将来自全球十几家博物馆的宋代人物画珍品按照职业属性与人物形象分为伴（Children）、俚（Market）、伶（Stage）、伊（Style）、仕（Class）、仙（Faith）六类进行展示，用户可以通过线上数字特展的互动叙事融入历史情境中获得沉浸式体验，提升了国外用户对于中华文化的参与感与认同感。④ 此外，海外自媒体视频博主成为推动中国文化对外传播的重要主体。YouTube 平台的"Living in China"频道有 46.7 万订阅用户，其发布的与中国相关的视频浏览量将近 6000 万人次，一项针对该频道短视频评论的语义网络研究表明，视频主题围绕娱乐、生活环境、乡村建设、科技发展

① 《以茶为媒，推动文明交流互鉴》，https：//www.yidaiyilu.gov.cn/p/304686.html，2023 年 2 月 1 日。

② 王统领、赵翠青、姜南：《"一带一路"倡议下中国武术转文化传播研究》，《体育文化导刊》2024 年第 2 期。

③ 龙小农、陈昕瑶：《全球治理与经济发展：共建"一带一路"面临挑战与国际话语权建构》，《当代中国与世界》2024 年第 1 期。

④ 高牧星：《沉浸、交互、多维：数智化图像国际传播研究——从〈清明上河图〉到〈千年调·宋代人物画谱〉》，《未来传播》2024 年第 2 期。

等多个方面，以客观的方式来呈现中国的国情，并与国外的报道进行比较，解蔽了一个真实的中国。该频道的用户评论主要围绕经济发展、日常生活、自由问题、西方媒体、社会环境等五类问题进行讨论，视频博主、用户在观看视频和讨论的过程中对中国故事进行了二次生产与传播，并形成了某种程度上的"共同体"。

就最新的实践情况来看，与图像传播相比，短视频传播速度更快、互动性更强、受众基数更大。抖音、快手等平台的全球化，使短视频成为中华文明国际传播的重要工具。短视频重塑了传播路径，再造了传播流程，为中华文明国际传播提供了新的土壤，创造了文化与商业价值共融的新模式。通过选取世界共通母题、以中华优秀传统文化为叙事突破口、运用情感共鸣等手法，创作短视频。短视频能够减少"文化折扣"，提高传播效果，展示了一个更全面的中国形象。

2. 组合多种话语策略，助力人类命运共同体思想传播

基于集群2相关文献及关键词，"组合多种话语策略，助力人类命运共同体思想传播"为现阶段我国各领域开展对外传播活动的又一重要方式。其中，纪录片、出版等作为对外传播的重要话语形态，凭借其独特的魅力和广泛的受众基础，成了争夺国际话语权、展现中国形象的有力工具。这些话语形态生动地记录了中国的社会发展、文化传承和人民生活，深刻诠释了人类命运共同体思想的核心理念和实践成果。另外，医药文化、人类命运共同体等话语的传播，丰富了对外传播的内容体系，在无形中建构了一种"想象的共同体"。这些话语以其深厚的文化底蕴和普遍的价值追求，跨越了国界和文化的差异，引发了全球范围内的共鸣和认同。医药文化的传播，向世界展示了中国传统医学的智慧和魅力，以及中国对生命健康和人类福祉的深切关怀；而人类命运共同体思想的传播，则进一步彰显了中国对全球和平与发展的责任担当和美好愿景。

（1）纪录片成为重要的国际文化交流名片。在传播策略层面，纪录片成了建构中外平等对话关系的重要载体。从对话理论的视角来看，纪录片在对外传播、文化交流、国家形象建构、话语争夺、文化叙事等方面起着重要

作用，为各主体间的关系建构提供了对话空间。可以说，在开放性的话语空间中，传者与国外受众参与到话题的讨论中各抒己见、求同存异，纪录片构建了传者与国外受众之间平等的对话关系，在平等的对话中增强了中国故事中所蕴含话语的说服力。随着对话发生的频次增加、内容更加深入，不同主体之间的交流空间随之拓展，有利于促进对话并产生积极效果。[①]

以中外合拍的微纪录片《中欧非遗》为例，该纪录片由中央广播电视总台与欧洲新闻台合作推出，以英语、法语、西班牙语、意大利语、俄语、德语、葡萄牙语等七种语言向全球播出，截至2023年10月，系列节目已经收获了4.75亿次浏览量，触达观众7600万人，在各大社交平台浏览量超过1800万次，有效实现了中华文化的对外传播。在对话空间的塑造上，该纪录片通过共同的历史、文化符号来呈现共同话语，通过布艺、陶艺、铸剑、制茶、造船和丝织等六项传统非遗技术的联动与对比，拉近了中国与欧洲民众之间的心理距离，为想象共同体的建构提供了共通区间。为了激起海外观众的共鸣，纪录片通过艺术氛围来唤醒"纯粹记忆"，即将非遗技术放置到自然环境中，以其作为"文化容器"，唤醒人类历史长河中共同的生命记忆。在记忆和文化的共享空间中，纪录片通过跨文化叙事获得海外观众的共情，从而达成文化自省、文明互鉴的目的。[②]

总体来看，在当今国际传播格局中，主流话语权的争夺日益激烈，纪录片作为重要的国际文化交流名片，正在扮演着越发重要的角色。中国主流媒体的国际传播能力建设及传媒产品的国际传播效能，与国家文化发展战略息息相关，因此，我们应重点研究纪录片在对话理念与文化传播上的策略，确保其在国际传播中的影响力和引导力。

（2）数字出版成为中外文化交流的重要手段。面对语言、文化、受众等的变化，要丰富翻译手段来保证文本的意义传递，以此保证信息传播参与

① 陆敏:《"去蔽"与"解构"：海外自媒体"中国故事"传播实践探究——以YouTube平台"Living in China"频道为例》，《湖北大学学报》（哲学社会科学版）2023年第5期。
② 陈思甜:《共享·共情·共识：中外合拍微纪录片〈中欧非遗〉的跨文化共叙机制探究》，《新闻论坛》2024年第3期。

度与传播效果。在技术层面利用人工智能来助力翻译的准确性，在形式上通过超链接、超文本等进行创新，在传播上通过社交机器人、VR、AR等技术实现内容的数字传播，通过人机交互的方式来抑制意义上的损耗。[①] 例如多语版的数字化莫高窟和网络版的《大梦敦煌》，通过文字、影像、声音、动画等多种媒介呈现手段将敦煌文化具象化，以数字出版的方式完成了中国文化的场景化传播。

（3）中医药文化成为对外传播的重要窗口。2023年1月，《南方都市报》刊登了与刮痧相关的报道，详细介绍了广东刮痧板的出口情况，其生产的刮痧板远销美国、加拿大、法国、英国、德国、日本、韩国、巴西、墨西哥、俄罗斯及澳大利亚等地，部分海外经销商的年销量已达到数十万片，反映了刮痧在全球范围内掀起的热潮。文章指出，近年来，刮痧在海外社交平台上大受欢迎，尤其是在TikTok和YouTube等平台上，众多分享刮痧教程和效果对比的视频引发了广泛关注。同时，亚马逊等国际电商平台的消费者也对刮痧产品给予了高度评价。[②] 刮痧作为中医药文化组成部分，在新媒体跨文化传播中取得了成功经验，教程视频通过对疼痛感、科学性等跨文化偏见的解释，结合具身体验，让受众通过实际接触打破偏见；通过国际化叙事提升了中医药文化的国际叙事能力，塑造开放、科学、创造性的现代形象。[③] 可以说，在对外传播中，非遗文化、中医文化、敦煌文化等形成了具有中国特色的标识性概念，用于描述和阐释中国本土的经验与知识，揭示了其理论背后的普遍意义，进而向世界传播了"人类命运共同体"理念。

3. 综合各类传播模式，从受众视角提升对外传播效果

基于对集群3相关文献及关键词的总结分析，"综合各类传播模式，从受众视角提升对外传播效果"是现阶段我国各领域开展对外传播活动的重要方

---

① 曹进、邓文静：《后网络时代的翻译传播研究》，《外语电化教学》2023年第4期。

② 《东莞刮痧板在欧美火了：实用性强受好评，掀起健康美容新潮流》，https://static. nfapp.southcn.com/content/202301/12/c7258589.html，2023年1月12日。

③ 肖珺、张琪云：《走出偏见：刮痧的新媒体跨文化传播启示——兼谈中医药文化对外传播的发展路径》，《未来传播》2023年第4期。

式方法。在宏观层面上，国际传播、跨文化传播、战略传播、精准传播等多种传播模式被应用到中国声音的传播中，这些传播模式具有同样的特点，那便是将受众意识作为核心逻辑，通过全球共通的话语来进行国家叙事。

（1）通过重大对外活动积极开展国际传播。以2023年杭州举办的第19届亚运会为例，亚运会成为地方文化国际传播的重要渠道。赛事主题、活动、宣传与地方文化紧密结合，通过全媒体传播的方式向全世界展示中国地方文化。杭州亚运会在国际传播方式上进行了创新，在传播技术上进行了更新，在体育节目上借助虚拟现实（VR）、增强现实（AR）等技术来增强受众的体验，在科技和文化景观的融合中进行人景互动。采用了更为理性的互动模式与受众进行交流，通过运动员的穿着、赛前活动等进行地方文化宣传，调动粉丝的积极性，同时也对粉丝进行引导，避免其被消费主义所侵蚀。在传播模式上，更加侧重于平台中的圈层传播，通过在各大社交平台形成与亚运会相关的讨论圈层，达到破圈与跨媒介宣传的目的，从而在平台中形成地方文化宣传的自发性联动，并且十分注重通过特定的场景使受众获得沉浸式体验，从而提高传播效果。①

（2）通过边缘创新突围推动跨文化传播。在跨文化传播领域，边缘创新的策略开始被多元化的主体所采用，对外传播效果获得改善。文化具有中心和外围之分，文化的外围部分（如符号、生活方式、物质富足等）更容易传播和理解，因此跨文化传播应侧重于文化外围的交流与融合，而非强调文化中心的价值观和种族认同等。因此，基于跨文化传播的边缘策略被提出，通过表现物质富足与技术进步、"借船出海"与深化改革开放，展示中国特色社会主义的历史生活与乡村图景，展示中国社会的多样性，从而降低国际社会中的对立情绪，拉近与国外受众的文化、政治距离。通过这种方式，跨文化传播能够在全球范围内实现更有效的文化认同和政治认同。②

---

① 徐学明、张盟初、陈少非：《媒介融合视阈下杭州亚运会的地方文化国际传播》，《中国广播电视学刊》2024年第1期。
② 张健、宋玉生：《如何讲好中国政治文化的故事？——论跨文化传播的边缘策略》，《新闻界》2024年第4期。

例如，2023 年春节期间由中央广播电视总台推出的《兔年寻"兔"》系列报道，以中国传统生肖兔为切入点，邀请了来自不同国家的外籍记者与中国记者组成联合采访团队，深入中国各地，从北到南，从城市到乡村，探寻与兔相关的文化故事、民俗传统及现代创意。这种创新的报道形式利用了国际视角来解读中国春节文化，通过外籍记者的亲身体验和讲述，为海外受众提供了一个更加贴近、真实且富有情感连接的文化观察窗口。在传播策略上，该系列报道充分融合了多媒体与社交媒体平台，利用视频、直播、图文等多种形式，在 YouTube、Twitter、Facebook 等国际社交媒体平台上同步推送，实现了跨平台、跨文化的精准传播。特别是通过外籍记者的个人社交媒体账号分享采访背后的趣事与感悟，有效触达更广泛的国际受众群体，增强了内容的互动性和传播力。

（3）通过整合资源助力战略传播。与国际传播、对外传播、全球传播等相比，战略传播具有目的性更强、目标对象更精准、政府的掌控度更高、更强调战略认同的特点，强调发挥"传播—认知—行为"机制的效用，具有更强的目标导向和资源整合导向。① 为了能够在当今动荡的时局中协同多元主体来对受众施加影响，从而改变其认知与行为，战略传播作为"楔子"的理念被提出。在宏观层面，通过建构"黑白灰"的传播体系来进行战略布局；在中观层面，考察经济结构、社会结构、民众政治光谱、舆论意见领袖等具体要素，对国外受众进行精准传播；在微观层面，主要借助话语技巧来塑造他国受众的认知，从而抢夺话语权。② 通过整合宏观、中观、微观三个层面的战略布局，达到分而治之的目的。

如 2024 年 6 月以"推动文化传承创新，对外讲好中国故事"为主题的2024 战略传播论坛在江西抚州举办，汇聚了多国驻华使节及各界代表。论坛深入探讨文化传承、文明互鉴与国际传播的新路径，发布了《中国城市

---

① 吴瑛、乔丽娟：《战略传播的概念、内涵与中国特色战略传播体系构建》，《西北师大学报》（社会科学版）2023 年第 2 期。

② 纪忠慧、时盛杰：《战略传播视域下的楔子战略：原理、机制与方法》，《现代传播》（中国传媒大学学报）2024 年第 1 期。

国际形象评估报告》，并启动了"文化抚州"国际传播合作计划。此次活动促进了中外文化交流，提升了中国城市的国际形象，增强了中华文明的国际传播力。通过精准定位目标受众和强化战略认同，论坛成功发挥了战略传播的优势，为推动中国文化走向世界、增进国际社会对中国文化的理解与认同发挥了积极作用。①

（4）通过细化受众实现精准传播。精准传播是通过细化受众，精确定位传播内容和选择传播渠道，以实现传播效果的最大化。强调从受众、内容、渠道等方面进行精准分析，制定适应不同文化、不同区域受众需求的传播策略。其重点在于受众调查和模拟仿真，通过定期的全球媒体受众调查，了解不同区域和群体的媒介使用行为和认知结构，尤其关注全球南方国家，以此为基础设计传播内容。然后是促进模拟仿真技术在传播中的应用，包括对传播过程、受众行为、传播效果的模拟与预测，帮助传播者提前判断传播策略的效果。精准传播体系的构建融合了真实数据和虚拟数据，以分析和预测传播效果为核心，帮助决策者在国际传播中作出更精准的判断。②

4.转变对外传播思维，深耕中国故事提升国际传播力

集群4中的关键词包括中国故事、中华文化、讲好中国故事、国家形象、文化自信等，概括起来，对外传播实践依旧致力于深耕中国故事。讲好中国故事如今更加注重"软传播"的策略。习近平总书记在党的二十大报告中指出，加快构建中国话语和中国叙事体系，讲好中国故事、传播好中国声音，展现可信、可爱、可敬的中国形象。因此，主流媒体讲述中国故事的方式发生了转变，从以往的"硬传播"转向了如今的"软传播"，在主体、内容、形式等不同层面使用"软叙事"的方式，以更加柔和的方式向全世界传播中国声音。

基于上述方式，2023~2024年，CGTN、《中国日报》等央级主流媒体

---

① 《2024战略传播论坛在江西抚州举办 为推动世界更好读懂中国注入中外合力》，https：//baijiahao. baidu. com/s？id=1802108471747139794&wfr=spider&for=pc，2024年6月17日。

② 张歆、虞鑫：《国际传播的精准方法论：基于受众调查与模拟仿真的整合体系》，《对外传播》2024年第8期。

的对外传播实践成果最为显著。一方面，CGTN 在对外传播报道的语言、文化等方面具有天然优势，能够快速消除与他国间的文化隔阂、降低"文化折扣"，更加注重技术上的创新来使叙事变得更加鲜活。"中国艺术推广计划"是 CGTN 近年来实施推广的重要项目。2023 年推出的《千年调·宋代人物画谱》数字特展集结了全球 110 幅宋代人物画数字藏品，借助 68 种语言对外传播平台、接近 200 个海外站点和全媒体传播优势，不断加深"思想+艺术+技术"的融合传播，引起海内外观众的热烈反响。另一方面，《中国日报》改变了以往以单向宣传为主、偏向政治表达的报道模式，弱化了政治经济方面的主题，变得更加注重文化、商贸、环保等方面主题，尤其是在"一带一路"倡议的系列报道中，突出中国文化在丝绸之路上的传播。同时，《中国日报》在 2023 年承办了"亚洲新闻联盟 2023 年年会"，加深了与亚洲各大主流媒体之间的合作，签署了多项共识性文件，共同为亚洲发声，中国负责任大国的形象在沟通、合作中形成。① 各大主流媒体调动自身的媒体资源，通过主题、形式、内容等方面的转换，从不同方面展现可信、可爱、可敬的中国形象。

总结来看，主流媒体"软传播"策略体现在内容、叙事、话语、思维层面。在内容层面，讲好中国故事、传播好中国声音重点在于摆脱"硬传播"中的思维定式。因此主流媒体在内容生产上侧重于经济、文化、生活、环境等层面，例如环境传播、脱贫攻坚、传统文化等议题，从而增加"软宣传"的亲和力。在叙事层面，"软传播"讲究以用户为中心，通过"讲故事"的方式来达到最好的效果，尤其是在内容的编码、译码上降低文化隔阂，以融媒体的形式将具有烟火气的中国故事传播到世界各地。在话语层面，面对错综复杂的国际舆论场，为了塑造一个良好的国家形象，主流媒体在官方舆论场、民间舆论场采用了不同的应对方式。在官方舆论场，主流媒体更加注重语言层面的表达，在求同存异的理念下进行文化互动；在民间舆

---

① 《亚洲新闻联盟 2023 年年会在京召开》，http://cn.chinadaily.com.cn/a/202309/05/WS64f70d5ea310936092f206dd.html，2023 年 9 月 5 日。

论场则通过演艺明星、草根等主体传播中华文化。在思维层面，主流媒体更加具有主体意识，在人类命运共同体思想的引导下，从中国的成功经验出发，主动分享国家发展经验，例如高铁建设、能源环保等方面的建议和方案。[①] 主流媒体"软传播"思维上的转变在传播实践中发挥了重要作用，在中国形象的对外传播上实现了战略升维、边界拓展和想象重构，推进了文化强国的建设。

（二）英文研究视野下我国现阶段对外传播实践的方式方法

为避免"自说自话"的视野局限，课题组同样检索和分析了英文期刊中对于中国对外传播方式方法的研究反思。课题组主要选取 Web of Science 的 SSCI 核心数据库，设定检索词为"China international communication"（中国国际传播）、"China global communication"（中国全球传播），分别组合"method"（方法）、"strategy"（策略）等词进行检索，检索的时间选择了"2023"与"2024"。参照中文学术文献的筛选和处理方式，对检索到的 26 篇英文文献样本进行分析，得到了英文文献关键词共现图谱（见图 2）。

基于可视化图谱中的关键词，结合对相关研究论文的文本细读，课题组发现，国外相关研究主要体现在以下三个方面。

一是探讨我国主流媒体、外交部等传播主体的社交媒体策略。在推特平台中，Fan 等人利用定性和定量方法对四家中国主流媒体的内容和互动行为进行了分析。研究指出，自 2017 年中国实行"出海战略"以来，主流媒体都增加了内容的数量和多样性，但未真正实现与受众的双向沟通。以 CGTN 为例，为了进行再品牌化，它将社交媒体作为国外发声的主要渠道，在减少政治宣传方面内容的同时增加了与中国文化相关的内容，粉丝数量得到了巨大的增长。但主流媒体在推特上存在较大的互动缺陷，较少使用互动功能与

---

① 赵雅文、朱羽彤：《软传播：新时代中国故事和中国声音的对外传播》，《未来传播》2023年第 5 期。

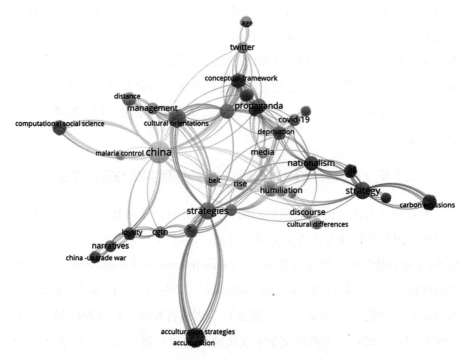

图2　相关英文文献的关键词共现图

用户进行交流。同时，中国的推特外交政策也是国外讨论的重点。① Tseng
对中国驻德外交官认证账户（@ GeneralkonsulDU、@ ChinaCG_ HH、@
ChinaCG_ Muc 和@ ChinaCG_ Ffm）的推特内容进行了计算分析，中国在德
国的推特外交是中国数字公共外交层级化和集中化网络的一部分，与部分西
方媒体所描述的"战狼外交"不同，对德国的推特外交是一种量身定制的
策略，中国驻德外交官的推特内容主要侧重于宣传多边中国和中德合作关
系。② Tran 等人则对中国在法国的推特外交进行了深入分析，选取了三个外交
推特账户（@ AmbassadeChine、@ China_ Lyon、@ consulat_ de）的相关内容

---

① Fan, Yingjie, Jennifer Pan, and Jaymee Sheng, "Strategies of Chinese state media on twitter," *Political Communication* 41. 1 (2024): 4–25.

② Tseng, Yu-Chin, "China's Twitter Diplomacy in Germany: Practices, Reactions, and Discrepancies," *Journal of Contemporary China* 33. 146 (2024): 295–313.

进行分析，从社会实力理论和软平衡理论视角出发。中国在法国的外交交流集中在传统外交活动和国家软实力宣传，推特已经成为中国公共外交的"中心途径"，主要用来推广中国文化和特色地方品牌，从而在对外传播中讲好中国故事。①

在 YouTube 平台上，Jiang 等人则以 CGTN 发布的视频为研究对象，通过机器学习的方法进行内容分析，来识别视频内容的新闻主题与内容焦点，探讨主流媒体对外传播中吸引国际观众的内容和方向。研究结果显示，CGTN 在战略上优先考虑强调外交关系、中国传统节日文化、全球军事冲突和航空航天军事领域技术进步的新闻内容。CGTN 的新闻策略融合了各种主题，服务于中国更大的外交和战略传播目标。这种利用硬新闻和软实力宣传多管齐下的方法，体现了不断发展的国际传播方式，承认全球舆论的复杂性，并战略性地引导它们塑造良好的国际形象。但另一方面，也有研究结果表明，国内的文化叙事话语对于国际受众的吸引力仍然较弱。国际观众可能不具备充分的文化知识来理解特定的内容。虽然这些文化内容对于展示中国多面形象至关重要，但需要更多的背景故事来激发和维持全球观众的兴趣。②

二是分析我国主流媒体、外交部等传播主体对于国家形象的媒介呈现。Liu 等人以外交部官方英文网站的演讲语料库为研究内容，将语料库文本和批评性话语分析相结合，揭示了中国在国际社会交往、促进经济增长、未来社区建设、投资贸易、"一带一路"等多个主题中强调合作、发展与和平的大国形象。③ Tang 等人聚焦中国驻英大使馆在英国媒体上发表的与中美贸易摩擦相关的评论、文章，研究发现，中国驻英大使馆使用了"他者化"的

① Tran, Emilie, "Twitter, public diplomacy and social power in soft-balancing China – France relations," *Journal of Contemporary China* 33. 146（2024）：267–294.
② Jiang, Xuejin, et al., "Which storytelling people prefer? Mapping news topic and news engagement in social media," *Computers in Human Behavior* 158（2024）：108248.
③ Liu, Mingze, Jiale Yan, and Guangyuan Yao, "Themes and ideologies in China's diplomatic discourse-a corpus-assisted discourse analysis in China's official speeches," *Frontiers in Psychology* 14（2023）：1278240.

策略，将美国构建为消极的"他者"，进而间接展现了一个积极的、负责任的中国形象。[①] Liu 等人通过非洲晴雨表（Afrobarometer）第八轮调查数据和 GDELT 项目的数据，研究中国的"一带一路"倡议如何影响其在非洲的形象。研究发现，首先，"一带一路"倡议显著提升了非洲人对中国的好感度。其次，"一带一路"倡议通过增加中国对非洲的直接投资、对外援助、贸易和文化交流，提升了国际社会对中国的评价。最后，在非洲国家，其主流公众对"一带一路"倡议的关注、赞扬与好感度可以正向调节非洲人对中国的形象认知。这些发现凸显了经济合作和媒介形象在塑造国家形象方面的重要性。[②]

三是研究和分析我国对外传播媒介内容的具体形态。Tong 等人通过对 CGTN 新闻评论节目内容进行研究，辅以参加过节目的 13 位国内外嘉宾的访谈，分析了 CGTN 的角色特殊性。该研究提出：在以国家为主体的国际传播与互动中，CGTN 倾向于扮演一个"第三方"的调解人角色。以 CGTN 的新闻评论节目为例，在 2019 年主持人刘欣与翠西·里根就中美贸易摩擦进行电视直播辩论后，该节目邀请了世界各地的嘉宾加入节目中进行辩论，试图让更多的观众看到更为多元的观点。在策略上，CGTN 新闻评论节目采用了两种调解方式，对于中美关系或其他敏感问题，通常邀请欧美国家的嘉宾参加，节目鼓励不偏不倚讨论，充当专业的讨论平台。对于与全球南方有关的辩论，节目更加关注经济合作和卫生治理问题，此外，节目具有帮助全球南方媒体建立全球合作网络的潜力，许多发展中国家的媒体在与 CGTN 合作的过程中提高了专业化程度。同时，中国政府的外交和经济需求使中国媒体更有能力主动与全球媒体建立关系。从这个角度看，CGTN 也可以被视为全

① Tang, Liping, "Othering as mediated soft-power practice: Chinese diplomatic communication of discourse about China-US trade war through the British press," *Discourse, Context & Media* 51 (2023): 100669.

② Liu, Ziwei, and Yibing Ding, "Enhancing China's image in Africa: The role of the Belt and Road Initiative," *China Economic Review* 87 (2024): 102239.

球媒体合作网络中的第三方调解人。①

总结来看，国外新闻传播研究领域对中国对外传播实践的关注度不高。与中文研究视角有着很大的不同，英文相关文献的研究热点更为国际化，关注跨文化传播的普遍规律以及中国在国际舞台上的形象塑造。此外，英文学界更倾向于采用理论导向的研究方法，如话语分析、框架理论等，结合跨文化比较研究，提炼出具有普遍意义的传播规律和策略。研究视角国际化，注重从全球传播生态中考察中国对外传播的实践。在具体的研究内容上，2023~2024年英文学术界紧密围绕中国这一核心主体，深入探讨了传播策略与手段的优化问题，旨在提升中国对外传播的影响力和有效性。媒体，尤其是社交媒体（如推特）的角色与功能，成为研究的重要议题。同时，民族主义、话语分析等议题也备受关注，体现了研究者对传播内容、受众接受度及文化差异的深刻认识。此外，研究还聚焦全球性事件对中国对外传播的影响，以及文化适应策略和文化合法性在传播中的应用。

二 2023~2024年我国对外传播各领域的主要成就

自2023年以来，我国各级主流媒体、地方国际传播中心、智库、企业、社会组织以及个人等多元主体积极参与，共同推动了全方位、立体化和多层次对外传播格局的形成。课题组以不同的对外传播主体为线索，力求全面系统地梳理和总结2023~2024年我国在对外传播各领域的主要成就。

（一）2023~2024年我国主流媒体对外传播的主要成就

在梳理人民网研究院《2023年媒体融合发展观察报告》、CTR媒体融合研究院"2024上半年中国主流媒体'海外社媒'传播效果观察"、美兰德传播咨询发布的有关研究报告、CNKI上相关学术论文及各大主流媒体自行

---

① Tong, Tong, and Li Zhang, "Platforms versus agents: the third-party mediation role of CGTN's news commentary programs in China's Media Going Global plan," *Chinese Journal of Communication* 17. 1 (2024): 61–77.

发布的相关资料等内容的基础上，课题组提出，2023~2024年我国主流媒体主要通过做好涉外活动报道、完善海外传播矩阵、搭建国际交流平台、加速精品内容出海、协同内容生产五个方面的实践举措，在对外传播工作领域取得了显著的成效。

1. 在涉外活动报道中讲好中国故事

2023年以来，各级主流媒体围绕"一带一路"倡议提出十周年、中美元首会晤、中国促成沙伊和解、杭州亚运会、巴黎奥运会等重大涉外事件（活动）展开报道，积极主动地通过各种方式向世界宣介中国主张、中国智慧、中国方案。

其中，央级主流媒体发挥着最为重要的引领作用。例如，2023年以来，新华社音视频部持续加大对外报道力度，围绕中国社会变化，主要策划推出了"亲历抗疫"网红记者系列Vlog、"加拿大'网红'体验中国式现代化"系列视频，海外总浏览量超1000万次；围绕重大科技成就，主要推出"海媒直播：商业首航！新华社记者见证C919商业首航之旅""全球连线｜看国产大飞机C919十六年成长全记录"等短视频报道，海外媒体平台总浏览量约65万次；围绕国际时政热点，制作播发了"AIGC说真相"等系列稿件，在海外媒体平台收获的总浏览量超300万次。[①] 而在2023年第三届"一带一路"国际合作高峰论坛期间，《人民日报》除了在要闻版、海外版等报纸版面上刊发相关内容外，还积极拓展线上媒体平台，推出双语版"一带一路"学习知识点以及"一带一路"国际形象网宣片"Belt and Road"，利用真挚的话语、优美的音乐、精彩的画面描绘"一带一路"故事，勾勒出有责任有担当的中国国家形象。[②] 2024年巴黎奥运会前夕，国际奥委会与中央广播电视总台（以下简称"总台"）达成战略协议，总台受邀成为巴黎奥运会主转播机构。奥运会赛事期间，派出了超过2000人的制

---

① 孙志平：《新华社音视频部：打造精品短视频 提升新时代主流媒体传播力影响力》，《传媒》2024年第8期。
② 杨帆、张博雅：《主流媒体时政新闻报道策略分析——以〈人民日报〉2023年"一带一路"高峰论坛报道为例》，《传媒论坛》2024年第16期。

作转播团队，主要承担体操、乒乓球、羽毛球、攀岩等项目的国际公用信号制作，直播时长超过 400 小时，通过搭建多频道、多终端的融媒体矩阵进行全方位、立体化报道，以世界一流的体育赛事制播实力和"5G+4K/8K+AI"技术，为全球亿万观众呈现了一场力与美的视听盛宴。[①]

除此之外，地方主流媒体也在对外传播工作中起到了重要的协同作用。成都传媒集团贯彻落实"做大做强国际传播矩阵""提升国际传播效能"等重大要求，持续建强英文网站 *GoChengdu*、*HELLO Chengdu* 中英双语杂志等系列外语媒体，实现了年产各类国际传播作品超 1 万件，其旗下成都国际传媒公司推出的《我们的汉服》获得"第五届'第三只眼看中国'国际短视频大赛优秀作品奖"。此外，其各类境外社交媒体平台账号，吸引联合国世界旅游组织、联合国开发计划署等超 100 个知名国际组织关注。*HELLO Chengdu* 的 Instagram 平台账号粉丝数超 40 万，粉丝量居内地城市账号第一，*GoChengdu* 海外账号单条视频播放最高超 1 亿人次，取得了突出的对外传播工作成效。[②] 2024 年 6 月，上海文广国际传播中心与复旦大学教育部国际传播联合研究院联合主办了"白玉兰对话：全球城市与国际传播"论坛，与十余家全国广电媒体国际传播机构共同签订了合作备忘录，在组建"ShanghaiEye+国际传播全媒协作体"的基础上，还与多家顶尖高校共同签订合作备忘录，揭幕数据可视化工作室、全球城市形象大数据工作室、多语种国际传播工作室和田野中国调研工作室，并且面向全球启动了第五季"爱上海的理由"青少年英语短视频征集展播活动，在开展对外传播实际工作的同时，加强产学研一体化，搭建国际传播的多元实践平台，不断提升自身国际传播能力建设。[③]

---

① 《倒计时 100 天！中央广播电视总台发布 2024 巴黎奥运会融媒体传播服务方案》，https://mp.weixin.qq.com/s/7KgJ3PlWY7osO3ZSwxkmvA，2024 年 4 月 17 日。

② 《答好"年中卷"②｜成都传媒集团：国际传播效能迈上新台阶 媒体融合进入智能化快车道》，https://mp.weixin.qq.com/s/d3I8RGLWg4O1mse2nkZrgQ，2024 年 7 月 17 日。

③ 《共建上海广播电视台"ShanghaiEye+"国际传播矩阵，"白玉兰对话：全球城市与国际传播"论坛举行》，https://mp.weixin.qq.com/s/jhq_lmdA_FmNtBlrm5GiRg，2024 年 6 月 26 日。

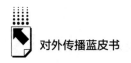

2.在完善海外传播矩阵中传递中国声音

以 2024 年上半年为观察窗口，依据 CTR 对海外社交媒体传播数据的深度监测与评估，我国主流媒体机构正不断加强其在社交媒体平台上的国际传播力，以完善其对外传播矩阵。截至 2024 年 6 月底，我国顶尖的主流媒体已在海外三大社交媒体平台上运营着近千个账号，其中，订阅量突破百万的头部账号超过 170 个。在这一领域中，中央广播电视总台、新华社与人民日报社表现尤为突出，稳居海外传播力的前三名。此外，2024 年上半年我国主流媒体在海外社交媒体上的传播效果前十名见表 2。

表 2　2024 年上半年国内主流媒体海外社媒传播效果前十名

单位：分

综合排名	评价对象	综合得分	Facebook 得分	YouTube 得分	X 得分
1	中央广播电视总台	99.74	99.97	99.28	99.98
2	新华社	91.36	91.06	88.88	94.60
3	人民日报社（含环球时报社）	89.93	92.24	83.85	94.34
4	中国日报社	89.72	92.23	85.67	91.52
5	SMG	88.02	84.39	92.92	86.52
6	中国新闻社	83.71	81.71	84.28	85.37
7	湖南广播电视台	82.76	76.66	94.58	76.09
8	上海日报社	79.25	84.07	72.47	81.53
9	澎湃新闻	78.53	82.81	73.19	79.77
10	江苏省广播电视总台	73.71	66.33	85.47	68.60

资料来源：《2024 上半年中国主流媒体「海外社媒」传播效果观察丨德外独家》，https：//mp. weixin. qq. com/s/Ah8URF_ SfJnXqch11MkXpw，2024 年 8 月 12 日。

具体来说，2024 年 3 月，CGTN 在原有 68 种海外传播语种的基础上，新增了 12 种国际语言，使其成为全球语种最多的国际媒体机构之一。新华社则依托其全球新闻信息采集网络，构建了多语种、多媒体、多渠道、多层次、多功能的新闻传播体系，每天 24 小时以 15 种语言向全球超过 8000 家新闻机构提供全媒体产品。人民日报社则通过其 39 个海外分社，向国外主流媒体推送了涵盖 13 种语言的 3000 余件高质量新闻产品。根据 CTR 的海外监测数据，在小语种账号中，乌尔都语、泰米尔语、土耳其语和僧伽罗语账号的粉丝量已超越 BBC 的同语种账号。此外，中国媒体的阿拉伯语、西班牙语、印地语和孟加拉语账号的最高订阅量均已达到千万级，而俄语、普什图语、尼泊尔语、斯瓦希里语、泰语、越南语账号的最高粉丝量也达到了百万级，与国际知名媒体 BBC 和 CNN 等机构不相上下。中国媒体正逐步建立起覆盖全球的多语种传播网络，确保中国故事和中国声音能够传遍世界的每一个角落，进一步增强中国声音在全球的传播力和影响力。

从规模上看，CGTN 与 China Daily 在 Facebook 平台上的粉丝数量已达到亿级。CGTN 在三大社交媒体平台的粉丝量持续增长，稳固其领先地位，其主账号的粉丝规模（未去重）已达 1.39 亿人，超越了 BBC News 和 CNN 的头部账号（见表 3）。全球范围内，中国媒体机构正实施多语种精准传播策略，多个小语种账号的粉丝数量已超越或与国际媒体同类账号持平，有效提升了其国际影响力。

表 3　2024 年上半年主流媒体机构新闻类旗舰账号粉丝规模对比

单位：亿人

账号名称	旗舰账号粉丝规模
CGTN	1.39
BBC News(BBC Breaking News/BBC News)	1.28
CNN(CNN Breaking News)	1.20
中国日报(China Daily)	1.19
新华社(China Xinhua News/New China TV)	1.09
人民日报(People's Daily, China)	0.91

资料来源：CTR 的海外监测数据（2024 年 1~6 月）。

3. 在搭建国际交流平台中拓宽交流渠道

近年来，我国的主流媒体机构在国际舞台上频繁开展交流活动，这些活动在增进国家间的理解和友谊上取得了显著的成效。

2023 年 10 月，总台成功举办了第十一届全球视频媒体论坛，会上发布了丝路媒体《共同行动联合宣言》，并启动了总台国际视频通讯社的"全球伙伴计划"以及"中东伙伴"合作机制，这一系列举措有力地推动了国际媒体间在丝路友谊、发展共识及媒体责任等方面的深化合作。[①] 进入 2024 年，我国主流媒体在国际交流方面的努力并未停歇。3 月，中国公共外交协会联合环球网在无锡共同举办 2024 "走读中国"国际媒体交流项目启动仪式，包括中国国际新闻交流中心 33 名外国媒体记者在内共约 100 人出席活动。通过邀请外国媒体记者实地体验中国发展，促进了国际对中国全面、深入的理解，增强了中外媒体间的交流与合作。[②] 8 月，人民日报社成功举办了 2024 "一带一路"媒体合作论坛。此次论坛吸引了来自 76 个国家的 191 家媒体机构的 200 多位高层管理者、编辑记者，以及众多政府相关部门负责人、专家学者和企业代表共同参与。值得一提的是，"一带一路"媒体合作论坛自 2014 年创办以来，已经成功举办了八届，累计吸引了来自 100 多个国家和地区的媒体、智库及国际组织代表积极参与。在本届论坛上，《"一带一路"媒体合作成都倡议》的发布，进一步强化了各方在发扬丝路精神、深化媒体合作、讲好丝路故事及促进民心相通等方面的共识，论坛取得了丰硕的成果。经过多年的努力，该论坛已经发展成为我国主流媒体举办的全球媒体盛会中，规模最大、参与国家和国际组织最多、参会外国媒体最广泛，同时最具代表性和影响力的全球媒体盛会。[③]

4. 在精品内容出海中推动中华文化的全球传播

近年来，我国主流媒体在内容创新领域持续深耕，打造出一系列具有国际影响力的精品内容，有效推动了中华文化的全球传播。郑州报业集团的杰出代表作品——《The Dragon Boat Festival is coming! 一叶粽子香，日子到

---

① 《共建丝路新视界！第十一届全球视频媒体论坛在京举行》，https://content-static.cctvnews.cctv.com/snow-book/index.html? item_ id=10299355272676665048，2023 年 10 月 12 日。

② 《中国公共外交协会与有关部门联合举办 2024 "走读中国"国际媒体交流活动》，http://www.chinapda.org.cn/xhdt/202403/t20240326_ 11271001.htm，2024 年 3 月 26 日。

③ 齐志明、游仪、王亮：《发扬丝路精神 促进民心相通——2024 "一带一路"媒体合作论坛侧记（上）》，《人民日报》，2024 年 8 月 31 日，第 4 版。

端阳》，荣获第 33 届中国新闻奖国际传播三等奖，这不仅是河南媒体在国际传播领域的突破性成就，更是中华文化软实力的一次精彩展现。这部短视频以独特的视角切入，通过摩洛哥小姐姐 Rim 的亲身体验，带领全球观众沉浸式感受郑州端午节的浓厚氛围。粽子的香气、龙舟的竞渡、香囊的制作……每一个细节都生动地呈现了中华传统文化的独特韵味和深厚底蕴，让海外观众在欣赏美景的同时，也深刻感受到了中国传统节日的文化魅力。该视频之所以能够在国际舞台上脱颖而出，关键在于其精准的传播策略。作品巧妙地将中国传统文化与外国受众的接受习惯相融合，采用互动体验的方式，用外国观众易于理解和接受的语言与表达方式，讲述中国故事。这种"本土化"的传播策略极大地降低了国际传播中的"文化折扣"（Cultural Discount），增强了作品的国际传播力，让中华文化以更加亲切、生动的形象走向世界。①此外，金华市广播电视台与义乌市融媒体中心联合制作的纪录片《义乌有个"阿依乐"》也是精品内容出海的典范之作，获得了中国新闻奖国际传播奖。该片以新疆姑娘莎莎在义乌社区的日常工作为切入点，以小见大，细腻地展现了中国基层社会的开放与包容。通过莎莎与社区居民的互动，影片跨越了语言和文化的界限，将中国的多元文化和温暖人情传递给了全球观众，实现了中华文化的有效传播。这两部作品的成功，充分证明了精品内容的创作与传播对推动中华文化走向世界的重要作用。它们展示了中华文化的独特魅力和深厚底蕴，在潜移默化中促进了国际社会对中国的理解和认同。②

5. 在协同内容生产中创新对外传播模式

近年来，我国主流媒体深刻认识到协同内容生产在提升对外传播效能中的重要作用，纷纷探索并实践这一创新模式。2023~2024 年，多家主流媒体通过跨地域、跨平台、跨行业的深度合作，成功推出了一系列具有国际影响力的精品内容，显著提升了中国故事的全球传播力。

---

① 《聚焦第 33 届中国新闻奖精品创作⑥ | 在国际短视频传播中讲好中国故事》，https：// mp. weixin. qq. com/s/hg0ZqSqnp-j-tv-4QK-U0w，2024 年 5 月 12 日。

② 《聚焦第 33 届中国新闻奖精品创作③ | 国际传播语境下如何讲好中国故事》，https：// mp. weixin. qq. com/s/b0yfaZURyp1XOaytiwuPVQ，2024 年 3 月 28 日。

前文已经提到，人民日报社在这一方向上走在前列，通过"一带一路"新闻合作联盟等平台，加强与国际媒体的合作与交流，共同策划并制作了一批反映中国发展成就与国际合作成果的报道。同时，人民日报社还积极搭建国际传播矩阵，利用多种语言版本的海外社交媒体账号，将中国声音传递给全球受众，有效扩大了传播覆盖面和影响力。而中国日报社则以其海外版客户端为主要平台，通过上线 Ask Brainy 共享型英文互动社区，采用"媒体搭台、用户唱戏"的运营思路，综合运用自然语言处理、语义分析等先进技术搭建智能问答系统，为客户端全球用户提供寻找知识经验、解决现实关切、获得情感价值的互动空间；此外，还借用"私域流量"经验，邀请报社资深记者和各地涉外机构入驻开号，通过"问 TA"功能，在解疑释惑中将他们打造成为客户端"网红"答题官，与海外用户建立关系、建立信任，将单向信息传播变为用户主动参与内容共创，以用户吸引用户，构建起了多元化的对外传播社交互动场景。① 而在全球一体化的大背景下，自带红色基因的芒果 TV 恪守主流价值观，在版权发行、平台搭建、渠道建设、合作联动方面不断创新，近年来不仅通过与马来西亚 ASTRO、新加坡 Sky Vision 集团多年稳定的合作关系，先后输出《歌手》《向往的生活》《妻子的浪漫旅行》等王牌节目，以及《三千鸦杀》《离人心上》《韫色过浓》《奈何 BOSS又如何》《完美先生与差不多小姐》《从结婚开始恋爱》等优质剧集，而且积极与 Discovery 等传媒巨头探索创制媒介内容的合作新模式。②

协同内容生产模式在对外传播中的应用，是我国主流媒体在新时代背景下的一次重要创新实践。通过跨地域、跨平台、跨行业的深度合作，主流媒体成功打破了传统传播壁垒，实现了传播资源的优化配置和高效利用。这种模式提升了中国故事的国际传播力和影响力，为我国媒体在国际舆论场中争取了更多的话语权和主动权。

---

① 王成孟：《在内容"质变"和传播"智变"中提升国际传播效力》，《新闻战线》2024 年第16 期。
② 蔡怀军：《文化强国建设背景下国际传播的新思路——基于芒果 TV 海外业务的分析》，《传媒》2023 年第 11 期。

（二）2023~2024年各地国际传播中心的建设情况与工作进展

习近平总书记在 2021 年 5 月主持中共中央政治局第三十次集体学习时强调，各地区各部门要发挥各自特色和优势开展工作，展示丰富多彩、生动立体的中国形象。近年来，地方国际传播中心建设被纳入重要议程。自 2023 年 1 月以来，地方国际传播中心建设更是迈上了快车道，各省、市、县（区/自治旗）积极联动本地区内的优质国际传播资源，在过去十余年媒体融合经验成果的基础上，纷纷挂牌成立国际传播中心，统筹推进国际传播平台建设、外宣内容生产、对外文化交流、外宣人才建设、国际传播研究、对外话语创新等相关工作。① 地方各级国际传播中心的建立，犹如雨后春笋般生机勃勃、遍地开花，展现着中国在国际传播实践领域的新气象与新作为（见表4）。

表4   2023 年 1 月至 2024 年 8 月成立的各级国际传播中心（部分）

级别	成立单位及成立时间
省级	湖北广播电视台国际传播中心（2023 年 5 月）、福建国际传播中心（2023 年 6 月）、我苏国际传播中心（2023 年 7 月）、湖南国际传播中心（2023 年 7 月）、今日广东国际传播中心（2023 年 11 月）、山东国际传播中心（2023 年 11 月）、河北广电国际传播中心（2023 年 12 月）、长城国际传播中心（2024 年 1 月）、黑龙江东北亚国际传播中心（2024 年 2 月）、江西国际传播中心（2024 年 4 月）、山西国际传播中心（2024 年 4 月）、浙江省国际传播中心（2024 年 5 月）……
地市级	鄂尔多斯国际传播中心（2023 年 4 月）、柳州市国际传播中心（2023 年 4 月）、长江国际传播中心（2023 年 5 月）、兰州黄河国际传播中心（2023 年 6 月）、深圳广电国际传播中心（2023 年 7 月）、崇左国际传播中心（2023 年 9 月）、上海文广国际传播中心（2023 年 10 月）、烟台国际传播中心（2023 年 12 月）、嘉兴国际传播中心（2024 年 4 月）、盐城国际传播中心（2024 年 4 月）、南宁国际传播中心（2024 年 5 月）、鄂州国际传播中心（2024 年 5 月）、宁波国际传播中心（2024 年 5 月）、舟山市国际传播中心（2024 年 6 月）、潍坊渤海国际传播中心（2024 年 6 月）、湖州国际传播中心（2024 年 6 月）、吉安国际传播中心（2024 年 7 月）、长沙国际传播中心（2024 年 7 月）……

① 李宇：《现阶段地方国际传播中心业务建设的主要挑战与发展策略》，《现代视听》2024 年第 1 期。

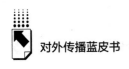
级别	成立单位及成立时间
县区级	大湾区(南沙)国际传播中心(2023年2月)、海南自由贸易港(陵水)国际传播中心(2023年4月)、准格尔旗国际传播中心(2024年5月)、杭州高新区(滨江)国际传播中心(2024年8月)……

资料来源：根据各地官方媒体新闻报道整理。

　　2023~2024年我国各地各级国际传播中心建设进程逐步加快，已建设好的地方国际传播中心主要通过联合国际媒体共述中国故事、协同国际友人打造精品内容、推广中华文化举办对外活动、数字技术赋能对外传播创新四个方面的实践举措，在对外传播工作领域取得了显著的成效。

　　1.协同国际媒体共述中国故事

　　今日广东国际传播中心（GDToday）在2023年精心策划并实施了"丝路明粤"大型境外联合采访活动。此次活动深入挖掘了"一带一路"共建国家的历史渊源、理念愿景、实现路径、实践成就和世界意义，从经济、科创、航运、医疗、基建、文化、体育、青少年等多个维度，真实、立体、全面地展示了广东在共建"一带一路"中的积极作用和贡献。GDToday的记者们沿着习近平总书记的足迹，深入共建国家进行实地采访。他们回顾了"一带一路"的辉煌历程，聚焦当下，展现了各国在科技、绿色经济、健康和生物医药等新兴领域的深度合作。在《新加坡：科技"尖子生"的珠联璧合》报道中，记者们详细记录了广州文远知行科技有限公司的研发成果如何在新加坡落地生根，以及众多广东企业如何在新加坡设立区域总部，共同推动粤新合作向更高层次迈进。通过与国际媒体的联合采访和报道，GDToday向世界传递了真实、客观的中国声音，展示了中国正加速向科技创新强国迈进的决心和行动力。①

---

　　①　区小鸣、金强：《如何用世界语言拓宽中国故事的国际传播阈——以"丝路明粤"境外联合系列报道为例》，《南方传媒研究》2024年第2期。

2. 协同国际友人打造精品内容

海南国际传播中心通过引入多元化的国际人才，如南非英语主持人劳拉和俄罗斯俄语主持人芭莲娜，丰富了报道团队的文化背景，提升了国际传播的专业性和亲和力。这些外籍主持人在博鳌亚洲论坛等重大活动中表现抢眼，并依托个人品牌栏目《劳拉来了》和《芭莲娜走读海南》，进一步拓宽了国际传播的广度与深度。GDToday通过实施"湾区友人、境外网络达人培育计划"及"广东传播精英计划"，有效整合了国内外民间资源，包括网络意见领袖、海外华侨华人及留学生等，构建了一个多元化、全球性的传播网络。这一创新举措增强了海外信息的采集能力，提高了国际传播的效率与精准度，使广东的故事能够更加生动、及时地传递到世界各地。再者，河南国际传播中心也紧跟时代步伐，启动了"海外推荐官"项目。该项目成功吸引了来自六大洲的12位国际友人、知名侨领及网络达人担任首批"海外推荐官"。这一举措彰显了河南对外开放的决心与自信，为河南文化的国际传播注入了新的活力与元素，促进了河南与世界的深度交流。[①]

3. 举办对外活动，推广中华文化

福建国际传播中心开展"四海传福"全球主题宣传活动，实施"一国一策"传播策略，以学理化阐释、具象化表达、国际化解读、全球化传播，大力宣传海内外闽南人为各国政治、经济、文化、社会等领域发展做出的重要贡献，大力宣传海内外闽人在促进中外文明交流互鉴中发挥的积极作用。[②] 西部国际传播中心2023年全年开展全球英文直播44场，灵活巧妙地配合各大重要节点热点话题，内容丰富，涵盖经贸、文旅、教育，给海外观众带去第一手现场资讯。如《两会策划｜重庆@越南："重庆造"向东盟》，主播从重庆演播室连线越南，分享重庆企业开拓东盟市场的故事。该中心负责运营的重庆各区县账号宣传效果显著，全年区县账号共发布2400条海外

---

① 伍廉瑜、郦玲：《城市形象国际传播的创新路径——以长江国际传播中心为例》，《融媒》2024年第9期。

② 曾祥辉：《强内容 建矩阵 促融合 搭平台——福建国际传播中心的探索与实践》，《中国记者》2024年第6期。

推文，收获海外传播量超过 1245 万次。[1] 同时，武汉广播电视台携手中国日报社精心打造的长江国际传播中心（CICC）也在推动中华文化传播与国际交流的道路上迈出了坚实步伐。2023 年，该中心匠心独运，策划并实施了一系列丰富多彩的文化活动，深化了外籍人士对武汉乃至中国文化的认知与情感共鸣，通过创新手段将中华文化的独特魅力推向全球舞台。"Hi，Wuhan"短视频大赛与"科技创新 助力未来"新时代大讲堂活动相继成功举办，激发了在汉外籍人士的参与热情，为他们搭建了展示自我、交流思想的平台。[2]

4. 数字技术赋能对外传播创新

2024 年 5 月，浙江省国际传播中心正式挂牌成立。该中心创新性地提出了"智理""智库""智享"三大国际传播数字化应用场景，通过上线"国际传播在线"平台，致力于实现海外涉浙内容"听得见"和浙江内容"出得去"的双重目标。依托大数据研判和先进的媒体数据算法模型，浙江省国际传播中心深度整合信息资源，建立了以"多语种+技术"为核心的模式，并与高校合作共建多语种智库，实时追踪全球新闻媒体与社交媒体上的资讯，动态分析热点趋势，实现了国际传播全流程的闭环管理。这一系列举措提升了浙江城市形象在国际舞台上的可见度，显著增强了其美誉度。[3]

敦煌文化国际传播中心自 2023 年 6 月成立以来，在数字技术的推动下不断突破，成为文物保护与对外交流的典范。在"一带一路"倡议提出十周年之际，该中心面向全球上线了首个超时空博物馆"数字藏经洞"，以数字化形式展示了 6 万余件流散海外的敦煌文物，促进了敦煌文化的国际传播与交流。敦煌文化国际传播中心推出了世界首个文物多场耦合实验室、莫高

---

① 杜一娜、齐雅文：《国际传播中心的 2024：打造内宣外宣联动的融媒传播体系》，《中国新闻出版广电报》2024 年 1 月 16 日，第 5 版。

② 郭晓科、应志慧：《释放地方活力：国际传播中心建设的重点、难点和关键》，《对外传播》2024 年第 3 期。

③ 《传播浙江之美、讲好中国故事，浙江国际传播旗舰出海》，https：//mp.weixin.qq.com/s/QFhUgQm6tvd9-m9aJRBgsQ，2024 年 5 月 31 日。

窟数字展示中心智能化虚拟体验等项目，持续更新和推广"数字敦煌"资源库，通过"云游敦煌"小程序等形式多样的全媒体产品，让全球观众能够轻松"云游"敦煌，感受千年文化的魅力。该中心利用数字技术拓宽了传播渠道和载体，结合一代又一代敦煌守护人的感人故事，为全球观众提供了丰富的文化盛宴，成功实现了敦煌文化的全球共享，成为持续打造文化自信的典型案例。这些创新实践表明，数字技术为我国各地文化的对外传播提供了宝贵经验和广阔前景。①

（三）2023～2024年我国相关智库与科研机构的对外传播实践成就

在当今全球化加速、信息流通无国界的时代背景下，智库与科研机构作为国家战略与政策研究的核心力量，其对外传播能力的提升与国际影响力的拓展，深刻体现了我国软实力的增强，成了综合国力中不可或缺的关键组成部分。这些机构通过深入研究、政策咨询、学术交流及多种创新传播手段，积极参与全球治理体系的构建与国际事务的讨论，为提升国家形象、促进国际合作、推动全球发展作出了重要贡献。

1. 发布高端智库重磅研究成果，强化国家话语对外传播影响力

2023～2024年，我国高端智库频繁发力，推出了一系列具有深远国际影响的高端研究报告，提升了我国在全球信息传播领域的影响力和话语权。其中，新华社国家高端智库在2024年4月底率先发布了《构建人类命运共同体的时代价值和实践成就》这一重量级报告，为全球治理提供了中国方案。紧接着，同年6月19日，该智库又在比利时布鲁塞尔隆重推出了智库报告《更好赋能中国繁荣世界——新质生产力的理论贡献与实践价值》（中英文版），报告长达3.6万字，分为五章，紧密围绕习近平总书记关于发展新质生产力的核心理念，通过深入调研，全面系统地阐述了新质生产力的丰富内涵、核心要义、实践路径及科学方法论，同时，报告还通过十大典型案例，

---

① 殷永生、李国辉：《根植敦煌文化沃土 提升国际传播能力——敦煌文化国际传播中心的创新实践》，《传媒》2024年第15期。

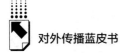

生动展示了中国在新质生产力发展领域的积极探索与成功实践，赢得了国际社会的广泛关注与高度评价。①

《构建人类命运共同体的时代价值和实践成就》及《更好赋能中国繁荣世界——新质生产力的理论贡献与实践价值》等一系列高端研究报告的发布，为全球治理体系贡献了具有中国特色的理论创新与实践经验，有效增强了我国在国际舞台上的话语权和影响力，充分展现了我国高端智库在学术研究、政策咨询及国际交流方面的雄厚实力与前瞻视野。

2. 开展城市对外形象评估，助力地方文化对外传播影响力建设

2023 年 11 月，浙江大学传媒与国际文化学院在第四届中国数字城市品牌杭州论坛上发布了《中国城市国际传播影响力指数报告（2023）》。该报告从网络传播影响力、媒体报道影响力、社交媒体影响力、搜索引擎影响力、国际访客影响力五个考察维度精准呈现了各城市国际传播的真实状况。该报告提出当前存在中国城市国际传播主体不够多元、叙事不够亲民、媒介趋于单一、受众参与度普遍较低四个方面的问题，给出了建构城市国际传播共同体、激活体育赛事传播潜力、强化特色节展传播动能、聚合特色文旅传播流量、融合多元视听传播形态、巧用生活故事传播文本等对策建议。这份报告是对中国城市国际传播现状的一次深度洞察，更为中国城市在未来一段时间内在对外传播领域提升自身影响力、塑造良好的城市形象提供了宝贵的参考。②

无独有偶，2024 年 6 月，当代中国与世界研究院在 2024 战略传播论坛上发布了《中国城市国际形象评估报告》，报告从国际媒体舆论影响力、海

① 《新华社国家高端智库报告〈新质生产力的理论贡献和实践价值〉在布鲁塞尔发布》，https://xhinst.net/tuwenxiangqingye/detail/20240623/19436590_％E6％96％B0％E5％8D％8E％E7％A4％BE％E5％9B％BD％E5％AE％B6％E9％AB％98％E7％AB％AF％E6％99％BA％E5％BA％93％E6％8A％A5％E5％91％8A％E6％96％B0％E8％B4％A8％E7％94％9F％E4％BA％A7％E5％8A％9B％E7％9A％84％E7％90％86％E8％AE％BA％E8％B4％A1％E7％8C％AE％E5％92％8C％E5％AE％9E％E8％B7％B5％E4％BB％B7％E5％80％BC％E5％9C％A8％E5％B8％83％E9％B2％81％E5％A1％9E％E5％B0％94％E5％8F％91％E5％B8％83.html，2024 年 6 月 19 日。

② 韦路、陈俊鹏：《2023 中国城市国际传播影响力指数报告》，《对外传播》2024 年第 2 期。

外新媒体矩阵传播力、海外网民关注热度、城市海外传播网站建设、城市国际朋友圈建设等五大维度构建中国城市国际形象指数。通过对337座中国城市国际形象的全面评估,总结出了国际形象引领型城市、发展型城市及潜力型城市三种城市国际形象类型。此外,该报告还提出了四大研究发现:(1)城市国际形象与城市整体发展态势紧密相连;(2)城市媒体融合传播取得突破性进展;(3)除英语外的其他语种对外报道仍有提升空间;(4)海外网民关注热度存在明显的"长尾效应"。该报告对于我国城市未来进一步扩大国际影响力提供了参考与借鉴。[①]

再者,2024年7月,清华大学等多个单位联合发布《中国城市国际传播影响力报告(2023)》。该报告从中国城市在全球传播中的综合曝光度、媒体关注度、网民讨论度、区域辐射度及国际美誉度五个维度进行了详细分析,揭示了中国城市在国际传播中的形象与影响力。报告指出,海外媒体与网民对中国城市的关注视角存在差异。媒体报道聚焦与城市相关的政策动态、外事会议、城市发展现状等,以政治、经济、社会领域的时事新闻为主。网民讨论的话题则更为多元,除了城市发展的最新动态,视角聚焦在城市的文化活动和旅行体验方面,以更加活泼的语态和视角分享城市美景美食等生活场景。[②] 这些研究成果有助于推动中国城市在全球舞台上展现更加鲜明、积极的形象,为我国地方文化对外传播影响力的建设提供了科学依据和实践指导。

3. 细分领域精耕细作,多点开花助力对外传播效果提升

2023～2024年中国智库机构与科研院所通过深耕多个细分领域,以多元化的研究成果和实践活动,推动了对外传播工作的优化与提升。

在法治对外传播方面,2023年11月,中国政法大学全面依法治国研究院组织了2023年"中国法治国际传播十大典型案例"年度评选活动。此次评选

---

① 《我院研究成果〈中国城市国际形象评估报告〉广受关注和报道》,https://mp.weixin.qq.com/s/klleH-4et1GjfnPkQxNghQ,2024年6月19日。

② 《〈中国城市国际传播影响力报告(2023)〉发布》,https://baijiahao.baidu.com/s?id=1803440343994410750&wfr=spider&for=pc,2024年7月2日。

严格依据四方面的标准：一是坚持正确的政治方向，维护和服务党和国家工作的大局；二是通过全方位、多元化、立体式的方式展示我国推进全面依法治国所取得的积极成果；三是创新法治对外传播的方式和话语表达，以适合海外受众的方式，讲述中国法治故事；四是提升我国在国际法律事务和全球治理中的话语权和影响力。"2023 年'中国法治国际传播十大典型案例'"的发布，是对过去一年中我国在法治国际传播领域所取得的显著成就的集中展现，标志着中国法治故事在全球舞台上迈出更加坚定自信的步伐（见表5）。

表 5　2023 年"中国法治国际传播十大典型案例"获奖案例

时间	案例名称
2023 年 1 月	中国环境资源司法案例和年度报告在联合国环境规划署网站发布
2023 年 2 月 21 日	最高人民法院发布中英双语版《中国法院的司法改革（2013—2022）》
2023 年 3 月 16 日	国务院新闻办公室发布中英文《新时代的中国网络法治建设》白皮书
2023 年 4 月 23 日	中国法官参与编写世界知识产权组织《法官专利案件管理国际指南》
2023 年 4 月、6 月	中国国家法官学院举办外国司法官员研修班
2023 年 6 月 28 日、2023 年 9 月 1 日	《中华人民共和国对外关系法》《中华人民共和国外国国家豁免法》中英文版发布
2023 年 9 月 5 日	司法部主办第十次上海合作组织成员国司法部长会议
2023 年 9 月 11~16 日	海牙国际私法会议与中国国际私法研究会举办系列研讨会
2023 年 9 月 6 日	中国国际经济贸易仲裁委员会联合 55 家国际仲裁机构共同建设"一带一路"仲裁机构合作机制
2023 年 9 月 22 日	中国国际贸易促进委员会、中国国际商会举办 2023 年全球工商法治大会

资料来源：《2023 年"中国法治国际传播十大典型案例"发布》，http：//qmyfzgyjy. cupl. edu. cn/info/1016/1314. htm，2023 年 11 月 22 日。

在中华文化国际传播方面，2024 年 5 月 25 日，大连外国语大学、中国新闻史学会国际传播专业委员会、华夏传播研究会联合主办了 2024 第八届中华文化海外传播大连论坛暨第二届东北亚文明对话论坛。论坛上，中国日报网与大外中华文化海外传播研究中心、新闻与传播学院、国际传播研究院、东北亚周边传播研究院联合发布了 2023—2024 年度"中华文化国际传播十大案例"（见表6）。主要评选了 2023 年 3 月至 2024 年 2 月中华文化国际传播的重大活动和项目、热点事件、优秀作品及先进典型等。① 2023—2024 年度"中华文化国际传播十大案例"通过对典型案例的梳理和表彰，提升了中华文化的国际传播水平，为各文化传播主体提供了示范效应。更为重要的是，这样的评选将文化传播与实际成效相结合，使中华文化在全球范围内的传播更加有的放矢，有助于加强中国与世界其他文明的对话与合作。

表6 2023—2024 年度"中华文化国际传播十大案例"

案例名称	案例概述
文旅"内卷"提升地方形象海内外吸引力	从春天的"淄博烧烤"，到冬天的"冰雪尔滨"，2023 年中国文旅市场爆发了前所未有的"内卷"现象。多地文旅局局长更是从幕后走向台前进行"花式"代言，推动的不仅是文旅产业的繁荣，更是地方形象的海内外吸引力
中国多项文化遗产列入联合国教科文组织名录	2023 年5月，中国藏医学巨著《四部医典》以及《澳门功德林寺档案和手稿（1645~1980）》被联合国教科文组织列入《世界记忆名录》。2023 年9月，中国"普洱景迈山古茶林文化景观"被联合国教科文组织列入《世界遗产名录》。中国世界遗产数量增至57项
微短剧异军突起开辟出海"新航线"	2023 年中国网络微短剧市场规模已达 373.9 亿元，预计 2027 年有望突破 1000 亿元，而海外微短剧市场空间可高达 648 亿美元。目前中国公司已经成为海外微短剧市场重要的生产商和供应商，其中中文在线海外子公司旗下的 ReelShort 一度登上美国 iOS 娱乐榜第 1 名、总榜第 2 名。"海外本土题材+中国短剧叙事结构"已经成为海外微短剧的通用模式
中国传统文化元在杭州亚运会大放异彩	2023 年9月在杭州举行的第 19 届亚运会，不仅是一场亚洲体育竞技的盛会，也是一场展现中国深厚文化内涵的盛宴
中国新增 4 个联合国世界旅游组织"最佳旅游乡村"	2023 年10月，联合国世界旅游组织公布当年"最佳旅游乡村"名单，中国江西篁岭村、浙江下姜村、甘肃扎尕那村和陕西朱家湾村入选
中国影视剧从"借船出海"到"造船出海"	2023 年中国影视剧出海成绩相当亮眼：《你好，李焕英》成为首部被好莱坞翻拍的国产喜剧电影，《消失的她》和《孤注一掷》刷新美国、马来西亚等多国华语电影票房纪录……国产电视剧也接连登上世界各国的荧屏。2024 年，《三体》领衔中国 IP 扬帆出海，影视剧"出海"正成为服务贸易的下一个"风口"
多国城市参加"你好！中国"元宵灯会全球联动直播	2024 年2月，文化和旅游部国际交流与合作局同中国日报网共同举办"你好！中国"元宵灯会全球 24 小时直播活动。这场直播海内外实时互动量超过 550 万次，覆盖全球受众超过 1.7 亿人

① 《〈2023-2024 中华文化国际传播十大案例〉发布！》，https：//mp.weixin.qq.com/s/MBK_5efTi59mNy87yFD6-A，2024 年5月26日。

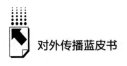
续表

案例名称	案例概述
中国网络文学海外访问用户突破 2 亿人	研究报告显示,2023 年度中国网络文学出海市场规模超 40 亿元,海外原创作品约 62 万部,这些作品被翻译成 20 多种语言,海外访问用户达 2.3 亿,来自全球 200 多个国家及地区,日均阅读时长 90 分钟
中外联合考古书写"一带一路"文化交流新篇章	截至 2023 年,我国已与 24 个国家开展 44 项联合考古项目,在 6 国参与了 11 项历史古迹保护修复项目,与世界各国合作举办 500 多个文物进出境展览
"中国国风科幻"游戏创全球月销售纪录	2023 年 4 月,"国风科幻"的典型代表作——二次元游戏《崩坏:星穹铁道》上线,迅速登上了 136 个国家及地区的应用商店下载榜单,首日全球下载量突破 2000 万人次,上线首月仅移动端收入就超过 20 亿元,创造了全球二次元手游历史最高首月销售纪录,并获得有"游戏界奥斯卡"之称的年度最佳移动游戏大奖

资料来源:《〈2023~2024 中华文化国际传播十大案例〉发布!》,https://mp.weixin.qq.com/s/MBK_5efTi59mNy87yFD6-A,2024 年 5 月 26 日。

  针对企业海外传播情况,参考消息报社于 2024 年 5 月 11 日在"2024 世界品牌莫干山大会"上发布了《中国企业海外传播力分析报告(2023)》。该报告依托参考消息报社自主开发的海外舆情大数据库及信息监测系统,并与世研指数合作,对近 1000 家境外媒体和多个主要海外社交媒体平台的舆情数据进行搜集与汇总,选取了境外媒体关注度较高的 100 家中国企业,进行了综合分析。报告指出,中国企业在国际舞台上的传播意识逐年增强。从基础设施建设层面的"硬联通",到规范标准层面的"软联通",再到跨越文化壁垒的"心联通",中国企业积极拓展海外市场的成果愈加显著。与此同时,中国企业的海外形象建设也逐步从单纯追求知名度,转向倡导"信任与陪伴"的价值理念。通过"出海+公益活动"以及"出海+社会责任"等方式,中国企业在提升国际业务的同时,进一步增强了品牌的全球影响力。[①] 该报告总结了中国企业在国际传播中的现状和进展,为未来的战略布局提供了重要的方向指引。中国企业正在以更加成熟和负责任

---

① 《〈中国企业海外传播力分析报告(2023)〉正式发布》,https://baijiahao.baidu.com/s?id=1798749652637866309&wfr=spider&for=pc,2024 年 5 月 11 日。

的姿态走向世界，并通过有效的传播策略逐步提升其全球品牌形象和国际影响力。

（四）2023~2024年央企、国企、民企的对外传播实践亮点

近年来，在全球化以及国内竞争加剧的背景下，"不出海，就出局"似乎已成为共识，出海成为国内企业拓展业务的选择。根据《2023 年中国企业出海信心报告》，有 87.6%的受访企业对海外业务发展持有正向积极的态度，超过六成的企业有海外业务拓展计划。[①] 据证券时报·数据宝统计，2024 年上半年已有 2049 家公司布局境外市场，数量创同期历史新高；布局境外市场公司的比例连续上升，2024 年上半年达到 52.81%，较上一年同期提升近 5 个百分点，各大上市公司对境外业务的重视度大幅提升。[②] 总体来看，中国企业走入了一个全新的"大航海时代"。

自 1979 年国务院提出"出国办企业"以来，我国的企业出海先后经历了产品出海、渠道出海、品牌出海三个阶段。目前，中企出海主力正在由低端制造业转向更多元的高附加值产业，主要覆盖了跨境电商、互联网、制造业、餐饮业等领域。其中，以希音（SHEIN）、Temu、速卖通（AliExpress）为代表的跨境电商和以 TikTok、百度、腾讯为代表的互联网行业表现尤为突出。在 AI 浪潮席卷下，中国企业也在加快布局人工智能、大数据、云计算、新能源、智能制造等新兴领域出海布局。[③] 一方面，中国企业在"走出去"的同时以实际的商业行为进行着对外传播实践；另一方面，中国企业还积极承担起文化传播与交流的使命，在具备一定风险与挑战的全球化环境中，将中国的创新技术、品牌故事、企业文化以及发展理念带到海外市场，成了对外传播实践的重要力量。总体来看，目前已经形成中央企业、地方国企、民

---

① 《会员精选丨〈2023 年中国企业出海信心报告〉发布：超八成企业对 2023 年海外业务发展有信心》，https：//mp.weixin.qq.com/s/d3ZFzPubKsdPdSOjqu6EBA，2023 年 4 月 3 日。

② 《从上市公司看中国企业出海八大亮点》，https：//mp.weixin.qq.com/s/qB3D3jdL4R2MDTPeMWGxkA，2024 年 8 月 29 日。

③ 《纷享销客-中国企业出海研究报告（2024）》，https：//mp.weixin.qq.com/s/8f8heDJ4taMfPum_3IcNWw，2024 年 8 月 31 日。

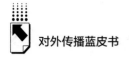

营企业三者并进的局面，它们各自凭借其独特的优势与资源，在全球化舞台上共同演绎着中国企业的多元化对外传播故事。

1. 中央企业：推动对外传播发展的"国家名片"

中央企业，或简称"央企"，是社会主义市场经济体制下的重要支柱，同时也是国家推动"走出去"战略的关键力量。在国际舞台上，央企的传播影响力不仅关乎其企业形象的塑造与国际化进程，更直接影响到国家整体形象的海外传播与认知。① 近年来，在"一带一路"倡议的引领下，央企在跨国业务中积极迎接挑战，深入了解并尊重当地市场需求与文化习俗。在产能建设和基础设施建设等关键合作领域，央企注重建立长期稳定的合作关系，始终坚持"共商、共建、共赢"的原则，将其融入每一个海外项目中，以此生动展现中国的价值理念与国家形象。②

《2023中央企业海外网络传播力建设报告》显示，中国石油化工集团有限公司、中国东方航空集团有限公司等五家企业，在过去七年（2017~2023年）中，连续稳居中央企业海外网络传播力综合指数前十名。其中，中国石油化工集团有限公司连续保持领先地位，中国东方航空集团有限公司的传播力排名连续三年有所提升。国家电网有限公司和中国铁道建筑集团有限公司在2023年进入前十名榜单。在对外传播策略上，央企近年来不断创新，互动化语态、内容本地化、专业化传播以及突出人文关怀等成为重要手段。例如，2023年，中国南方航空集团有限公司结合时事热点，在世界人口日、航班恢复等关键节点，于Facebook平台发起了多个互动话题，取得了良好的传播效果。中国石油化工集团有限公司通过外籍员工哈桑·哈利的视角，发布了其作为中石化员工的成长故事与感受，这种"自己人"效应有效拉近了与当地居民的距离，获得了广泛的共情与认可。在"一带一路"倡议提出十周年之际，多家央企的官方账号自发建立了相关汇总话题，如中粮集团有限公司、中国建材集团有限公司等创建了"#palonroad"话题；中国铁

---

① 王晓晖：《央企在国际传播中强化受众思维的路径探究——以中国石油报实践为例》，《新闻研究导刊》2023年第7期。

② 杨婷：《"一带一路"背景下央企对外传播路径研究》，《中国金属通报》2024年第3期。

路工程集团有限公司在 Instagram 上发布了多条关于"一带一路"基础设施建设的推文，展示了孟加拉国帕德玛大桥铁路连接线项目等成果。此外，在 X 平台上，中国石油化工集团有限公司发布了有关赞助中医中心分队前往阿尔及利亚举办针灸义诊活动的报道，收获了超过 2000 个点赞，成功展示了中国的非物质文化遗产如何走出国门，助力他国有需要的民众，等等。总体看来，央企在推动国家对外传播发展、塑造国家形象方面发挥着举足轻重的作用，它们以实际行动诠释着"国家名片"的深刻内涵。①

2. 地方国企：协同带动地方文化的对外传播

地方国企，作为地区经济发展的重要推动者和文化传承的关键载体，近年来在全球化浪潮中扮演着日益重要的角色。它们积极响应国家"一带一路"倡议，通过跨国合作、海外投资等方式，促进了地方经济的国际化发展，成功地将地方的优势产业、特色文化以及先进的发展理念带到了国际市场，成了协同带动地方文化对外传播与经济合作的典范。举例而言，作为对外开放的窗口，深圳市的市属国企以其卓越的海外拓展能力，树立了地方国企国际化的标杆。截至 2024 年初，它们已成功共建了 19 个高质量的"一带一路"项目，其中 16 个正在稳步推进，总投资额高达约 19.7 亿美元。这些项目跨越非洲、亚洲、大洋洲及欧洲，覆盖了能源、交通、教育、产业园区等多个关键领域，充分展示了深圳国企的雄厚实力与全球视野。在能源领域，深圳能源集团以深能安所固电力（加纳）有限公司项目为典范，为加纳解决了长期困扰的电力短缺问题，创造了大量就业机会，惠及数百万民众，书写了中加能源合作的佳话。在公共交通领域，深铁集团携手国际伙伴，为埃及"斋月十日城"市郊铁路提供全方位运营支持，加速了当地交通现代化的步伐。在教育领域，深圳市特区建设发展集团援建的巴布亚新几内亚布图卡学园是中国对外教育援助的典范，为当地学生开启了通往知识殿堂的大门，促进了文化的交流与融合。此外，深圳投资控股有限公司在越南

---

① 《〈2023 中央企业海外网络传播力建设报告〉发布》，https：//mp. weixin. qq. com/s/F62Fj-2JEYmD6yVXrl_ e8g，2024 年 1 月 14 日。

打造的中国·越南（深圳—海防）经济贸易合作区，通过创新的"中国总部+越南工厂"模式，吸引了众多优质企业入驻，促进了当地经济的繁荣与就业的增长，成为中越经贸合作的亮丽名片。[①] 此类地方国企还有很多，它们通过跨国合作与海外投资，有效协同带动了地方文化的对外传播，展现了其在全球化进程中的重要贡献。

3. 民营企业：中国对外传播的新兴力量

民营企业在中国对外传播的舞台上展现出其独特的魅力和强大实力。

新能源汽车品牌如比亚迪等，凭借其创新技术和独特优势，在海外市场中逐渐崭露头角，成为对外传播的一道亮丽风景线。比亚迪在 2024 年 7 月成功取代大众集团，成为 2024 欧洲杯的官方出行合作伙伴，这一消息随赛事广泛传播，让全球观众在各种场合都能见到比亚迪的广告，观众纷纷搜索该品牌的信息。欧洲杯开赛当天，英国最大的汽车交易平台 Auto Trader 网站上，比亚迪车型的浏览量激增 69%，其中比亚迪海豹的浏览量位居第二，仅次于现代 Ioniq5。赞助顶级赛事的背后，是比亚迪海外市场扩张的战略布局。近期，比亚迪泰国工厂已竣工投产，同时在欧洲和美洲的新工厂也即将建成。摩根大通预测，到 2026 年，比亚迪的全球交付量将达到 600 万辆，其中 150 万辆来自海外市场。[②]

除了新能源汽车品牌外，中国的互联网应用也在海外取得了轰动效应。以 SHEIN、Temu、速卖通（AliExpress）为代表的跨境电商和以 TikTok、百度、腾讯为代表的互联网行业在对外传播领域贡献尤甚。拼多多旗下跨境电商平台 Temu 在 2023 年与 2024 年两次亮相被称为"美国春晚"的"超级碗"（NFL 职业橄榄球大联盟举办的年度冠军赛）。在 2023 年"超级碗"赛后半年，Temu 美国用户数突破 1 亿。[③] 截至 2023 年 12 月，Temu 独立访客

---

① 《深圳市属国企高质量共建 19 个"一带一路"项目！》，https：//mp. weixin. qq. com/s/A8_
CQgYovcw4o5xTBnXn6g，2024 年 1 月 25 日。

② 《比亚迪：重生之我在国外做豪华品牌》，https：//mp. weixin. qq. com/s/PcOpt1j1jtjwA6b5Yo
Hh9A，2024 年 7 月 16 日。

③ 《财大气粗，拼多多 TEMU 重返美国超级碗》，https：//mp. weixin. qq. com/s/rLkUQWEDiC
zvuFC_ P0iKdw，2024 年 2 月 18 日。

数量达到4.67亿人，全球排名仅次于亚马逊。到了2024年6月，Temu已经将业务版图拓展至全球50多个国家和地区。这一数据的增长与其在全球范围内大量投放广告有着极大的关系。36氪曾报道，Temu在Facebook、Google的日投放费用高达千万美元。而根据摩根大通分析师的估计，2023年第三季度Temu在Facebook和Instagram上的广告支出高达6亿美元。[①] Temu等国产互联网应用在国际市场上的迅猛发展展示了中国民营企业的创新实力和竞争力。它通过提供优质的产品和服务，将中国的商业模式和互联网技术带到了海外市场，成为我国对外传播的新兴力量。

（五）2023~2024年社会（民间）组织对外传播的重要举措

从对外传播的视角来看，2023～2024年，我国的社会（民间）组织通过积极参与国际社会治理、主动开展国际援助和紧急救援，在多个方面取得了显著成就与成效。这些举措促进了国际社会的相互理解和合作，提升了国家的国际形象和影响力。具体实践举措如下。

1. 积极参与国际社会治理

在2023~2024年的重要国际活动中，中国民间组织展现了显著的参与度和影响力。2023年10月，正值第三届"一带一路"国际合作高峰论坛举行之际，中国民间组织国际交流促进会积极响应国家号召，成立了"一带一路"民心相通公益基金，正式启动了"丝路心相通"行动。[②] 这一举措标志着中国民间组织在促进民心相通方面迈出了坚实步伐，预示着未来将有更多标志性和旗舰级别的民生合作与人文交流项目应运而生，进一步深化共建国家间的民心交融。同年11月16日，首届亚洲公益论坛于海南大学成功举办，以"多元合作、创新发展"为主题，汇聚亚洲16国及15个国际组织的公益力量。论坛亮点纷呈，发布了"中国社会组织走出去"十大案例，

---

① 《拼多多股价大跌，但Temu在美国要盈利了 | 36氪独家》，https://mp.weixin.qq.com/s/RQoIcIgU4UXErWhUm-ONdQ，2024年8月27日。

② 《"丝路心相通"行动在第三届"一带一路"国际合作高峰论坛民心相通专题论坛上正式启动》，https://www.sohu.com/a/730996561_121106869，2023年10月24日。

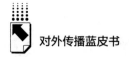

推出了《首届亚洲公益论坛·海口公益倡议书》，倡导公益领域的深度合作与创新。同时，13 场平行论坛就教育、环保等关键议题深入交流，为亚洲公益事业的繁荣注入新动力，开启了亚洲公益合作新篇章。①

此外，在 2023 年 11 月底至 12 月初的第二十八届联合国气候变化大会（《联合国气候变化框架公约》第二十八次缔约方大会、COP28）上，中国民间组织再次以团结的姿态亮相国际舞台。中华环保联合会携手中国国际民间组织合作促进会，联合其他 11 家民间组织与企业，共同构建了社会组织联合体，积极投身于这场全球气候治理的盛会中。② 会议期间，联合体充分利用"中国角"这一重要平台，以及联合国官方提供的各种渠道，策划举办了一系列内容丰富、形式多样的活动，包括深度探讨气候议题的边会、传递信息的新闻发布会，以及展示成果的展台展览等，全方位、多角度地展现了中国民间组织在应对气候变化领域的积极贡献与创新能力。

2. 主动开展国际援助和紧急救援

面对近年来全球范围内突发的自然灾害与人道主义危机，中国民间组织迅速响应，以实际行动诠释了人类命运共同体的深刻内涵。2023 年 2 月，在土耳其和叙利亚遭遇强烈地震的危急时刻，中国民间组织国际交流促进会与中国志愿服务联合会携手，联合发起了"同心抗震"国际民间救援志愿行动。③ 这一行动彰显了中国社会组织的高效动员能力，体现了民间力量在国际人道主义救援中的重要作用。通过精心协调与有序部署，众多中国社会组织与企业迅速集结，跨越国界，为灾区民众送去了宝贵的援助与希望，展现了中国民间组织在国际援助舞台上的专业与担当。同年 10 月，

---

① 《首届亚洲公益论坛在琼举办》，https：//www. hainan. gov. cn/hainan/5309/202311/ddac93dfb8dd4af59cac0636896e36db. shtml，2023 年 11 月 17 日。

② 《推荐｜中华环保联合会 COP28 系列活动圆满收官》，https：//mp. weixin. qq. com/s？＿＿biz＝MjM5MzgzNTY3MQ＝＝&mid＝2654781165&idx＝1&sn＝f634522b265c05e553ae58336d57509e&chksm＝bd58e1158a2f680314bef333b9b4e8d1c264ea9e16a854687d38541c6c348151291aa30a516b&scene＝27，2023 年 12 月 21 日。

③ 《中促会、中志联发起"同心抗震"国际民间救援志愿行动》，https：//baijiahao. baidu. com/s？id＝1757511716317403241&wfr＝spider&for＝pc，2023 年 2 月 11 日。

中国乡村发展基金会在斯里兰卡成功举办了微笑儿童粮食包项目启动会，将来自东方的温暖传递到另一个需要帮助的国度。此次项目惠及斯里兰卡七省的数百所学校及上万名学生，是中斯两国民间友好合作的又一见证。①中国乡村发展基金会向斯里兰卡总理转交的不仅是一份捐赠票据，更是两国人民心连心的深厚情谊。这些善举为斯里兰卡儿童带去了实质性的帮助，在国际上树立了中国民间组织积极参与国际援助、共同应对全球性挑战的良好形象。

3.深入开展民间文化交流活动

2023~2024年，以民间组织为主要力量的对外传播文化交流活动频繁展开。例如，2023年10月，2023跨境商贸民间友好交流会在广州开幕，来自古巴、俄罗斯、格鲁吉亚、意大利、阿根廷、葡萄牙、喀麦隆、西班牙、日本等十几个"一带一路"共建国家的驻穗使节和商会负责人，以及众多广东省级相关商协会的负责人和媒体代表参加了此次活动。②同月，太湖世界文化论坛第七届年会在京盛大召开，以"文明互鉴：共创人类文明新形态"为核心议题，搭建起全球文化交流的高端平台。③2024年以来，相关活动日渐增加。在5月14日，全球繁荣峰会在中国香港举行五场专题讨论，来自世界各地的商界领袖、学界翘楚，以及智库和投资机构代表，深入探讨影响全球繁荣最迫切的议题，达成了加强民间外交、促进民心相通的普遍共识。④同年7月28日至8月11日，由中国对外文化交流协会主办、中外文化交流中心承办的"2024中外青年文化交流营"在北京举办。⑤8月，2024

---

① 《中国基金会微笑儿童粮食包项目落地斯里兰卡》，https：//baijiahao.baidu.com/s？id = 1780780531622581085&wfr=spider&for=pc，2023年10月26日。

② 《2023跨境商贸民间友好交流会广州开幕》，https：//sdxw.iqilu.com/share/YS0yMS0xNTA3 3NjAxNQ.html，2023年10月6日。

③ 《太湖世界文化论坛第七届年会》，https：//flive.ifeng.com/live/1012209.html，2023年10月27日。

④ 《2024全球繁荣峰会在港搭建民间外交平台》，http：//wsb.gxzf.gov.cn/xwyw_48149/gayw_ 48153/t18429916.shtml，2024年5月15日。

⑤ 《2024中外青年文化交流营成功举办》，https：//www.thepaper.cn/newsDetail_forward_ 28435812，2024年8月14日。

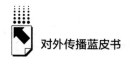

年"中国文山—越南河江青年友好交流活动"正式开幕。中国文山州、越南河江省的青年代表们相互分享了个人在创业就业、跨境电商、边境贸易、青少年文化交流等方面的经历和心得。

总体上看，以民间组织为主要力量的对外传播活动，促进了国家间文化的相互理解和尊重，加强了国家间的友好关系，推动了文化的传承与创新。通过丰富多样的文化交流活动，国内外民众能够更深入地了解彼此的文化精髓，为国际传播搭建了坚实的桥梁，这有助于培养具有国际视野的传播人才，拓宽对外传播渠道，从而更有效地传播中国文化，提升中国的国际影响力和话语权。

4.广泛搭建推动民间组织"走出去"的平台机制

为了积极响应国家"走出去"战略，我国多个省份纷纷采取行动，搭平台建机制，以促进民间组织参与国际交流与合作。2023年2月8日，山东省民间组织国际交流合作联盟成立仪式在济南举行，支持全省社会组织"走出去"参与国际交流合作。同年3月，云南省人民对外友好协会作为全省社会组织"走出去"工作牵头部门，鼓励和支持社会组织积极申报参与在南亚东南亚及环印度洋地区等重点国家实施"小而美、见效快、惠民生"的"心联通 云南行"项目，助力周边命运共同体建设。同月，陕西省社会组织国际交流促进会成立大会在西安召开。5月，江苏省民间组织国际交流合作联盟成立仪式在盐城举行，等等。①

总体来看，多地搭建推动民间组织"走出去"的平台机制对于促进民间组织国际化发展、助力国家外交战略实施、推动社会公益事业全球化发展、加强国际合作与交流以及提升国家软实力等方面都具有重要意义。

（六）2023~2024年网红与意见领袖对外传播的趋势与特征

近年来，在全球化的浪潮中，信息传播的速度与广度前所未有，个体影

---

① 《【CIDGA】2023年中国民间组织走出去十大事件盘点》，https：//mp.weixin.qq.com/s/0ybrJCFctBxdXtKWeB3UQA，2024年3月6日。

响力正以前所未有的方式塑造着对外传播与国际交流的整体格局。其中，"洋网红"与"出海网红"作为新兴的传播力量，正逐渐成为对外传播领域不可忽视的关键枢纽。他们以其独特的个人魅力和对文化的深度理解，搭建起不同文化之间沟通与理解的桥梁，为我国的对外传播实践注入了新的活力与色彩。

1. "洋网红"成为海外讲述中国故事的特殊角色

自2023年起，外国网红们纷纷将镜头对准中国，揭开了这片古老而又充满活力的国度的面纱。例如，知名旅游视频博主"游牧旅人"（Nomadic Tour）以其在北京、新疆、西安等地的深入探索，展现了中国的多元魅力。在他的视频中，从井然有序的火车站到新疆交易市场的繁华景象，每一个细节都生动诠释了中国社会的和谐与活力。不仅如此，外籍网红们还擅长捕捉那些在中国看似平凡却又充满温情的生活片段，并通过他们独特的叙事方式呈现给世界。英国博主"生活在中国"（Living in China）以其独特的视角记录在华日常，每条视频均吸引数十万次的点击，成为海外观众了解中国的一扇重要窗口。澳大利亚的"金发女郎在中国"（Blondie in China）则专注于探索中国美食文化，引领海外食客领略舌尖上的中国。① 而2024年夏天火出圈的外国博主"保保熊"更是凭借"City 不 City"网络热梗的病毒式传播在国际社交媒体上掀起了又一股中国城市的传播热潮。②

"洋网红"现象的背后，反映出中国在国际舞台上日益增强的影响力，以及全球范围内对中国文化的浓厚兴趣。这些网红们通过自己的努力，搭建起一座座无形的桥梁，让世界各地的人们能够更加直观地了解中国，感受中国文化的魅力，进一步促进了不同文明之间的交流互鉴。随着互联网的不断发展，有理由相信，"洋网红"将继续在全球范围内发光发热，成为连接中

---

① 《洋网红讲中国故事，可信!》，https://mp.weixin.qq.com/s/msuIdyGPPibywa0c6iFZIw，2023年9月11日。

② 《"city 不 city 啊"爆火，专访美国网红"保保熊"》，https://mp.weixin.qq.com/s/66Gx57Np6l0QLiTHKCNhKQ，2024年7月16日。

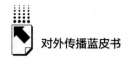

国与世界的重要纽带。

2. "出海网红"成为沟通中外的重要桥梁

随着"李子柒""阿木爷爷"等中国网红在国际社交媒体上的风靡，一股全新的文化传播力量悄然兴起——"出海网红"正逐渐成为中外文化交流的桥梁与使者。2023 年以来，更多中国网红在海外社交媒体平台走红，他们凭借其独特的创意、精湛的技艺以及对本土文化的深刻理解，跨越国界，将中国的故事、价值观乃至生活美学传递给世界各地的观众。截至 2024 年 8 月底，反映农村生活的"陕北霞姐"（Xia jie from shanbei）在 Youtube 上的粉丝已经超过了 60 万人。其于 2024 年 6 月 22 日发布的采摘山杏的视频，在短短几天内就获得了 4 万多次的观看量，并收到了全球各地粉丝的评论。她在 Youtube 上最多人看的一条炸猪皮视频，点击量超过了 1000 万次。该条视频配备了 12 种字幕，包括俄罗斯语、英语、日语、韩语、越南语、泰语、西班牙语、葡萄牙语、印尼语、阿拉伯语、法语及哈萨克语等，立体化地展示了中国农村的生活。①

在企业出海的大趋势下，快手一哥辛巴早在 2023 年就启动了国际出海计划，采取整合本地供应链的形式，布局全球购业务。2024 年 1 月，抖音红人"疯狂小杨哥"公司三只羊网络科技有限公司，也开启了海外带货布局。其第一站为新加坡，带货模式为联合海外达人赋能直播带货，首播便冲上了 TikTok 新加坡地区销售 GMV 排行榜的第一。②"出海网红"在对外传播中具有重要意义，他们以独特的方式讲述中国故事，展现中国文化魅力，促进了中外文化的交流与理解，同时为企业出海和品牌推广开辟了新路径，增强了中国的国际影响力。

---

① 《【展示】外媒点赞：中国乡村网红，打开国际社交网络市场》，https：//mp. weixin. qq. com/s？＿＿biz＝MzAwODY3MTgwMQ＝＝&mid＝2652672745&idx＝3&sn＝54d236c9354178cb0c4e0b83284ab491&chksm＝8179f85632f4ee3526cc39250365f3fdb0581b52551317b60e2223263f14d0cb8a76a9d7f544&scene＝27，2024 年 7 月 3 日。

② 《网红扎堆出海捞钱》，https：//mp. weixin. qq. com/s/2G6x1ca44Ks2XaUNfTz_ g，2024 年 7 月 16 日。

三 当前阶段下我国对外传播领域的现实问题

就 2023~2024 年我国对外传播的工作实际情况来看，官方主体（如主流媒体、国际传播中心）的对外传播实践依旧占据主导地位，其他参与对外传播实践的多元化主体（如企业、社会组织、民间个体等）虽然也开展了各种形式的对外交流活动，但总体来看，国际传播内容呈现出杂乱的特点。多元主体之间的对外传播实践缺乏有机连接，无法针对国际社会普遍关注议题进行系统性传播，也没有真正形成传递中国声音、中国智慧、中国经验和中国观点的"多声部大合唱"[①]。

（一）主流媒体开始走入对外传播"深水区"

当前环境下，我国各级主流媒体积极在对外传播领域发挥着主力军的作用，通过加紧对外传播集群建设、统筹海外传播渠道、多部门协同发力、前后方密切联动，多渠道多平台发声，积极在国际舆论场上生动讲述着共建"一带一路"的国家发展故事，扮演着促进全球文明交流互鉴、推动人类命运共同体构建的重要角色。[②]

然而，随着全球传播生态面临着诸如事实真相的多向化、信息选择机制的复杂化等诸多变革[③]，不论是"借船出海"还是"造船出海"的主流媒体开始走入了对外传播领域的"深水区"。多数主流媒体仍然存在国际议程设置能力不足、报道忽略国内外话语体系差异、海外有效传播渠道缺失、对外传播的内容和形式创新度都相对不足的情况[④]，并主要在其对外传播实践中显露

---

① 沙垚、汤继运：《新时代讲好中国乡村故事的资源禀赋与可行路径》，《对外传播》2024 年第 5 期。

② 胡正荣、郭海威：《共建"一带一路"语境下主流媒体的传播实践与效能提升》，《电视研究》2023 年第 11 期。

③ 毕研涛、董庆文、黄玲忆：《我国区域发展战略之国际传播研究——以海南自贸港与粤港澳大湾区为例》，《对外传播》2024 年第 1 期。

④ 季为民、孙芳、杨子函、李沐芸：《讲好新时代中国故事：理论逻辑、实践之困与改进之道》，《陕西师范大学学报》（哲学社会科学版）2023 年第 5 期。

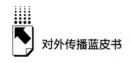

出"内宣化""浅表化""模板化""笼统化"等方面的工作倾向。① 而这正是当前我国各级主流媒体在走入对外传播"深水区"时需要极力规避和克服的。

1. 对外传播的话语存在一定程度的"内宣化"倾向

"内外有别"是我国对外传播工作长期坚持的一个基本理论和指导原则。然而，除少数央级、省级头部主流媒体之外，其他绝大多数主流媒体相对缺乏专业化的对外传播队伍和工作经验，不容易深入研究国内外传播环境、内容形态、价值取向等方面内外差异，较难掌握对外传播场域的传播规律和工作方式，并且在一定程度上并未彻底摆脱"内宣式"对外传播话语的思路。故而在目标导向的工作情境下，为了完成对外传播任务，形成了一定程度上的"内宣化"倾向。

2. 对外传播的叙事上存在一定程度的"浅表化"倾向

互联网等媒介与传播技术加持下的全球化进程，是一个解构宏大叙事所维护的传统意识形态及制度的后现代化进程，它主张着以"网络化的个人主义"为特征的社会结构的重构。② 在这种国际传播领域的发展趋势下，对于宏大叙事的过度强调和对于"中国故事"的细节缺失容易导致对外传播工作的"浅表化"倾向。例如，近年来，各大主流媒体也围绕国家形象推出了一批具有"国际范儿""燃"的国际形象网络宣传片，但根据国内外受众的评论反馈，部分内容仍然存在主题庞大、切口过宽、符号堆积、单向传播、缺乏细节等特征，并没有真正从细节出发来触动国际受众。此外，根据一项针对人民网、新华网、China Daily、CGTN 等 9 个主流媒体网站的国际传播报道的研究，主流媒体的对外传播报道尽管使用了一些形象性的、饱含中国特色的主题词汇，但其却存在表述风格过于抽象的问题，缺失对于报道事件相关的细节性描述与阐释性话语③，这些都是主流媒体对外传播工作

① 之江轩：《国际传播必须破解五大"困局"》，"浙江宣传"微信公众号，https：//mp. weixin. qq. com/s/7iHJuMQiDUmamFb44i2blg，2023 年 6 月 12 日。

② 杨伯溆：《宏大叙事与碎片化：全球化进程中互联网传播及其意义》，《现代传播》（中国传媒大学学报）2019 年第 11 期。

③ 季为民、孙芳、杨子函、李沐芸：《讲好新时代中国故事：理论逻辑、实践之困与改进之道》，《陕西师范大学学报》（哲学社会科学版）2023 年第 5 期。

"浅表化"倾向的表现。

3.对外传播的内容上存在一定程度的"模板化"倾向

"新闻常规"（news routines）是新闻媒体有效组织和安排新闻进行信息资讯获取；类型化处理新闻内容；维系媒体日常工作运转的、固定的、可循的模式。[①] 然而，伴随着全球生态加速变革、全球政治格局不断变化[②]，对外传播的工作与实践也应该在动态创新中不断发展，而非按部就班或因循守旧。然而，在各级主流媒体的新闻生产常规中，对外传播内容产品却并非时常更新。例如，在内容层面，地区之间差异化并不明显的戏曲戏剧、考古文物、非遗器具等容易成为地方主流媒体对外传播工作中常常使用的传播符号，并没有真正做到对这些文化资源的活化使用，而仅仅是利用简单的手段对单调的内容进行呈现。由于资金、经验、人力、管理等各方面因素的限制，多数地方主流媒体不得不按部就班与因循守旧，遵循老经验、老办法，形成了"重数量而轻质量、重形式而轻实效、重上层而轻民间"的对外传播工作特点。

4.对外传播的受众定位尚待进一步明晰

目前，各级主流媒体的对外传播工作还没有形成"泾渭分明"的角色划分与功能认定。央级、省级等头部主流媒体因其在资金、技术、人员、观念等方面的优势，极易在国际传播场域上吸引到更多的国际受众，并对比其更低层级的地方主流媒体造成虹吸影响。在开展对外传播的具体工作中，多数地方主流媒体鲜能真正找到符合自身独特区位优势的传播切口、账号定位、目标受众及竞争赛道。在这种"笼统化"的倾向下，各级主流媒体之间内容重叠与内容错位的情况时有发生。换言之，各层级主流媒体的对外传播实践并没有形成合力，未能精准而深入地走入国际受众中去。

---

① Gaye Tuchman, Making news by doing work: Routinizing the unexpected, *American journal of Sociology*, vol. 79, No. 1, 1973, pp: 110-131.

② 钟新、郑晨:《全球治理视域下的 2024 年中国国际传播关键议题》,《对外传播》2024 年第 1 期。

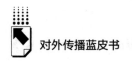
（二）地方国际传播中心建设尚待全面完善

在新时代的背景下，讲好中国故事、传播好中国声音，已经成为地方国际传播中心不可推卸的使命与责任。[①] 自 2023 年以来，我国国际传播体系建设取得了显著进展，上海、广东、山东、河南等多地省级国际传播中心相继成立[②]，标志着我国地方国际传播进入了快速发展阶段。与此同时，嘉兴、盐城、南宁等地级市[③]以及大湾区（南沙）[④]、鄂尔多斯市准格尔旗[⑤]、杭州高新区（滨江）等县区级国际传播中心[⑥]的设立，进一步细化了国际传播的网络布局，形成了省、市、县三级联动的良好态势。

1. 既有对外传播资源整合力度稍显不足

全媒体传播体系建设的背景下，各级融媒体中心与国际传播中心的建设将会在极大程度上对我国媒体的"内宣"与"外宣"队伍格局进行重构。

就目前来看，各级国际传播中心普遍是通过与央级外宣媒体共建、依靠本地主流媒体运营及与融媒体中心资源共享三种方式进行建设。[⑦] 这说明各地国际传播中心的建设仍然依赖于当地同层级媒体在资源、技术、人员等方面的储备。此外，除央级和省级等头部位置媒体外，各地方媒体在资金预算、技术储备、人才队伍方面都有着明显的短缺和不足。对于国际传播中心建设的规模化投入，也势必会反过来影响地方融媒体中心的建设。国际传播

---

① 黄楚新、薄晓静：《地方智慧与全球视野：地方国际传播中心建设路径》，《对外传播》2024 年第 3 期。

② 胡正荣、李润泽：《以智慧全媒体平台赋媒介未来之力——省级国际传播中心的时代机遇》，《对外传播》2024 年第 1 期。

③ 《［盘点］让国际范儿成色更足，多地成立"国际传播中心"》，https：//www.sarft.net/a/218177.aspx，2024 年 5 月 22 日。

④ 《大湾区（南沙）国际传播中心简介》，https：//mp.weixin.qq.com/s/ewNxfpZvXUPf36pldXlzaA，2024 年 6 月 11 日。

⑤ 《准格尔旗国际传播中心正式启动！》，https：//mp.weixin.qq.com/s/UjTbCaaAQc-lHj3vviX2TA，2024 年 5 月 15 日。

⑥ 《全市首个区级国际传播中心，成立！》，https：//mp.weixin.qq.com/s/bCNAroYyMPTWmrsD155e7g，2024 年 8 月 12 日。

⑦ 刘滢、陈昭彤：《"本土全球化"：地方国际传播中心建设的现状、特征与提升路径》，《中国记者》2024 年第 6 期。

中心不像其他面向在地化传播的融媒体平台，还没有找到稳定盈利的商业模式，故其收视率、发行量、新媒体流量的商业价值相对较低，需要源源不断地投入物力、财力和人力资源。

最后，尽管有各级政府的对于对外传播工作已经进行了专项资金的投入，但对于财力资源偏紧的地方，如何整合区域内媒体、文旅、人力、教育等多个领域的资源协同与共享，找到国际传播中心的精准化传播与商业化价值，实现长期可持续性投入，成为当下地方国际传播中心建设的重要问题。

2. 对外传播高水平专业人才相对匮乏

在当前全球化的浪潮中，对外传播已经成为国家软实力的重要组成部分，而高水平专业人才则是推动这一进程的核心力量。然而，我国国际传播中心，尤其是地市级中心，在对外传播高水平专业人才方面面临着严峻的挑战。

首先，地方国际传播中心在过去往往缺乏对外传播领域的专业人才储备与实战经验，这使它们在吸引和培养具备海外背景、精通外语、深谙国际文化传播规律的人才方面显得力不从心。这类人才需具备扎实的语言能力和国际视野，还需深刻理解不同国家的文化和社会背景，以及把握国际社会的最新传播趋势。他们的稀缺性，直接影响了地方国际传播中心的工作质量和影响力。其次，教育体系与职业培训的不完善也是导致人才匮乏的重要原因。当前，高校和媒体机构在对外传播人才的培养上尚未形成统一、系统的教育培训体系。课程设置、实践机会以及职业规划的缺失，使学生在校期间难以获得全面的专业技能和实践经验。同时，行业内对于优秀对外传播人才的评价标准尚未统一，这也加剧了人才流动的不确定性和无序性。[1] 再者，人才流失问题不容忽视。在一些已经建立起成熟对外传播体系的媒体单位和国际传播中心，优秀人才的流失成为常态。一些成熟的对外传播优秀人才刚经过若干年的培养成为"行家里手"，结果被其他企业或更高待遇的媒体单位挖走。这无疑对国际传播中心的长远发展带来了挑战。

---

① 张毓强、姬德强：《"全球地方"视角下的中国国际传播新格局》，《对外传播》2024年第1期。

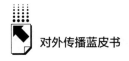

总体来看，对外传播高水平专业人才的匮乏是当前国际传播中心建设面临的重要挑战之一。只有通过全面系统的教育改革、有效的激励机制以及广泛的国际合作与交流，才能逐步解决这一问题，为我国对外传播事业提供坚实的人才保障。

3. 国际传播中心的战略定位、目标受众及内容功能有待进一步明晰

首先，从当前环境下的"大外宣"格局来看，地方国际传播中心的战略定位仍然不够清晰。长期以来，地方媒体在参与国际传播能力建设的角色并不明确，对于国际事件的敏感度与参与性都严重不足，无法真正进入国际社会的传播场域中去。其次，多数地方国际传播中心的目标受众相对模糊，仍然持有一种"撒播"的传播观，并没有针对特定的国别、地域、年龄、职业、兴趣爱好等受众特征开展具有"群聚传播"和"精准传播"效应的对外传播实践。[1] 最后，由于战略定位与目标受众方面的模糊，多数地方国际传播中心内容生产与服务功能等层面的同质化现象明显。当下，不少地方国际传播中心在对外传播的内容风格上高度雷同，并没有能够真正面向国际受众发掘和整合在海内外都具有区域差异性与本土独特性的民俗风情、历史遗产、投资机会、自然风光、商贸产品、定居就业条件等传播资源[2]，从而需要开展更为精准的对外传播内容生产与相关服务功能。

展望未来，随着全球化的深入发展和我国国际地位的不断提升，地方国际传播中心将迎来更加广阔的发展前景。在全面完善建设的过程中，应坚持问题导向和创新驱动，不断优化资源配置、提升专业能力、明确战略定位并丰富传播内容。只有这样，才能更好地讲述中国故事、传播中国声音，为构建人类命运共同体贡献中国力量。

（三）中国特色新型智库的对外传播能力仍需加强

一般认为，所谓"智库"（Think Tank），指的是从事战略与政策研究，

---

[1] 施懿、吴瑛：《地方国际传播中心建设：现状、问题与展望》，《青年记者》2024 年第 9 期。

[2] 郭毅：《地方国际传播中心的功能定位、建设难题与中小城市的战略选择》，《对外传播》2024 年第 3 期。

并为特定政府部门、企业、社会组织等提供决策咨询的专门化机构。2015年，中共中央办公厅、国务院办公厅印发的《关于加强中国特色新型智库建设的意见》提出，要充分发挥中国特色新型智库咨政建言、理论创新、舆论引导、社会服务、公共外交等重要功能，指出了中国特色新型智库应该积极主动地参与对外传播的工作实践。① 有研究指出，智库在外交活动中能够间接代表母国，尤其是政府陷入外交僵局时，智库可以为双边（多边）沟通提供有益补充，从而助推政府外交。② 在全球化与社交媒体迅速发展的时代，一个国家的智库的国际影响力往往被看作是该国对外传播软实力的重要体现。③ 以智库大国美国为例，其著名智库"布鲁金斯学会"（Brookings Institution）在创立之初打出的口号即为"致力于提供与公共事务相关的重要服务"。第二次世界大战以来，美国智库与政府的关系愈加紧密，诸多智库通过预测、研判帮助政府部门在外交、安全等领域制定了诸多政策，在学者、财团、政客等主体之间构建起一套影响其国家政治外交发展的"旋转门"机制④，近年来还在全球积极参与着众多服务于美国国家战略传播的政治宣传活动，对国际社会舆论有着强大影响。⑤

对比美国，中国在参与全球公共外交与文明交流互鉴中的作用还有待提升。总体来看，我国智库现阶段在参与对外传播工作上主要存在战略规划不足、实践经验相对缺乏、队伍建设尚待完善三个方面的问题。

1. 我国智库的对外传播战略规划相对不足

在当前全球化深入发展的背景下，智库作为国家软实力的重要组成部分，其对外传播能力直接影响国家在国际舞台上的声音和影响力。然而，审

---

① 费雯俪：《新形势下中国智库国际传播的经验借鉴与路径探索》，《对外传播》2024 年第 5 期。
② 王永洁：《新时代讲好中国故事的多边主义路径研究——基于智库与国际组织合作开展知识分享的分析》，《北京工业大学学报》（社会科学版）2023 年第 5 期。
③ 杜文娟、喻晓雯、喻新安：《略论我国智库的传播力建设——基于我国社会型智库传播力建设的实践及案例》，《新闻爱好者》2024 年第 7 期。
④ 阚四进：《美国智库独特的"旋转门"机制》，《秘书工作》2022 年第 6 期。
⑤ 郑一卉、杨向晖：《美国智库的任务转向：从学术研究到战略宣传》，《和平与发展》2024 年第 1 期。

视我国智库的对外传播战略规划，不难发现其存在明显的局限性，主要表现为国际化发展思维的缺失和战略规划的不足。我国多数体制内智库仍然沿袭着行政化管理的运行模式，这种模式虽然在一定程度上保障了智库的稳定运行，但也束缚了其对外交流的灵活性和创新性。鲜有智库能够跳出传统框架，具备明确的国际化发展思维和长远的战略规划。相比之下，仅有极少数社会智库勇于探索，积极在西方主流社交媒体平台上进行开放、互动和平等的交流，努力发出中国声音。[①]

反观西方智库，它们早已将对外传播作为提升国际影响力的重要手段。通过精准的市场细分，西方智库将世界划分为多个区域，针对不同地区推出符合当地语言和文化习惯的思想内容产品，成功地向目标受众传递特定信息和观点。这种精准传播的战略规划增强了传播效果，有效巩固了西方智库在国际社会中的话语权。[②] 在此种情况下，我国智库需要应对乃至反制西方智库向国际社会长期灌输的价值观。并且，要开始规划我国智库的国际化发展战略，制定前瞻性对外传播规划，明确目标受众与策略，深耕内容创新与渠道拓展，同时利用新兴技术提升传播效率，建立健全效果评估机制，并强化国际化人才队伍建设，以全方位提升我国智库在国际舞台的话语权和影响力。

2. 我国智库的对外传播实践经验相对缺乏

在全球化议题日益交织的当下，智库作为思想创新与政策建议的重要源泉，其对外传播实践对于塑造国家国际形象、参与全球治理至关重要。然而，审视我国智库的对外传播实践现状，不难发现，其在经验积累与实践深度上均显不足。多数智库往往局限于国内环境，满足于本土影响力的小圈子，主动走出国门、融入全球对话的紧迫感不强。这种现状导致我国智库在利用国际社交媒体平台发布研究成果、参与气候变化、公共安全、粮食安

① 张志强、陈秀娟、韩晔：《社交媒体时代中国智库国际传播机遇、现状与提升路径》，《中国科学院院刊》2024 年第 4 期。
② 王亚莘、刘彦成、张诗奕：《中国特色新型智库对外数字传播：发展现状与实践策略》，《传媒》2024 年第 6 期。

全、人权、网络安全等全球性议题讨论方面明显滞后，缺乏主动介入与深度参与的勇气与策略。

更为关键的是，我国智库在对外传播产品的策划与生产上，尚未形成一套成熟有效的体系。智库报告与研究成果的国际议题前瞻设置不够精准，高质量思想产品的产出数量与质量均难以满足国际社会的期待。同时，在内容呈现形式上，可视化手段运用不足，难以直观展现复杂议题与深刻见解；价值输出方式往往不明晰，难以有效触达并影响目标受众；传播形态单一，缺乏多模态化的探索与创新。此外，数字传播渠道的拓展与多语种服务的覆盖也亟待加强，以期打破语言与文化障碍，实现更广泛的国际传播覆盖。面对这些挑战，我国智库亟须转变思路，将对外传播实践视为提升国际影响力、参与全球治理的重要途径。通过加强国际合作与交流、借鉴国际先进经验、培养专业人才队伍等措施，不断积累对外传播实践的经验与智慧，为我国在国际舞台上发出更强有力的声音奠定坚实基础。

3. 我国智库的对外传播队伍建设尚待完善

在中国特色新型智库的建设征途中，打造一支高素质、多元化且具备国际视野的专家人才队伍，是提升智库核心竞争力和国际影响力的基石。然而，现实情况表明，尽管我国智库在吸引和培养学术与政策研究领域的顶尖人才方面取得了显著进展，但在对外传播这一关键领域，专业人才队伍的建设却显得相对滞后。对外传播工作不仅需要深厚的专业知识储备，更要求从业者具备出色的跨文化沟通能力、国际媒体素养以及应对复杂国际舆论环境的能力。遗憾的是，当前许多智库的专家团队虽然学术造诣深厚，但在对外传播实践上却缺乏必要的经验和技能。这导致智库研究成果在转化为国际性报告时，往往出现信息传递失真、效果打折的现象。

因此，完善对外传播队伍建设成为智库亟待解决的重要课题。这意味着要引进和培养具备对外传播专长的新型人才，在现有人才结构中实现学术研究、政策分析、产业发展与国际交流能力的有机融合。通过设立跨学科交流平台、强化外语能力和国际视野的培训、鼓励开展国际学术会议和合作项目等方式，促进人才之间的知识共享与经验交流，构建起一支既懂专业又擅传播的复合型人才队伍。同时，也应建立与对外传播队伍建设相配套的人才培养体系与评价激励机制，以激发人才的创新活力与工作热情。通过构建科学合理的评价体系，给予对外传播领域做出突出贡献的个人或团队表彰与奖励，进一步激发智库整体的国际传播动能，推动中国智慧和中国方案更好地走向世界舞台。

（四）中国企业出海程度有待加深

近年来，随着国际物流网络的不断加密、我国的生产制造能力不断加强、数字基础设施日臻完善，加之国内超大规模市场奠定的信心和底气，具有更强全球竞争力的中国企业开始"抱团出海"，初步实现了中国企业海外本土化的运营与布局。从当下中国企业"出海"的业态发展来看，产能出海、品牌出海、渠道出海、科技出海是当前中国企业出海最为主要的四种类型。① 在"全球化"与"逆全球化"并行的趋势下，国际投资领域的全球治理遭遇重重挑战、各国外资审查与政策不断收紧。可以说，出于政治考量的投资与贸易壁垒，以及社会文化差异所造成的沟通隔阂，对中国企业上述四种类型的出海构成了挑战。具体表现在以下三个方面。

1. 中国企业"产能出海"易受国际社会舆论影响

所谓"产能出海"，即利用东道国劳动力或者资源优势来降低成本，规避贸易国的配额和关税等不利政策的约束，或者分散产能以提升供应链的安全性。其模式主要是海外建厂或在海外搭建完整的供应链体系。比亚迪、宁德时代等企业近年来在海外投资设厂打造产业链的举动即为"产能出海"的典型案例。② 随着国际贸易竞争的日益激烈，少数境外势力利用"政府补贴""强迫劳动"等政治性议题抹黑部分中国企业，并号召国际市场对中国企业进行抵制。这无疑会直接损害中国企业的国际声誉，使其在全球市场的

---

① 《中国企业出海，技术、经济、地缘政治影响下的博弈》，https：//www.163.com/dy/article/J9L4L3P605198OFP.html，2024年8月15日。
② 《制造业出海：产品出海与产能出海》，https：//mp.weixin.qq.com/s/Dv5sUe7CTaKqMnwCpuN7pg，2024年5月10日。

品牌形象被削弱，导致消费者对企业产品的信任度下降，影响企业在海外的销售额和营收表现，从而对中国企业的全球化发展构成深远而广泛的负面影响。因此，中国企业在产能出海的情境下应正确思考自身的对外传播策略，对相关问题作出有效应对。

2. 品牌出海存在"自嗨"，需要倾听国际市场真实声音

当前中国企业的"品牌出海"主要有两种形式。一种是中国企业将本土元素、创意产品和数字化内容等推广至全球市场的文化品牌出海。例如："米哈游"及其旗下《原神》《崩坏：星穹铁道》、"游戏科学"及其旗下《黑神话：悟空》等文化产品，便是中国游戏产业品牌出海的主要例证。而另一种则是企业通过线上线下网络拓展自身销售渠道的品牌出海形式，如泡泡玛特、蜜雪冰城、瑞幸咖啡、名创优品等，均属于这种形式的品牌出海。然而，就现状来看，中国品牌在出海过程中容易陷入蜻蜓点水式的"自嗨"陷阱，许多品牌投入了大量的广告宣发，利用各种活动进行跨界营销，但部分营销活动实际上难以对国际市场产生深远影响。究其根本，中国品牌仍然对海外市场的文化、习俗、需求等方面理解不够深入。只有沉下心来倾听国际市场的真实声音，才能提升中国企业品牌出海实际效果。①

3. 渠道出海与科技出海需要有效应对国际社会的管制

渠道出海与科技出海是当前中国企业对外传播实践中最容易受到打压的两个方面。目前，渠道出海主要有三种类型，分别是：（1）以 Temu 为代表的跨境电商平台；（2）以 SHEIN 为代表的供应链渠道与海外分销网络（平台）；（3）以 TikTok（抖音海外版）为代表的数字化内容和服务平台。而科技出海则是以华为、比亚迪、Vivo、OPPO、小米、大疆、传音等科技公司及产品为代表。其中，一些出海的科技公司与互联网平台企业受到了国际社会不同程度的管制与不公平对待。在此背景下，如何有效应对相关管制措施与不公平待遇，成为当下影响中国企业推进对外传播与国际传播的关键突破口。

---

① 《2024 品牌出海的十个真相》，https：//baijiahao.baidu.com/s？id＝178912250067654430 4&wfr＝spider&for＝pc，2024 年 1 月 26 日。

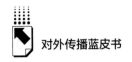

（五）民间组织与社会个体的对外传播活力尚待进一步激发

1. 对外传播实践规模有待进一步扩大

在全球化日益加深的今天，中国民间社会组织在国际舞台上的声音愈发重要。2024 年 4 月，中国民间组织国际交流促进会在贵阳成功举办的社会组织国际传播能力建设培训班，标志着我国对社会组织参与全球事务、提升国际传播能力的高度重视。此次培训汇聚了 60 余家社会组织及相关领域的代表，深入探讨了国际传播的核心议题与策略，为我国社会组织走向世界提供了宝贵的指引。[①] 我国社会组织虽然已经具备了一定的人数与规模，但与全球庞大的非政府间国际组织数量相比，我国在民政部登记注册的国际社会组织数量仍显不足，仅占全球总数的一小部分。根据国际协会联盟（Union of International Associations）编辑、博睿（Brill）出版发行的《国际组织年鉴》统计，全球非政府间国际组织目前已经超过了 66000 个。截至 2023 年 10 月，我国在民政部登记注册的国际社会组织则仅为 51 家。[②] 这一数据显示我国社会组织在国际参与度上具有巨大提升空间。更为重要的是，目前社会组织的对外传播实践普遍面临规模小、活动碎片化、参与层次浅等问题，专业能力和行动模式尚未成熟，难以在全球范围内形成有效的影响力。[③]

因此，扩大社会组织对外传播实践的规模、提升其专业能力与行动力，已成为当务之急。这不仅能够强化我国的国际传播能力，更能让社会组织在全球治理体系中发挥更大作用，为促进全球社会公正、维护人类社会正义、倡导世界和平、治理环境污染、推动国际发展合作贡献中国智慧和力量。

---

① 《中促会举办社会组织国际传播能力建设培训班》，https：//mp. weixin. qq. com/s/07ZC44JaisIiBbT24a3-fw，2024 年 4 月 12 日。

② 《中国社会组织参与"一带一路"十年成就辉煌——专访民政部负责人》，《大社会》2023 年第 10 期。

③ 王猛、邓国胜：《全球治理视野下我国社会组织"走出去"的挑战与策略研究》，《行政与法》2023 年第 10 期。

2. "洋网红"与"出海网红"的对外传播效果仍具提升空间

近年来，随着中国互联网传播环境的迅猛发展与国际影响力的显著提升，越来越多的外国友人开始选择来华留学、工作、旅游乃至定居生活。例如，美国网红"郭杰瑞""保保熊"等"洋网红"主动在 YouTube、TikTok、微博等海内外社交媒体平台上分享自己在中国的日常生活和文化体验，开始扮演起中国文化、中国故事的"海外宣传员"。[①] 这些"洋网红"的传播实践吸引了大量国际受众的关注，从国际社会的"他者"视角，为中国故事的国际传播提供了新的可能性。

尽管在一定程度上，"洋网红"的跨文化叙事视角能够消解国际社会对于中国文化、中国故事理解的"文化折扣"，弱化外国人对于中国各方面的刻板偏见。但从实际情况来看，首先，基于"洋网红"的对外传播实践尚未形成规模化的传播效果。其次，在社交媒体的流量逻辑下，不少"洋网红"为了获取更多流量而采取更多"博眼球"的传播行为。此外，"洋网红"的特殊身份也可能会在一些严肃或复杂的议题上起到适得其反的效果。[②]

"出海网红"在对外传播中也展现出了强大的潜力，但仍面临多重挑战。首先，文化差异和语言障碍可能阻碍信息的准确传达，使传播效果受限。其次，平台选择与影响力局限也是一大问题，网红需精准定位目标市场的主流平台，以提升触达率和影响力。再者，内容质量与真实性同样关键，同质化内容或虚假宣传将损害网红及品牌的信誉。此外，不同国家和地区的法律政策差异要求网红严格遵守当地法规，避免法律风险。最后，市场竞争激烈，资源有限均为"出海网红"在对外传播中设立了更高的门槛与挑战。

3. 地方社区与基层民众的对外传播活力需要被进一步激发

作为当前思想宣传工作的重大时代课题，国际传播能力的建设与加强，

---

① 彭华新、李海敏：《国民素描与国际叙事：社交媒体中外籍网红的他者视角研究》，《传媒观察》2024年第6期。
② 赵永华、廖婧、窦书棋：《中国形象的"他塑"："洋网红"对海外受众认知、情感和行为的影响——基于 YouTube 视频受众评论的分析》，《新闻与传播评论》2024年第2期。

059

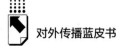

需要各级宣传主管部门及媒体机构承担起自身职责，更需要地方社区与基层民众主动参与到对外传播的实践中去，通过地方性的、具象化的、情感化的叙事来丰富主流叙事、宏大叙事。① 地方社区是国际社会了解中国社会发展、体验中国文化的重要窗口②，浙江、福建、广东等地的一些地方社区更是有着为数众多的海外侨民资源。③ 但是，就目前的现实情况来看，以基层民众为主体、以地方社区为平台的对外传播实践相对滞后，适应于国际传播环境的本土社区缺少专业的跨文化传播团队的运营与管理，中外民众、中外政府之间的交流、互动与沟通仍然存在相当程度的阻滞与障碍④，地方社区与基层民众的传播活力需要被进一步激发。

参考文献

钟新、郑晨：《全球治理视域下的 2024 年中国国际传播关键议题》，《对外传播》2024 年第 1 期。

郭晓科、应志慧：《2024 年我国国际传播的关键变量与重点议题前瞻》，《对外传播》2024 年第 1 期。

胡正荣、李润泽：《以智慧全媒体平台赋媒介未来之力——省级国际传播中心的时代机遇》，《对外传播》2024 年第 1 期。

郭晓科、应志慧：《释放地方活力：国际传播中心建设的重点、难点和关键》，《对外传播》2024 年第 3 期。

刘滢、陈昭彤：《"本土全球化"：地方国际传播中心建设的现状、特征与提升路径》，《中国记者》2024 年第 6 期。

费雯俪：《新形势下中国智库国际传播的经验借鉴与路径探索》，《对外传播》2024

---

① 黄典林、张毓强：《国际传播的地方实践：现状、趋势与创新路径》，《对外传播》2021 年第 9 期。

② 《"政府+高校+媒体"国际传播初尝试！"留学生来社区"双语短视频栏目上线》，https：//mp. weixin. qq. com/s/EclbnMcByD94SwsnkbHm3g，2023 年 12 月 7 日。

③ 《区域国际传播，浙江如何提升效能》，https：//mp. weixin. qq. com/s/gQ9ptTr4pX1Wfe8ItXFuyA，2024 年 5 月 31 日。

④ 杨恬：《多元主体参与中国地方文化国际传播的协同路径探析》，《对外传播》2024 年第 3 期。

年第 5 期。

郭毅：《地方国际传播中心的功能定位、建设难题与中小城市的战略选择》，《对外传播》2024 年第 3 期。

王永洁：《新时代讲好中国故事的多边主义路径研究——基于智库与国际组织合作开展知识分享的分析》，《北京工业大学学报》（社会科学版）2023 年第 5 期。

杜文娟、喻晓雯、喻新安：《略论我国智库的传播力建设——基于我国社会型智库传播力建设的实践及案例》，《新闻爱好者》2024 年第 7 期。

张志强、陈秀娟、韩晔：《社交媒体时代中国智库国际传播机遇、现状与提升路径》，《中国科学院院刊》2024 年第 4 期。

王猛、邓国胜：《全球治理视野下我国社会组织"走出去"的挑战与策略研究》，《行政与法》2023 年第 10 期。

彭华新、李海敏：《国民素描与国际叙事：社交媒体中外籍网红的他者视角研究》，《传媒观察》2024 年第 6 期。

赵永华、廖婧、窦书棋：《中国形象的"他塑"："洋网红"对海外受众认知、情感和行为的影响——基于 YouTube 视频受众评论的分析》，《新闻与传播评论》2024 年第 2 期。

黄楚新、薄晓静：《地方智慧与全球视野：地方国际传播中心建设路径》，《对外传播》2024 年第 3 期。

龙小农、陈昕瑶：《全球治理与经济发展：共建"一带一路"面临挑战与国际话语权建构》，《当代中国与世界》2024 年第 1 期。

纪忠慧、时盛杰：《战略传播视域下的楔子战略：原理、机制与方法》，《现代传播》（中国传媒大学学报）2024 年第 1 期。

吴瑛、乔丽娟：《战略传播的概念、内涵与中国特色战略传播体系构建》，《西北师大学报》（社会科学版）2023 年第 2 期。

张健、宋玉生：《如何讲好中国政治文化的故事？——论跨文化传播的边缘策略》，《新闻界》2024 年第 4 期。

张歆、虞鑫：《国际传播的精准方法论：基于受众调查与模拟仿真的整合体系》，《对外传播》2024 年第 8 期。

赵雅文、朱羽彤：《软传播：新时代中国故事和中国声音的对外传播》，《未来传播》2023 年第 5 期。

王成孟：《在内容"质变"和传播"智变"中提升国际传播效力》，《新闻战线》2024 年第 16 期。

沙垚、汤继运：《新时代讲好中国乡村故事的资源禀赋与可行路径》，《对外传播》2024 年第 5 期。

胡正荣、郭海威：《共建"一带一路"语境下主流媒体的传播实践与效能提升》，《电视研究》2023 年第 11 期。

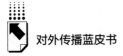
毕研涛、董庆文、黄玲忆：《我国区域发展战略之国际传播研究——以海南自贸港与粤港澳大湾区为例》，《对外传播》2024年第1期。

季为民、孙芳、杨子函、李沐芸：《讲好新时代中国故事：理论逻辑、实践之困与改进之道》，《陕西师范大学学报》（哲学社会科学版）2023年第5期。

Tong, Tong, and Li Zhang, "Platforms versus agents: the third-party mediation role of CGTN's news commentary programs in China's Media Going Global plan," *Chinese Journal of Communication* 17. 1（2024）：61-77.

专题篇 ⟩⟩

B.2

AIGC技术赋能国际传播：
机遇、挑战与路径

林爱珺　龚聿枫*

摘　要： 在全球价值逻辑碰撞加剧、世界政治经济秩序迅速调整的背景下，科技革命与产业升级正在重塑传播逻辑，提升我国对外传播影响力成为各界关注重点。本文梳理了AIGC技术赋能国际传播的多种机遇，其中包括辅助采编、精准投放、智能互动、内容生产、智能审核等方面，同时指出AIGC技术运用实践中存在的内容同质化与著作权归属争议、算法偏见与信息权力分布不均、我国对外话语权尚未与国力匹配等挑战，并提出了以多渠道传播矩阵共建国际传播、以认知逻辑指导技术的具体应用、以需求为导向系统转化技术成果、以"价值对齐"理念推动技术应用实践等新时代国际传播实践路径，期冀为我国对外传播的系统性建设提供参考。

* 林爱珺，暨南大学新闻与传播学院教授、博士生导师，主要研究方向为传媒法与新闻伦理、风险沟通与应急管理；龚聿枫，暨南大学新闻与传播学院硕士研究生，主要研究方向为人工智能与技术伦理。

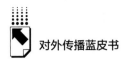

关键词： 国际传播　人工智能　AIGC　价值对齐

党的二十大报告提出，要"加强国际传播能力建设，全面提升国际传播效能，形成同我国综合国力和国际地位相匹配的国际话语权"。时值百年未有之大变局，全球历史范式加速转移引发价值逻辑碰撞，世界政治经济秩序迅速调整导致现实逻辑重构，互联网、5G、人工智能等新技术已经从根本上颠覆了原有的传播逻辑，使整个人类传播生态发生了改变。当前，以生成式人工智能（AIGC）为代表的科技革命正风起云涌，为我国对外传播发展也带来了新的机遇。本文将从传播流程出发，梳理 AIGC 技术赋能国际传播的多种机遇，同时指出 AIGC 技术运用实践中存在的多种挑战，并提供数字时代在国际传播中运用人工智能技术的路径参考。

一　AIGC 技术赋能国际传播新机遇

（一）人机结合，智能采编

1. 快速掌握热点话题

相比传统的热点话题和信息搜集，数字时代的国际传播面临的是数量更加庞大和形式更加丰富的信息，包括社交媒体文本、图像、视频以及传感器数据等。对这些多模态内容的准确分析通常需要依托深度学习、自然语言处理、图神经网络等复杂技术。这意味着人工智能技术亟须用于进行更为有效的舆情、用户分析以及"出海"内容审核，以支持国家对外传播的全局性部署，从而在海外社交媒体平台等多元内容赛道提升国际传播效果。具体来说，中国的传播主体可以利用自然语言处理（NLP）技术和 LDA 等主题模型技术对海外社交平台上大量数据进行实时监控，识别和分析全球热点话题、了解当前的舆论风向，对适宜在全球社交平台传播的国际化议题进行预测判断，进而能提前制定相应传播策略，达到占据国际舆论场有利位置、主动引领国际传播议程的效果。

2. 智能辅助编辑流程

目前，中国日报社通过对"AI+应用""AI+AI"模式的探索，开发部署了多种人工智能应用，为采编各部门配备 ChatGPT 相关服务，并在日常采编生产流程中投入应用，以降低新闻生产中记者编辑的重复劳动，提升工作效能。

首先，ChatGPT 可应用于新闻稿件的翻译及预编译。ChatGPT 的多语言版本能够成为新闻发布会通稿、快速推送、网稿报道等日常新闻翻译的有力助手。同时，AI 还被应用于突发事件和突发新闻的预编译。记者可以借助 ChatGPT 的参与，先对现场情况进行快速编译，由编辑审查把关，抢占新闻第一落点。其次，ChatGPT 还可为编辑环节提供润色打磨的能力，使文稿表述更加地道，符合国外受众的阅读习惯和语言环境；同时辅助对拼写、语法进行勘误，全面检查英文稿件的准确程度，更正语法和拼写错误等。此外，ChatGPT 强大的信息搜索与整合能力还可以为记者、编辑提供阅读辅助与资料参考，有效降低跨文化资料收集难度。最后，ChatGPT 还善于对长篇新闻通稿提取重点，对内容繁杂且难以理解的学术论文、技术文档、商务合同等归纳核心观点，有效协助记者和编辑快速掌握各种信息。[1]

（二）精准传播，智能投放

1. "千人千面"精准传播

习近平总书记强调，要采用贴近不同区域、不同国家、不同群体受众的精准传播方式，推进中国故事和中国声音的全球化表达、区域化表达、分众化表达，增强国际传播的亲和力和实效性。[2] 随着科技的发展，人工智能技术在提升传播精准度方面表现出巨大的潜力，其在国际传播领域的应用研究

---

[1] 刘雪娇、韩冰、要依盟：《生成式人工智能技术应用初探——以 ChatGPT 为例探索人工智能在国际传播领域的实践》，《中国报业》2024 年第 5 期，第 24~26 页。

[2] 新华社：《习近平主持中共中央政治局第三十次集体学习并讲话》，中国政府网，2021 年 6 月 1 日，https：//www.gov.cn/xinwen/2021-06-01/content_ 5614684.htm。

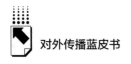

也渐次开花。

受众层面，通过收集全面、系统、实时的用户数据，以"非介入"的全局视角分析受众全貌，勾勒出基于行为偏好、情感倾向的立体化形象，为国际传播的效能迭代提供了重要的抓手。内容层面，当前已实现利用机器写作的智能内核，提取和总结其他国家易于接受的叙事结构和逻辑规律，并基于给定的主题，自动生产符合受众认知的中国故事素材，以减少国际传播中的文化折扣。渠道层面，改变了过去"撒网式"的传播方式，基于算法推荐实现受众与信息形态、传播渠道的匹配和对接，大大降低了国际传播中的信息噪声，增强了传播的亲和力和实效性。从效果来看，当前基于人工智能技术的精准国际传播研究在很大程度上改善了既往"千人一面，内容错位"的传播模式，对于塑造国家形象和讲好中国故事都贡献了较为可观的研究成果。[1]

2. 收集分析用户反馈

在对外传播实践过程中要实现与海外受众"对话"的有效回环，还需建立一个持续收集和分析受众反馈的系统，以达成更加动态和精准的传播效果。实时数据的收集和分析至关重要，这包括监测社交媒体反应、参与度指标、情感分析以及直接的观众调查。还可以利用 AIGC 技术在各社交媒体平台建立机器人账号，尝试发布各种类型的传播内容，并观察其流量分布和议题走向，厘清平台的推送逻辑、内容审查力度、用户基本类型等关键信息。

受众接受效果的监测则可以通过动态调整技术策略和传播内容，实时优化精准度；并建立受众反馈的数据集成和综合解析制度，反哺精准国际传播的认知逻辑数据库、传播内容案例库和精准技术策略库，真正实现以受众认知为核心的技术布局与目标融通。同时，数据反馈的监测指标重点应放在受众参与度和满意度上，而不仅是覆盖范围或曝光度，以确保传播

---

① 徐明华、李虹：《从"技术驱动"到"认知统领"：精准国际传播的认知回归》，《青年记者》2024 年第 7 期，第 12~17+25 页。

效果的相关性和有效性。随着时间的推移，通过分析反馈中得出的模式，可以揭示全球文化转变、新兴问题和受众认知事项的变化，从而指导国际传播工作的长期战略演变，以在问题全面显现之前预见并解决未来可能出现的挑战。

（三）技术叠加，智能互动

1. AIGC 推动数字人智能发展

AI 合成虚拟主播已成为一种全球性的创新内容生产实践，如今日印度媒体集团研发的多语种 AI 主播 Sana。我国媒体也推出了众多类型的 AI 主播，如央视虚拟主持人"小小撒"、新华社 3D 虚拟主播"新小萌"等拟人型虚拟主播，以及山东广播电视台推出的"海蓝"和央视频推出的 AI 手语主播"聆语"等原创数字人主播。除了媒体报道，社交平台娱乐互动与电商直播运营场景下也有不同类型的虚拟主播活跃于大众的视野中。在内容传播时，数字人本身具有的技术"新奇性"能够吸引更多海外受众的关注。

中国国家英文日报《中国日报》（China Daily）坚持强化技术赋能国际传播，在 2022 年 10 月推出了首位数字员工"元曦"，以全新形式讲述中华文明故事。元曦作为"中华文明探源者"和中国报业领域首位文化传播数字人受到广泛关注，被外交部发言人华春莹等重要账号转发，屡次登上微博热搜，全球总传播量已达 5 亿[1]，获得了海内外观众广泛好评。

《全球传播生态发展报告（2023）》认为，未来，多模态 AI 技术将是数字人发展的最大推动力，该技术将驱动数字人多模态交互更加神似人，并逐步覆盖数字人制作、运营全流程，适配更多的智能传播和行业场景。[2] 近

---

[1] 中国日报网：《第四届中国报业深度融合发展创新案例发布！中国日报社数字员工"元曦"入选》，https://cn.chinadaily.com.cn/a/202409/02/WS66d57c1da310a792b3ab9e2c.html，2024 年 9 月 2 日。

[2] 天友汇：《智库报告丨全球传播生态将呈现三大发展趋势》，https://mp.weixin.qq.com/s/4dek59u-mdpcz1-vRpUeLQ，2024 年 7 月 12 日。

年来，以数字人为代表的互联网 3.0 创新应用产业机遇涌现，与数字人发展相关的技术、产业及多行业应用正在加速部署。iiMedia Research（艾媒咨询）数据显示，中国虚拟人带动产业市场规模和核心市场规模在 2025 年预计分别达到 6402.7 亿元和 480.6 亿元，呈现强劲的增长态势。[①] 而随着 ChatGPT、"文心一言"等大语言模型的发布，"AI+虚拟数字人"的发展领域将进一步拓宽，数字人的智能化内核将会更加强大，并与人类产生愈发流畅密切的对话互动，在文化传播上可期出现质的飞跃。

2. AIGC 实现互动式文化传播

当人类与机器进行沟通和互动时，机器人能够捕捉和释放丰富的社交线索，从而为人类提供一种社会在场感，并且使受众对交流的内容产生信任感。[②] 生成式人工智能驱动的聊天机器人增多，也为中华优秀传统文化的对外传播提供了新的可能性。基于大规模知识库和检索增强功能，生成式 AI 对各国的文化背景都有所了解，能结合指令微调扮演特定角色，包括历史名人、特殊职业者、游戏非玩家角色（NPC）等。例如，Open AI 推出的 GPT Builder 使用户能自由创建、分享不同版本的 ChatGPT。其中，基于中国八卦风水知识的"AI 算命"和"八字算命"（Chinese Ba Zi FortuneTelle）等已获得了近万次聊天。角色·智能（Character. ai）中的 AI"老子"（Laozi）、"孙子"（Sun Tzu）、"成吉思汗"（Genghis Khan）和"道德经"（Tao Te Ching）已经与用户开展过万次乃至百万次聊天。[③] 随着技术应用的深入，用户将可以通过与 AI 聊天、交互来自由探索各国的文化故事，进而促进不同文化之间的传播与交流。

在未来，文生视频模型 Sora 等视频生成技术还有望与 VR、AR 等虚拟技术相结合，并接入可穿戴设备，直接生成可感的 3D 虚拟事件（Virtual

---

① 艾媒产业升级研究中心：《艾媒咨询｜2023 年中国虚拟主播行业研究报告》，艾媒网，2023 年 3 月 30 日，https：//www.iimedia.cn/c400/92519.html。

② 邓建国、黄依婷：《以情动情：人工智能时代的对外共情传播》，《对外传播》2023 年第 6 期，第 8~11 页。

③ 周葆华、吴雨晴：《生成式人工智能影响下的国际传播：实践进展与影响路径》，《对外传播》2024 年第 6 期，第 4~8 页。

event)。由此，用户将可以进入虚拟空间并与即时生成的场景和事件展开互动，将屏幕中的虚拟观看转化为身体上的行动实践，进一步促进有效的信息生产与新闻传播。低门槛的 AIGC 技术还可以赋能个人用户搭建专属虚拟场景，为讲述数字故事提供支持，激发普通大众的参与，从而动员更广泛的国际传播行动主体，提升跨文化内容生产的活力。生成式人工智能所蕴含的对世界进行仿真并使用户与之展开交互的潜能，有望成为国际传播观念与实践创新的新起点，帮助我们探索建构虚拟平行世界与推进全球文化融合的全新路径。[1]

（四）多元内容，智能生产

1. AIGC 技术丰富传播内容生态

数字时代，AI 生成内容已经成为媒体融合过程中行业探索的重要方向。2023 年 7 月，杭州文广集团的短视频 AI 生产实验车间正式启用，这也意味着国内首条短视频 AIGC 流水线已投入使用。通过这条"生产线"，杭州文广集团短视频 AI 生产实验车间成功推出了国内首档全流程人工智能生成的全媒体短视频节目《冠军 AI 亚运》。该生产线能够在理解短视频生产流程与产品需求的基础上，构建媒体行业语言模型，完成了文本驱动超写真语音生成、超写真数字 AI 主播生成、文本驱动视频 AI 剪辑等创新模块的研发，从而实现从文稿到短视频成品的智能快速生成，对于国内媒体行业运用 AIGC 的生产能力有着现实示范意义。[2]

2024 年开年至今，中央广播电视总台利用人工智能技术密集推出多部生成式 AI 作品，并由中国国际电视台（CGTN）同步发布英文版作品，其中包括中国首部文生视频 AI 系列动画片《千秋诗颂》（Poems of Timeless Acclaim）、首部 AI 译制的微纪录片《来龙去脉》（On the Trail of the Chinese

---

① 常江、杨惠涵：《生成式人工智能重塑国际传播：趋势与检视》，《对外传播》2024 年第 6 期，第 18~22 页。
② 杭州之声：《国内首条短视频 AIGC 流水线正式上线 杭州文广集团短视频 AI 生产实验车间今天启用》，搜狐网，2023 年 7 月 7 日，https：//www.sohu.com/a/695589586_ 349120。

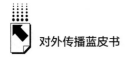

Dragon）、首部 AI 全流程微短剧《中国神话》（Chinese Mythology）等。这些作品分别围绕文学经典、历史故事、图腾信仰、神话传说等，借助 AIGC 拓展人们的想象，同时生动展现了故事背后的中华民族优秀精神①，从视觉上增强了中华文化的表现力。

2. AIGC 技术助力文化内容"出海"

伴随全球网文和网剧市场规模扩张，国产原创文化内容正在加速全球化流行，其中，人工智能翻译已成为不可或缺的助力。《2023 中国网络文学"出海"趋势报告》显示，截至 2023 年 10 月，阅文旗下海外门户起点国际（WebNovel）的访问用户数突破 2.2 亿人次。2023 年，起点国际用户的日均阅读时长达 90 分钟，日评论数最高突破 15 万条，用户活跃度持续上升。③为了让全球"追更"读者更快更全面地感受中国网文的魅力，起点国际将启动多语种发展计划，借助人工智能将作品翻译为多种语言，并通过持续训练和词库积累提升人工智能对中国传统文化词汇、成语的理解程度。阅文集团在 2023 年加大了 AIGC 技术的布局，持续升级人机配合的 AI 翻译模式。在生成式人工智能技术的助力下，多语种转化得以突破产能和成本的限制，网文的翻译效率提升近百倍，成本降低超九成。② 人工智能技术在节省成本的同时，其作为新质生产力的特性也足够引发国际受众的好奇。

生成式 AI 还实现了在多种模态下对翻译进行优化的功能，可以显著减少短视频、影视剧等文化作品因翻译带来的生硬感。十一实验室（Eleven Labs）、纸杯（Papercup）、语音重塑（Respeecher）等初创公司，以及开放声音（Open Voice）、GPT-SoVITS 等开源项目都推出了语音克隆功能，可以提取声音特征，学习原有音色（或适配音色类似的 AI 声线），并以多语种

① 中央广播电视总台央视新闻：《国内首部！AI 全流程微短剧〈中国神话〉启播总台央视频 AI 频道上线》，央视网，2024 年 3 月 22 日，https：//www.cctv.com/2024/03/22/ARTImxwnEZa0LYYPusv8E57A240322. shtml。
② 观察者网：《〈2023 中国网络文学出海趋势报告〉发布：AI 翻译加速出海，网文 IP 全球圈粉》，腾讯网，2023 年 12 月 5 日，https：//new.qq.com/rain/a/20231205A0999F00。

生成语音，还能根据语境调整节奏、情感、语调等细节。AI 翻译配音以及语音克隆技术已被广泛应用于新闻、播客、影视等文化内容的翻译和跨国传播中，这也为国内文化作品的对外传播提供了一种为作品重新配音并在国际市场发行的较低成本方案。①

（五）人工把控，智能审核

借助人工智能进行"出海"内容审核也是一项重要工作。这一方面是由于国际传播领域存在大量包括深度伪造内容、社交机器人恶意传播的舆论等真伪难辨的信息源，需要利用人工智能技术实施"自反性核查"；另一方面是因为几乎所有全球性社交媒体平台都已建立起利用人工智能技术进行审核的标准化监管流程，加强人工智能审核技术的支持能助力于达成中国"出海"平台和内容的国际化接轨。如 Meta 公司就在 2024 年 2 月制定了识别 AI 内容的通用技术标准，会给识别出的 AI 视频、音频和图像打上"人工智能制造"（Made with AI）标签；基于版权信息数据库的内容过滤技术也在优兔（YouTube）等国外社交网站被普遍应用。因此，符合目标国家内容传播政策的智能审核就成为中国平台"出海"和内容"出海"获取合法性、合规性和价值认同的关键。

目前，在人工智能审核技术的研发上，中国互联网平台也已经具备丰富的前沿经验。例如，今日头条在 2017 年上线了 CID 系统用于保护短视频版权；人民日报社传播内容认知全国重点实验室研发的"智晓助"系统，利用自然语言处理、机器学习、深度迁移学习等技术，实现机器辅助识别和提示文稿、图片和视频中的不规范内容并给出纠错建议，这套系统可以替代传统校对环节的部分工作、协助内容创作者发现问题，极大地提高了校对审稿效率和准确度。②

---

① 周葆华、吴雨晴：《生成式人工智能影响下的国际传播：实践进展与影响路径》，《对外传播》2024 年第 6 期，第 4~8 页。

② 人民网研究院：《从三大央媒实践看主流媒体智能化发展趋势》，人民网，2023 年 5 月 17 日，http：//yjy.people.com.cn/n1/2023/0517/c244560-32688609.html。

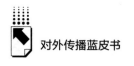

二 AIGC 技术赋能国际传播之挑战

（一）内容同质化与著作权归属争议

虽然生成式 AI 能够捕捉某些容易获得流量的特定主题，或是使用夸张的视觉元素来增强具体文化形式的吸引力，但这些同质化创作模式极易导致用户审美疲劳，也无法体现文化的多元美感；另外，受到模型内在的限制，AI 倾向于使用较为固定的叙事套路来简化故事的背景和内涵，而忽略了历史上每个时代的文化背景差异，这些都会对文化和价值观的传播产生不可忽视的影响。这意味着技术可能会让故事看起来更吸睛，但是不一定能让故事变得更动人。若要满足海外受众对中国传统文化的好奇和探索欲，就需要讲述更多经得起推敲和回味的故事。心理学相关研究指出，态度转变往往是一个长期的过程。有持久生命力和广泛影响力的文化产品需要有思想的内核作为支撑，尽管 AI 能够在一定程度上帮助人们获得创意，但是这种创意往往流于形式，且在复杂的舆论环境中生命周期较短，难以围绕特定的文化符号形成特定的记忆点达到最终的说服效果。

在传播内容生产中，人工智能技术能够提高内容制作的效率，帮助产出更多的数字文化产品。但人工智能技术显著降低了内容生产门槛的同时，也使内容创造趋于模板化，且引发了大量关于著作权归属的争议。一部分观点认为，人工智能生成作品的程序由自然人选择和设置，人工智能只是间接参与了生产创作，生成作品应受到《中华人民共和国著作权法》（以下简称《著作权法》）保护；另一部分观点认为，作品应由自然人直接创作完成，自然人直接创作是构成《著作权法》保护的作品的要件之一，因此人工智能生成的作品不受到《著作权法》保护。此外，人工智能生成的作品著作权是应归属于用户还是人工智能开发者、管理者、人工智能平台同样面临争议。而在数字文化传播中，由于涉及影视艺术、游戏动漫、视频直播等不同领域的文化内容，针对新兴传播业态的司法保护路径更有待进一步明晰。①

（二）算法偏见与信息权力分布不均

训练数据的不平衡可能会导致 AIGC 在国际传播中的应用具有误导性或偏见性。若 AIGC 系统主要使用某种特定观点的资料进行训练，生成的内容极可能偏向这种观点，导致公众接收到的信息存在偏差，进而扭曲他们对某议题的认知，进而加剧社会分歧。② 事实上，GPT 系列 AI 的数据来源相对多样，如维基百科、书籍、期刊和社交媒体链接等，其中很多来源缺乏严格审查，如 Reddit 链接和 Common Crawl 等可能包含虚假和不道德的内容，这也为算法偏见埋下了隐患③。

《平台社会》一书指出，当前谷歌、亚马逊、脸书、苹果和微软五大巨头（GAFAM）提供的基础设施服务决定了全球平台生态中的整体设计和数据分流。④ "数据是信息时代的石油"，大数据、人工智能等新媒介技术的发展，很可能加剧全球范围的技术偏见与信息资源分布不均。尽管目前我国自主研发的 AI 模型也如雨后春笋般出现在市场上，但是它们大多以中文为主要语言，即默认只针对中国市场，且目前也主要面向企业、政府等机构用户，并没有大范围开放给普通个人用户。相比之下，OpenAI、谷歌、亚马逊等公司都已研发出支持包括中文在内的多语种、面向普通用户的大模型工具，吸引了全世界范围内更加庞大的用户群体。在这种情况下，国产大模型极有可能无法获得较为可观的市场份额，也就意味着让渡了 AI 技术的话语

---

① 匡文波、王舒琦：《论人工智能在赋能数字文化产业对外传播中的应用》，《对外传播》2023 年第 7 期，第 8~11 页。

② 王硕、阎妍：《生成式人工智能时代下科技传播的机遇与挑战——基于科技传播体系的分析》，《中国科技论坛》2024 年第 9 期，第 134~143 页。

③ THOMPSON A D., *What's in my AI*, 2023-03, https：//s10251. pcdn. co/pdf/2022-Alan-D-Thompson-Whats-in-my-AI-Rev-0b. pdf, 2024-08-30.

④ Dijck Jose van Poell T. &Waal M. de., *The platform society：public values in a connective world*, Oxford University Press （1990）：4.

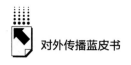

权和在全球市场上的价值观争夺①。未来，当 AI 模型与文化内容的人机协同生产过程深度结合时，技术的偏见将以何种方式呈现，以及带来何种程度的影响，都是未知的风险。

（三）我国对外话语权尚未与国力匹配

在我国政府"互联网+"政策的支持下，短视频平台 TikTok、电子商务平台希音（SHEIN）、网络文学平台起点国际、游戏《原神》等四大数字媒体平台在海外市场获得了热烈的反响，因此也被称为我国平台出海的"四小花旦"。平台媒体的成功"出海"打破了少数西方国家"媒介帝国主义"对国际传播的垄断地位，为我国对外传播争取了一定的优势。② 但目前，中国平台想要实现从市场规律竞争者到市场规则制定者的转变仍然存在许多挑战。TikTok、Kwai 等短视频平台在海外产生的巨大影响力已引发美国、英国等西方国家政府的高度关注，且曾多次收到针对其在美英运营的相关禁令。

纵观全局，我国当前的对外传播实践与理论研究，尚未能与我国的综合国力及国际地位相称。此外，近年来随着人工智能等新兴媒介技术的快速崛起，西方发达国家在其长久以来积累的技术优势上进一步强化了自身的话语优势与媒体优势③，国际传播领域里的不平衡秩序依然存在④。因此，我国在对外传播领域仍需加大力度，不断提升自身的话语权和传播效能。

---

① 张莉、叶旻尔：《新兴媒介技术在中华文化海外传播中的应用策略探析》，《对外传播》2023 年第 10 期，第 16~20+47 页。
② 张莉、叶旻尔：《新兴媒介技术在中华文化海外传播中的应用策略探析》，《对外传播》2023 年第 10 期，第 16~20+47 页。
③ 胡正荣：《智能化背景下国际传播能力提升与人类命运共同体构建》，《国际传播》2019 年第 6 期，第 1~8 页。
④ 徐明华、李虹：《从"技术驱动"到"认知统领"：精准国际传播的认知回归》，《青年记者》2024 年第 7 期，第 12~17+25 页。

三 AIGC 技术赋能国际传播之路径

（一）以多渠道传播矩阵共建国际传播

AI 大语言模型的开源在一定程度上也为地方媒体、自媒体个人进行对外传播提供了可能的想象空间，极大地便捷了个体的主动参与性，AIGC 技术海量快速、智能互动的特征有望改变之前对外传播中"千篇一律"、"自说自话"与"机械沉默"的问题，提供可供交流互动的丰富语境和条件。①

形成以认同为目标的国际传播必然需要依靠多传播主体的共同努力，包括官方媒体平台、个人自媒体账号和互联网平台的多渠道传播矩阵共建。官方渠道多从宏大叙事的角度，针对政治议题、经济议题和重要事件发声，从而为中国文化对外传播的态度立场指明方向。而个人自媒体账号为对外传播提供了多元、草根、生活化的表达，通过微观叙事展现真实的中国数字文化产业画卷。以多渠道传播矩阵的丰富内容、结合互联网平台精准定位和算法推荐的优势，进一步提高国际传播内容分发效率，增强用户黏性。②

（二）以认知逻辑指导技术的具体应用

目前国内的对外传播实践仍处在从微观视角将技术纳入应用、跟随技术逻辑适配行为的阶段，而系统全面地将人工智能技术融入国际传播布局逻辑的研究相对匮乏。基于此，有学者提出应"回归国际传播的本质与内核"，以认知逻辑为先导、认知需求为靶向、认知环境为参照，协同技术资源与国际传播目标，进而反哺精准国际传播的顶层设计③。

---

① 方师师、邓章瑜：《对外传播的"ChatGPT 时刻"——以〈中国日报〉双重内嵌式人工智能新闻生产为例》，《对外传播》2023 年第 5 期，第 72~75 页。
② 匡文波、王舒琦：《论人工智能在赋能数字文化产业对外传播中的应用》，《对外传播》2023 年第 7 期，第 8~11 页。
③ 徐明华、李虹：《从"技术驱动"到"认知统领"：精准国际传播的认知回归》，《青年记者》2024 年第 7 期，第 12~17+25 页。

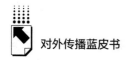

在具体应用方面，可以基于受众认知环境和认知需求特点的动态性，建立二维交叉的精准传播策略库，以达到高效精准的对外传播效果。例如高认知需求的受众对他国文化和社会现实的认知需要多角度、有逻辑性、经得起推敲和论证的数据支撑，而对于低认知需求的受众应以简洁、明确的信息帮助其建立理解和记忆；针对受众所处不同认知环境的特点，还需要相应调整传播内容的叙事角度以及信息中包含的意识形态色彩。

（三）以需求为导向系统转化技术成果

我国国际传播所遇到的挑战，一方面是由国际局势变化所引发的意识形态偏见所致；另一方面暴露了长期以来我国精准国际传播能力建设的系统性问题。面对百花齐放、令人目不暇接的智能技术，如何将其转化应用于国际传播事业，是近年来精准国际传播研究的主要关切。当前的逻辑理路主要围绕"国际传播能用技术做什么"，而非"国际传播需要技术为之做什么"。在这样的思路下，我国的精准国际传播研究和实践受制于技术的出现顺序和发展水平，呈现出一定的零散性、局部性和随机性。相较而言，少数西方国家实施的舆论操纵和话语竞争却具有系统性、联动性和战略性。

由此可见，人工智能技术与国际传播的融合应以国际传播能力建设作为出发点和落脚点，以国际传播的具体需求引领人工智能技术的研发、创新与迭代；同时智能技术与国际传播需要在传播学内部形成对话式的跨学科关联①，以反哺国际传播理论在智媒时代的演变和发展，进而实现智能技术与国际传播的有机融合和一体化建设，提升我国的精准国际传播能力和国际影响力。例如，未来可依托媒体机构在国际传播专业领域积累的内容数据、规则、语料等经验，通过大模型微调技术（fine-tuning），在国产大模型基础上构建面向国际传播领域的专用模型，进一步升级国际传播生产链条。国产大模型背后的国内应用生产链条已相对成熟，对于 ChatGPT 等大

① 董文畅：《群体传播时代的情感传播研究：范式与路径》，《现代传播》（中国传媒大学学报）2022 年第 7 期，第 45~53 页。

模型的意识形态、内容安全把控问题，有望通过国产大模型的定制化改造进行防控。[①]

（四）以"价值对齐"理念推动技术应用实践

在对外传播中运用人工智能等技术时应秉持"人在回路"（human-in-the-loop）的理念，即在文化生产与流通的不同环节积极嵌入人类主体性价值，推动人类伦理肩负起对智能技术人造物的监管责任。在具体实践中，践行"人在回路"理念的起点是高度重视技术研发与应用的"价值对齐"，即推动人工智能在执行任务过程中所实现的价值和用户所在意的价值保持一致。当前，人工智能科技公司 Open AI、谷歌收购的 Deep Mind 均已建立专注于解决"价值对齐"问题的团队，诸多第三方监督机构、标准组织和政府组织也在参与。[②]

简单来说，"价值对齐"是一种由人类价值主导的、动态机器与动态用户间的良性交流协作机制。[③] 在理想状态下，这一协作机制应由科研机构、企业、用户、高校研究所和政府共同参与设计。但需要注意的是，不同"价值对齐"团队设立的价值原则是无法做到放之四海而皆准的。在错综复杂的全球话语环境中，伦理和价值本身就存在不同的方向和尺度，涉及不同国家政治立场与跨国资本利益等多重要素。"价值对齐"得以实现的前提，应是打破既有的话语权力垄断，在伦理监管上为展现不同国家的文化差异和特色提供空间。

四　结语

世界之变、时代之变正以前所未有的方式展开，人工智能技术已成为当

---

① 刘雪娇、韩冰、要依盟：《生成式人工智能技术应用初探——以 ChatGPT 为例探索人工智能在国际传播领域的实践》，《中国报业》2024 年第 5 期，第 24~26 页。

② 常江、杨惠涵：《生成式人工智能重塑国际传播：趋势与检视》，《对外传播》2024 年第 6 期，第 18~22 页。

③ Yuan, L., Gao, X. &Zheng, Z., etc, "In situ bidirectional human-robot value alignment", *Science Robotics*, Vol. 7, No. 68, 2022, pp. 1-13.

下数字时代我国国际传播实践的重要基础设施，在各个领域和行业都得到了丰富的运用。然而对外传播本身即面对着巨大的受众认知差异以及跨文化传播的复杂与不可控性，当下生成式人工智能技术的前沿设计标准也仍主要掌握在欧美国家手中。TikTok 等平台在海外不断遭遇政治审查，揭示了跨国意识形态语境对于媒介技术应用的巨大限制，它一定程度上加剧了国际弱势群体的不公平境遇，造成全球信任危机。Sora 就因尚未公开它具体的训练数据来源，而引发了有关文化多样性的担忧。[①]

AI 时代的中华文化要"走出去"，依然需要坚持以人为本原则。AI 技术可以改善传播环境、提高传播效率、提升传播效能，但传播的出发点是人，传播的对象仍然是人。更根本的是，中华文化传播的目的是实现民心相通、文化互融，这是在人类情感层面上的有机互动与交流，是 AI 机器人所无法替代的。[②] 我国的国际传播实践应始终将与 AIGC 相关的技术体系作为修缮跨文化交互关系的基本框架[③]，建立跨领域、跨学科的交流平台，以人的价值理性引领工具理性，以具体需求引导智能技术与国际传播的有机融合，联合多元主体共同促进对外传播的系统性发展，期望在未来利用人工智能技术辅助实现构建人类命运共同体的理想愿景。

参考文献

刘雪娇、韩冰、要依盟：《生成式人工智能技术应用初探——以 ChatGPT 为例探索人工智能在国际传播领域的实践》，《中国报业》2024 年第 5 期。

徐明华、李虹：《从"技术驱动"到"认知统领"：精准国际传播的认知回归》，《青年记者》2024 年第 7 期。

[①] 韩博、胡正荣：《Sora 代表的"世界模拟"人工智能变局及应对》，中国社会科学网，2024 年 3 月 25 日，https://www.cssn.cn/skgz/bwyc/202403/t20240325_5740993.shtml。

[②] 孙宜学：《AI 时代的中华文化国际传播：变与不变》，中国日报中文网，2024 年 6 月 6 日，https://column.chinadaily.com.cn/a/202406/06/WS66617077a3109f7860de0d61.html。

[③] 常江、杨惠涵：《生成式人工智能重塑国际传播：趋势与检视》，《对外传播》2024 年第 6 期，第 18~22 页。

邓建国、黄依婷：《以情动情：人工智能时代的对外共情传播》，《对外传播》2023年第 6 期。

周葆华、吴雨晴：《生成式人工智能影响下的国际传播：实践进展与影响路径》，《对外传播》2024 年第 6 期。

常江、杨惠涵：《生成式人工智能重塑国际传播：趋势与检视》，《对外传播》2024年第 6 期。

匡文波、王舒琦：《论人工智能在赋能数字文化产业对外传播中的应用》，《对外传播》2023 年第 7 期。

王硕、阎妍：《生成式人工智能时代下科技传播的机遇与挑战——基于科技传播体系的分析》，《中国科技论坛》2024 年第 9 期。

张莉、叶旻尔：《新兴媒介技术在中华文化海外传播中的应用策略探析》，《对外传播》2023 年第 10 期。

胡正荣：《智能化背景下国际传播能力提升与人类命运共同体构建》，《国际传播》2019 年第 6 期。

方师师、邓章瑜：《对外传播的“ChatGPT 时刻”——以〈中国日报〉双重内嵌式人工智能新闻生产为例》，《对外传播》2023 年第 5 期。

董文畅：《群体传播时代的情感传播研究：范式与路径》，《现代传播（中国传媒大学学报）》2022 年第 7 期。

Yuan, L., Gao, X. & Zheng, Z., etc, "In situ bidirectional human-robot value alignment", *Science Robotics*, vol. 7, No. 68, 2022, pp. 1–13.

Dijck Jose van Poell T. & Waal M. de., *The platform society: public values in a connective world*, Oxford University Press（1990）：4.

B.3
中国国际传播的现状透析与未来路径*

彭伟步**

摘　要： 当前，中国国际传播环境发生了重大变化，与传统媒体时代相比，中国国际传播出现了传统媒体和新媒体并行、融合的态势，出现了许多新情况、新现象，虽然总体而言，国际传播秩序尚未得到根本改变，但是随着TikTok等社交媒体的发展，以及基于中国优秀历史文化而生产的优质内容得到广泛传播，内容更加多元，传播手段更多样，推动了中华文化海外传播，也吸引了大量来华旅游的民众，中国国际传播环境得到了许多改善。我们要积累过去成功的经验，进一步增强讲故事的能力，生产更多能够反映中华优秀文化精神的优质内容，展现美丽、繁荣、和平的中国形象。

关键词： 国际传播　新动态　新动能　新思路

党的二十届三中全会提出了加快构建更有效力的国际传播体系的要求，明确要推进国际传播格局重构，深化主流媒体国际传播机制改革创新，加快构建多渠道、立体式对外传播格局。目前，我国国际传播环境发生了重大变化，但是"西强东弱"的不平衡结构对我国国际话语权的提升形成了强大掣肘。西方敌对势力利用其强大的传统媒体、社交媒体，立体式、结构化、系统性地攻击中国舆论网络，使我国的声音很难传播出去。加强中国国际传播能力建设，任重而道远。

---

* 本文为国家社科基金特别委托项目《后疫情期间海外华文媒体铸牢华侨华人中华民族共同体意识研究》（20VMZ003）的阶段性成果、暨南大学铸牢中华民族共同体意识研究基地成果。

** 彭伟步，暨南大学新闻与传播学院教授，主要研究方向为海外华文传媒研究、政府形象传播研究。

一 国际传播舆论环境新动态

西方国家掌握强大的话语权，在国际舆论环境中，我国处于一种非常被动的守势状况中。

从目前西方媒体的舆论生产与传播态势来看，少数西方媒体一是利用先进的信息传播技术，介入外交事件中，把信息传播到世界各地，例如脸书、推特、照片墙等社交媒体，快速生产与传播不利于我国的内容，形成舆论的叠加效应；二是利用其在世界各地开办的分支机构，形成立体化、全天候的全球内容生产与传播格局。同时，西方媒体利用其传统媒体与社交媒体的互动，构建从传播到文化再到价值观的生态，形成"科技+文化+媒体"的传播格局，垄断世界的话语权，对我国的国际传播产生挤压现象（见图1）。

传媒生态 ⟹ 传播生态 ⟹ 文化生态 ⟹ 价值观生态

图1 价值观生态构建示意

脸书、推特、谷歌等平台，依靠其先进的数据、筛选和算法技术，获取了大量流量，吞噬了大部分媒体广告。其中不少信息属于虚假信息，但是西方媒体却根据这些虚假信息进行再生产，进一步传播了虚假信息。随着跨国媒体的介入以及信息传播的全球化趋势，国际传播的穿透力、扩散力和整体效力越来越大，其影响范围和力度在不断加大。我国国际传播空间面临缩小的危险。

然而，中国又是全球媒体关注的焦点。随着国外媒体全面关注中国，采取的方式主要有增大中国报道版面，推出中国报道特刊、借助新闻事件进行深度报道和连续报道等，构建全方位、立体式的对华传播网络。例如，美国《华尔街日报》和英国《金融时报》等甚至开设了自己的中文网站。《金融时报》的中文网站上，除了翻译英文报道之外，还邀请了中国的专栏作家撰写中文稿件，讨论社会问题。可以说，国外媒体还从来没有像今天这样一

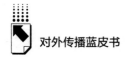

致地将眼光聚焦于中国。

从世界各国媒体报道中国的情况来看，它们有以下特点。从报道内容上看，包括重大事件和突发事件在内，国外媒体、自媒体全方位关注中国；从报道频度上看，有关中国的新闻几乎天天都出现在国外的媒体当中，有时一天有数条新闻；从报道姿态来看，少数西方媒体对待中国仍然存在着片面、丑化、妖魔化的报道倾向。

伴随时局的变化，西方主流媒体对中国报道有所变化。传统话题仍然存在，但新的话题例如俄乌战争等占据比较大的篇幅。过去，中国环境污染曾受到西方媒体的批评，但如今此类话题已经非常少了，对中国"碳中和""碳达峰"等方面的正面报道有所增加。

中国对非洲各国的大力支援，得到了非洲媒体的赞扬。有非洲媒体认为"中国的援助体现了中国是非洲的盟友，令人感动"，而且中国对非洲国家的援助不附带政治条件。中国对非洲国家的援助包括基础设施建设、医疗卫生、能源开发等，非洲各国媒体对这些援助都有较详细的报道。

整体上看，近十年来，西方媒体对中国进行了大量报道，而且近几年其倾向性有所改变，显示出一定的客观性、公正性，但是从总的情况来看，负面舆论所占的比重仍然偏高。国际舆论环境中"西强我弱"局面以及长期形成的偏见与歧视在短期内难以改变。

二 中国国际传播的变化与进展

当前，中国国际传播处于比较困难的境地，但是一些有利于中国国际传播的条件在慢慢出现。在人类第五次革命中，以人工智能、5G 智能技术、新型互联网技术研发与应用、智能制造与工业互联网等代表当前世界新的发展，中美两国的研发力量与应用场景均超越其他国家，特别是中国，近十年来，新科技迅速发展，在人工智能方面取得显著进展。在应用场景方面，中国拥有无与伦比的环境；在巨额资本投入、庞大流量获取、巨量内容生产等方面，人工智能大模型的训练与应用均居世界前列。

　　近年来，我国对许多国家采取单方面免签和 144 小时过境免签政策，"China Travel"成为国外互联网的热点词语，中国成为东西方文明的"接触地带"。从虚拟的"接触地带"到线下、真实的"接触地带"，带动了西方民众来华访问、旅游，改变了他们对中华文化的态度，为东西方文明交流提供了观察、了解与欣赏的另一种方式。

　　西方民众在这个空间中完成文化接触，通过想象、感受、思考生活世界的转折与变化，以精巧的旅行与文化想象和叙事，寻找文化的频谱与对话的场所等。例如客户端下载量排名世界第一的 TikTok，年轻使用者颇多，他们通过各种形式展示自己在华多姿多彩的生活，品尝中国美食等，促成了网络中的中西文化接触与对话，增进彼此之间的了解。

　　当前，国际传播的话语权出现寡头化、集中化、技术化的特点，然而，中国只要坚持改革开放，主动融入世界，加快发展科技，在互联网中进行创新，利用独一无二的应用场景、强大的内容生产以及商业变现能力，借助科技发展的动力，中国国际传播未来就可以在国际舆论环境中占有一席之地。

三　增强国际传播能力的新思路

　　当前少数西方国家敌对势力的国际传播话语频频向中国施压，如在气候变化国际会议中要求中国接受与发达国家一样的减排政策，要求中国人民币升值等，这些不合理的诉求，虽然受到包括中国在内的第三世界国家的反对，但是由于西方国家的话语权过于强大，因此第三世界国家的各种公平诉求都未能得到及时和客观反映，致使中国在许多国际场合中常常面对不利舆论，处于被动和守势的困境中。面对不合理的国际传播秩序，我国要加快国际传播建设，尽快扭转这种国际传播格局。

（一）增强讲好中国故事的能力

　　提高讲好中国故事的能力是传播中国形象的基础，也是我国传播话语体系的重要组成部分。对外讲故事作为一种特殊的传播活动，具有特殊的文化

影响作用，能够促进国际传播合作，创造一个有利于文化输出国的国际舆论环境。

笔者认为，在提高讲好中国故事能力方面，不仅要注重内容的生产，还要加快新媒体平台建设，增强新媒体舆论引导能力与议程设置能力，善于利用重大国际性媒体事件扩大传播影响力。

以2024年巴黎奥运会为例，我们可以发现，重大国际性事件有助于扩展对外传播的领域，对于传播中国话语、传达中国声音有着极大的好处。奥运会是一个全球范围内的重大媒体事件，世界各大主流媒体都介入奥运的相关报道之中，这在一定程度上形成了一个全球性媒体的集会。各国媒体从各个方面和角度详细报道中国的变化和奥运的相关情况，在世界范围内刮起了一股中国风，使一些原本不太关注或者不关注中国的国家和民众纷纷把目光投向这个东方文明古国。

（二）重点发展新媒体的国际传播影响力

手机、网络、社交媒体成为推动我国新媒体发展的"三驾马车"。随着中国手机用户与网民越来越多，它们带来的影响力也越来越大，而相应的信息传播形式也会越来越广泛，目前网络报纸、手机报纸、手机电视等应用形式已经得到发展。5G、6G时代的到来更为移动电信产业的发展提供了无限的空间。面对以手机与互联网为代表的新媒体迅猛发展的态势，我们要充分利用新媒体的传播优势，为中国的对外传播服务。

进入21世纪之后，中国国际传播面临着西方文化价值观念的冲击和境外文化产品不断涌入的巨大压力，以及新媒体的强势发展，国际传播工作的"生态环境"已经深刻变化，中国国际传播必须朝培养高素质的网络外宣人才、打造大型对外传播网站等方向发展，赢得主动权、塑造我国国家形象。

实践证明，塑造国家形象的宣传手段越先进越现代化，其声音就越强、传播就越快、范围就越广，影响也就越大。在我们寻求实现我国对外传播的各种努力中，互联网已经成为一个十分难得而且十分现实的途径。

目前，在全球互联网的信息中，主要来自欧美发达国家，俄罗斯的内容也比中国多。2023 年中国的网站数量相比较于 2018 年减少了近三分之一。2013～2023 年的十年间，中文网页在世界的占比从 4.3% 下降到了 1.3%。与之形成对比的是呈现增长趋势的英文网页，2013 年是中文网页的 12 倍，到了 2023 年，已经是中文网页数量的 50 倍。另外，除了英文网页，俄文网页 2011 年也仅占 4%，到了 2022 年，这个数据已经上升到了 6%，是中文网页的 5 倍左右。网上有关中国的负面报道和小道消息，通过各种渠道进入中国，已经成为造成国内社会不稳定的因素之一。① 然而，我国新媒体发展极其迅速，衡量新媒体发展水平的多个重要指标已经位居世界前列，我们可以充分利用迅速发展的新媒体，来打造强大的国际传播体系，维护我国的声誉，反击不实言论。

鉴于我国新媒体迅速发展的态势，国际传播要建设公信力强的传播网络，改进报道方式，科学、合理地设置题材及内容，开辟更多的让网民自由参与和讨论的频道与板块，加紧对网络国际传播人才的培养，提高新媒体国际传播的实效性与影响力，改变过去"政出多门，各立山头"的管理体制，实行科学、合理的策划和部署，建立国际传播的整体格局和工作机制，整合全国传播资源，充分调动新媒体用户的参与积极性，从而形成更加有效的国际传播合力，为我国营造良好的舆论环境。

（三）加强与西方媒体的交流与合作

据统计，目前四大西方主流通讯社——美联社、合众社、路透社和法新社每天发出的新闻信息量占据了整个世界全部发稿量的 80%，西方 50 家媒体跨国公司几乎占领了全球 90% 的传媒市场。② 在新媒体传播终端方面，脸书、推特、照片墙、YouTube 等西方社交媒体几乎成为全球民众信息来源。因此，要想改善中国的国际舆论环境，除了要做好国际传播的工作外，还要

---

① 《全世界中文网页的数量，正在急剧减少？我们要引起反思和警惕！》，https：//www.163.com/dy/article/JA23O2P005369SE2.html，2024 年 8 月 20 日。
② 孙瑞生：《做好国际传播 讲好中国故事》，《山西经济日报》2014 年 12 月 25 日。

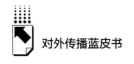

加强与西方媒体的合作。

如何加强与西方媒体的合作？要重视与在国际具有较高影响力的媒体的联络工作。一个不容忽视的现实是，在当今世界新闻传播格局中，西方四大通讯社每天所发新闻的引用率和转载率要远远高于其他媒体，也远远高于我国的主流媒体。因此，有必要提高与西方媒体打交道的针对性，努力使其更加客观地报道中国；进一步加强与发展中国家的合作则是要巩固、深化我国与发展中国家的传统友谊，进一步扩大我国的对外影响力。除了要加强对重要媒体的联络外，还要与重点人物加强联系，媒体的高层、名人、名记者、名编辑和名主持等本身就具有很高的舆论影响力，做好他们的工作，有助于他们客观、真实、全面地报道中国。

笔者认为，要以新闻发布会为契机和桥梁，一方面加强与外国媒体的联络，另一方面掌握新闻宣传的主动权。与其被动应对，不如主动出击。在新闻发布方面，一方面要适时推出中国的相关消息，并与西方记者关注的焦点有效结合起来；另一方面我们要借助西方记者的管道，选好信息发布的内容，发出中国的声音。

此外，笔者认为，要加强与外国新闻行业协会的联系。外国一些新闻行业协会跟该国地方媒体的联系较多，这些地方媒体更贴近当地民众，通过与这些行业协会建立关系，可以更多、更好地影响各国普通民众。在同国外媒体及新闻组织交流上，中国可考虑与国外著名大学的新闻系建立交流关系，与一些媒体研究机构进行合作，共同主持一些双方均有益的研究项目。

外国记者独立的思考和对信息传播的自由权要求要予以尊重，但同时，我们也有权利要求他们客观和公正地报道中国。如何找到其中的平衡点，重要的解决方法就是要增强双方的沟通与合作。我们不能把外国媒体对中国的负面报道视为"洪水猛兽"。针对外国记者新闻职业精神强、推崇新闻自由和独立写作的特点，我们要以疏代堵，尽量第一时间为其提供信息，满足他们对事情的知情要求，以开放、透明的态度展现在外国记者面前，让记者感受到中国正在朝世界公认的行为准则行事，从而在进行新闻报道时加以客观评价。

（四）持续推动主流媒体实施"走出去"工程

面对相对严峻的国际舆论环境，我们要抢占先机，赢得话语权，掌握主动权，提高舆论引导能力和国际传播能力。除了在国内加强与外国媒体的合作，也要重视在国外与外国媒体合作，实施媒体"走出去"工程，把中国信息更加准确、真实地传播到当地社会。我们要积极主动地与世界主要智库开展学术合作，参与影响世界舆论的智库研究报告的撰写工作。

近年来，中央电视台、中国国际电视台（CGTN）、中国国际广播电台（CRI）、新华社、《人民日报》、《中国日报》（China Daily）注重国际传播矩阵的打造，开辟了提升其国际传播影响力的诸多渠道，如：新华社通过其全球新闻信息采集网络，建立了多语种、多媒体、多渠道、多层次、多功能的新闻传播体系，每天24小时使用15种语言向全球8000多家新闻机构提供全媒体产品；人民日报社通过39个海外分社，向国外主流媒体推送了覆盖13个语种的优质新闻产品等[1]，已经迎来了国际传播工作的新篇章。未来，相关主流媒体机构应继续深化国际传播策略的创新与实践，通过共享资源、互派记者、联合制作节目等方式，加大在社交媒体、短视频、直播等新兴领域的布局，以更加生动、直观、互动的方式讲述中国故事，传播中国声音，不断提升其国际传播的影响力和竞争力。

此外，主流媒体也应加强与国际智库在传播领域的合作，改变既有的国际传播话语格局，引导西方学者与国际社会正确理解、正确看待、客观认识中国各个方面的发展情况。就目前国际社会普遍情况来说，西方发达国家的媒体机构善于利用各种渠道开展同智库、政府以及公众的多方互动[2]。一方面，我国目前缺少在世界上有影响力的智库机构；另一方面，我国主流媒体与世界上有影响力的智库（见表1）合作的程度也有待提升。这在一定程度

---

① 《2024上半年中国主流媒体「海外社媒」传播效果观察 | 德外独家》，https://mp.weixin.qq.com/s/Ah8URF_SfJnXqch11MkXpw，2024年8月12日。

② 刘丽群、刘倩、吴非：《美国智库与媒体的互动——以CNAS（新美国安全中心）、CSIS（国际关系战略学会）、Brookings（布鲁金斯学会）为例》，《湖北社会科学》2014年第10期。

上限制了我国国际话语权，并影响了我国国际形象的国际化塑造。未来，相关的主流媒体可以通过与国际上具有一定影响力的友华智库共同设立研究项目，围绕中国的发展政策、经济走势、社会变化等热点议题展开深入探讨。通过智库的专业研究和主流媒体的传播力量，将中国的真实情况和发展理念准确地传递给国际社会，破除国际社会对中国的固有偏见和误解。

表 1　世界最具影响力的智库

名次	智库机构	所属国家
1	布鲁金斯学会	美国
2	国际关系研究所	法国
3	卡内基国际和平基金会	美国
4	布鲁盖尔研究所	比利时
5	国际战略研究中心	美国
6	热图利奥·瓦加斯基金会	巴西
7	皇家国际事务研究所	英国
8	传统基金会	美国
9	兰德公司	美国
10	国际战略研究所	英国

资料来源：作者根据相关资料统计。

（五）充分开展人际魅力传播

我们要充分利用人际传播的关键舆论领袖（KOL）角色，通过他们的个人魅力传播，实现对外传播与文化公关相结合，借助欧美网红"第三方"的传播力量，细分受众，传播各种有利于改善我国国际舆论环境的视频，"在通过国内媒体向外传播的同时，借助西方主流媒体或国际化媒体反向进行'二次传播'（使其转播、转载），通过这种'二次传播'更多地发出自己的声音，以扩大影响力"[1]。

---

① 沈国麟、王倩：《利益冲突和观念落差："中菲南海冲突"的对外传播话语结构及其"二次传播"效果》，《国际新闻界》2014 年第 12 期。

欧美网红是一种重要的文化对话与内容传播力量，其作用与功能是其他交流手段与渠道所无法取代的。他们在年轻网民当中具有高黏度的特点，是内容生产与传播的关键舆论领袖（KOL），在年轻人当中拥有较强的舆论影响力。帮助欧美网红增强内容生产与传播能力，要利用欧美网红的关键舆论领袖（KOL）角色，使他们更有能力和意识开展多种文化交流活动，从而影响当地主流社会对中国的态度，培养他们对中华文化的亲近感，减少他们的抵触情绪，主动靠近中国。

此外，我们要充分发挥华人华侨与华文媒体的桥梁作用。华人华侨有6000多万人，传统华文媒体有800多家，华文新媒体不计其数。他们是理解与支持我国的重要力量，是在海外讲好中国故事的重要群体。

我们要加大对自媒体的扶持力度，助其转型，开辟新的华文信息传播渠道，加强与欧美网红、欧美自媒体的合作，引导他们生产正面内容，组建有"洋人"参与的混合型网红公司，开展与"洋网红"的深度合作，提升中国的国际话语权，打造中国话语体系，构建中国国际传播新格局。

四　结语

做好国际传播，关系到我国新的百年梦想的实现，关系到中华民族的生存与发展。我国国际传播面临诸多困难，但是传播环境有所改善，例如互联网商业模式、互联网网红的经济模式已经成为现代文明生活的一种方式，为世界文明作出了贡献。

中国在国际舆论中的议程设置能力和话语权相对较弱，中国的文化信息在各国媒体中传播量较小，在舆论引导方面处于被动局面。针对国际传播面临的困难，我国相关部门要采用区域和国别研究方法，制定有针对性的国际传播策略，通过创新的方式，立足于中华文化的根基，展现中国人民的日常生活，叙述普通中国人的故事，通过共情传播，促进文化交流，增强中华文化的亲和力、吸引力、影响力、引导力，构建中国话语国际传播体系，提升我国的国际形象。

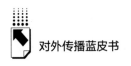

参考文献

赵新利、宫效喆：《新中国品牌国际传播的历史演进及动力因素》，《山西大学学报》（哲学社会科学版）2024 年第 5 期。

王羲、任惠莲：《高质量共建"一带一路"倡议下中华文化国际传播——基于欧洲学习者的案例分析》，《西北大学学报》（哲学社会科学版）2024 年第 5 期。

王爱玲、王泽鹏、刘奇：《多维表达与组态路径：基于 QCA 的媒体国际传播新闻叙事策略分析——以中国新闻奖国际传播类案例抽样分析为例》，《新闻界》2024 年第 9 期。

张苏秋：《国际组织的艺术传播：国际人文交流合作的新路径》，《艺术传播研究》2024 年第 5 期。

涂凌波、杨靖毅：《文化的力量：论新闻传播活动中的文化实践与文化精神》，《新闻界》2024 年第 8 期。

徐翔、余珺君：《迈向"领袖城市"：国际社交媒体平台的中国城市热门内容传导》，《新闻与传播评论》2024 年第 5 期。

余清楚、郭迎春：《中华文化主流价值国际传播路径研究》，《中国出版》2024 年第 17 期。

王天瑞、张开：《中国脱贫故事在国际传播中的认同与建构》，《传媒》2024 年第 16 期。

王喆、蔡珂：《民族议题的国际传播："中华民族共同体"对外话语叙事体系的构建与优化》，《民族学论丛》2024 年第 3 期。

杨雅、滕文强、贾贝熙：《数智时代国际传播效果评估与管理的新面向——基于 PPM 理论的再思考》，《未来传播》2024 年第 4 期。

B.4
国际游客眼中的中国：城市对外传播的影响力评估

——基于"China Travel"的大模型数据及案例分析

刘冠 雷力 刘浩宇*

摘　要： 本报告聚焦于国际游客视角下的中国城市形象，通过分析 YouTube 平台上外国游客发布的以"China Travel"为主题的视频内容，深入探讨中国城市的对外传播影响力。报告通过采集免签政策实施后，外国游客在中国的旅行体验视频，通过大模型提取其字幕中的相关信息，并结合 YouTube 页面的量化数据，综合构建一个新颖且有效的城市对外传播影响力评估体系。该体系将评估各个典型城市的传播力，并据此生成城市对外传播力榜单。除此之外，还将从六个方面，即治安、便捷、友好、环境、食物、城建，对城市对外传播影响力进行深入案例分析，探讨成功传播策略的关键因素，并探讨提升中国城市的国际形象和吸引力的对策。

关键词： China Travel 城市对外传播 指标体系 大语言模型

一 引言

在全球化浪潮中，中国城市作为中华文明的载体和现代化发展的缩影，

---

* 刘冠，暨南大学计算传播研究中心技术副总监，主要研究方向为计算传播、国际传播；雷力，暨南大学计算传播研究中心大数据开发工程师，主要研究方向为计算传播、国际传播；刘浩宇，暨南大学新闻与传播学院学生，主要研究方向为计算传播、国际传播。

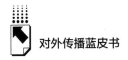

正吸引着世界的目光。最近,"China Travel"作为一个热门话题在国内外社交媒体平台上迅速崛起,成为展示中国城市魅力的重要窗口。这一现象不仅反映了中国旅游市场在疫情之后的复苏,更彰显了中国在全球文化交流中日益重要的地位。

随着中国推行更加开放的入境政策,特别是扩大免签范围和实施"72/144 小时"过境免签等措施,国际游客来华旅游的便利性大大提升。这些政策的实施为"China Travel"话题注入了新的活力,吸引了众多海外博主通过社交媒体和视频分享网站分享他们在中国的旅行经历。这些真实、生动的体验视频不仅打破了外国人对中国的刻板印象,还引发了广泛的讨论和关注。国际游客通过亲身体验,得以领略中国城市的多元面貌,每座城市都是历史与现代交织的舞台,既承载着深厚的文化底蕴,又展现着蓬勃的现代化活力:从古老的历史遗迹到先进的基础设施,从传统的文化习俗到现代的生活方式。这种文化的传承与创新、传统与现代的融合,正是中国城市吸引力的核心所在。

在这一背景下,科学评估中国城市在国际传播中的表现变得尤为重要。通过分析国际游客的真实反馈和体验,我们可以更好地了解中国城市在全球视野中的形象和地位。这不仅有助于优化城市发展策略,提升城市的国际影响力,还能为提高中国的整体国家形象和软实力提供宝贵的洞见。然而,面对海量的社交媒体数据,传统的分析方法已显得力不从心。YouTube 作为全球最大的视频分享平台,目前能够搜索到大量与"China Travel"话题相关的内容被上传和分享。这些视频涵盖了从城市景观到文化体验的方方面面,为我们提供了丰富的研究素材。但如何有效地从这些视频中提取有价值的信息,成了一个关键挑战。

传统的数据分析方法,如简单的关键词匹配或基于规则的分类算法,往往难以捕捉语言的细微差别和复杂的上下文信息。即使是基于深度学习 NLP 算法(如 BERT),在处理多语言、多主题的旅游视频内容时也面临着诸多限制,如需要大量标注数据、灵活性不足、上下文理解有限等问题。鉴于这些挑战,本报告引入了基于大语言模型的智能分析方法。大语言模型凭借其强大的自然语言理解能力和广泛的知识储备，为我们的研究带来了突破性的优势。（1）上下文理解，能够准确把握复杂的语言表达和长篇内容的深层含义；（2）多语言处理，可以同时处理和理解来自全球各地游客的多语言内容；（3）灵活性高，能够根据研究需求动态调整分析维度，无须重新训练模型；（4）细粒度分析，不仅可以进行宏观分类，还能提取细节信息和情感倾向；（5）效率提升，大大减少了人工标注的需求，提高了分析效率。通过利用大语言模型的这些优势，我们能够更加全面、准确地分析国际游客的旅行体验，从而对中国城市的国际形象有更深入地理解。这种创新的研究方法不仅能够帮助我们更好地讲述中国城市的故事，传播中国城市的声音，还能为优化城市国际传播策略、提升中国整体国际传播能力提供科学的依据和实践指导。

在这个全球化与数字化深度融合的时代，准确把握国际受众对中国城市的认知和态度，对于提升中国的国际影响力和文化软实力具有重要的战略意义。通过本报告，我们期望能为中国城市的国际传播工作提供新的视角和方法，助力中国在全球舞台上展现更加真实、立体、全面的国家形象。

二　研究方法

本报告旨在通过国际游客的视角，深入探讨和评估中国城市在"China Travel"话题下的对外传播影响力，为优化中国的国际传播策略提供科学依据和实践指导。在当前国际形势复杂多变的背景下，准确把握国际受众对中国城市的认知和态度，对于提升中国的国际影响力和文化软实力具有重要的战略意义。报告的核心目标是构建一个基于传播数值和内容分析的城市对外传播影响力评估体系。通过分析 YouTube 平台上"China Travel"话题下1509 条视频，报告致力于量化评估典型中国城市在国际游客视角下的传播力，并生成城市对外传播力榜单。这一创新性的方法论框架不仅能实时捕捉国际受众的真实反应，还能深入分析不同传播策略的效果，为各城市优化国际传播方案提供重要参考。

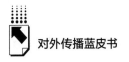

（一）数据采集

在本研究中，数据采集部分主要依赖于 YouTube 平台上的外国旅客拍摄的"China Travel"视频内容。这些 Vlog 视频不仅记录了旅客的旅行体验，而且反映了他们对中国不同城市的第一手观察和感受。以下是数据采集的具体步骤。

1.关键词设定

通过设定与"China Travel"相关的关键词，利用 YouTube 的搜索功能进行视频检索，包括："China Travel""China Visit""China Vlog"。

2.搜索策略

以关键词搜索的视频作为种子视频，进一步获取 YouTube 推荐算法提供的相关视频列表，从而扩展数据可采集的范围，获取视频链接。

3.数据抓取

对获取的视频链接进一步获取更详细的数据。当视频配有字幕的时候，除了抓取字幕信息以外，同步抓取视频的基本信息，包括视频标题、描述、发布日期、观看次数、点赞数、评论数等。若某视频无字幕信息和基本信息时，则不予抓取该视频，当抓取的视频数量达到 5000 条时停止抓取。

（二）数据预处理

数据处理部分涉及对采集到的数据进行筛选和清洗，以评估中国不同城市的国际传播影响力。以下是数据处理的具体步骤。

去重以及限定时间：首先根据视频 ID 进行去重，然后只保留 2023 年 1 月 1 日[①]至 2024 年 8 月 31 日发布的视频。

大语言模型筛选：通过输入字幕信息和基本信息（标题、描述），借助大语言模型分析该视频是否符合外国游客"China Travel"之行的标准。

---

① 《自 2023 年 1 月起，我国恢复执行 24/72/144 小时过境免签政策》，https://www.gov.cn/xinwen/2022-12/28/content_ 5733876. htm，2024 年 9 月 3 日。

在与大语言模型通过自然语言的交互中，给出外国游客拍摄"China Travel"的 Vlog 的定义，由此将和科普、评测等相似但与本研究无关的视频区分开来。

除此之外，课题组还使用大语言模型进一步抽取了以下几类数据。（1）外国游客参观的城市名；（2）外国游客在中国积极地体验；（3）消极的体验（具体介绍将在下一部分详细说明）。有两类视频将被剔除：当一条视频无法被抽取到（1）或者抽取到一个城市以上，以及所涉及城市不属于中国时，表明这条视频可能在上一步处理中被错误归类或大语言模型无法根据给定信息推理出这个视频所在的城市。这类视频无法被用于后续分析，因此这条视频将被剔除。而当一条视频可以抽取到（1），但（2）、（3）不能同时被抽取到时，表明该视频可以提供的信息不足，对于后续分析没有帮助，因此该条视频也将被剔除。

通过以上三种预处理方法，可以剔除掉无关的视频，最终得到了1509条共96个城市的有效视频信息。

三 传播影响力评估体系

（一）城市对外传播影响力研究

为了通过外国游客"China Travel"主题 Vlog 的视角评估国内城市的对外传播影响力，报告首先构建了一套全面的对外传播影响力指标体系，并对收集到的数据进行标准化处理和量化分析，从而为每个城市计算出可比较的评估值。这种方法能够客观地比较不同城市的对外传播效果，并最终生成一份城市对外传播影响力排行榜。通过这种系统化的评估，能够更准确地把握各城市在国际游客眼中的形象，为制定针对性的城市国际传播策略提供数据支持。

关于城市的国际影响传播力方面的评估，已有多个报告陆续发布，机构包括清华大学①、浙江大学②、中国外文局等③。这些与中国城市国际传播影响力相关的报告都展示了城市在全球舞台上的形象和传播策略，或通过多维指标和大数据技术提供了全面评估，强调了实际应用价值和数据驱动的方法，或通过具体案例和多平台分析突出了创新性和实践指导，都为理解中国城市在国际传播中的表现提供了有价值的视角。

本报告紧跟热点，采用外国游客的实际口碑来观察中国城市的国际传播影响力，这是以往研究未有的视角。传统研究可能更多地侧重于媒体的传播效果，而本报告的创新之处在于通过分析外国游客在中国拍摄的视频内容，更直接地反映了外国受众对中国城市的真实感受和认知。这种视角的转变有助于我们更准确地评估城市在国际传播中的影响力。通过这种方式，我们不仅能够评估城市的传统媒体传播效果，还能够洞察到社交媒体和个人传播在国际传播中的作用，这对于构建全面的国际传播影响力评估体系具有重要意义。此外，利用大数据和人工智能技术，特别是大语言模型（LLM），来分析理解 YouTube 上的视频内容，最终由 LLM 来生成与指标体系相关的视频标签。这种方法能够更快速、更准确地识别与研究主题相关的视频内容，提高了研究的效率和准确性。综上所述，本研究在评估体系的构建上，不仅借鉴了国际上的成功案例，还创新性地结合了现代技术手段和多元视角，以期为中国城市国际传播影响力的评估提供更为科学、全面和深入的分析框架。

（二）评估指标和指标的量化

本报告从两个主要方面对城市的国际传播效果进行评估，下设一级指标 2 个，二级指标 10 个，从观众的观看行为数据和外国游客在中国的体验等多个维度，全面评价了中国城市的对外传播影响力（见表 1）。

---

① 《〈中国城市国际传播影响力报告（2023）〉发布》，《城市党报研究》2024 年第 8 期。
② 韦路、陈俊鹏：《2023 中国城市国际传播影响力指数报告》，《对外传播》2024 年第 2 期。
③ 刘云云：《视觉盛宴：〈中国城市形象宣传片国际传播影响力评估报告〉（2024）（解读版）》，《上海广播电视研究》2024 年第 3 期。

表 1　城市传播影响力指标体系

一级指标	权重(%)	说明	二级指标	权重(%)	说明
传播数量	40	结构化数据	浏览	20	涉及该城市所有视频的总浏览量
			点赞	30	涉及该城市所有视频的总点赞量
			评论	40	涉及该城市所有视频的总评论量
			流量	10	涉及该城市所有视频的总数量
传播质量	60	抽取后的量化数据	治安	17	涉及城市安全性，包括：公共安全、夜间安全、财务安全、有秩序感。如果有负面评论进行倒扣分（例如：秩序差、有安全隐患）
			便捷	17	涉及城市便捷性，包括：移动支付、公共交通便利、网上办事。如果有负面评论进行倒扣分（例如：手续繁琐、迷路）
			友好	17	涉及城市友好度，包括：友好的当地人、热情的服务、没有语言障碍。如果有负面评论进行倒扣分（例如：服务态度差、宰客）
			环境	17	涉及城市的环境评估，包括：干净整洁的街道、传统建筑的保护、自然风光优美。如果有负面评论进行倒扣分（例如：空气污染、环境脏乱）
			食物	16	涉及城市的食物评估，包括：好吃的食物、便宜的食物、多样的食物。如果有负面评论进行倒扣分（例如：食物不合口味、食品卫生不达标）
			城建	16	涉及城市的城建评估，包括：良好的城市规划、现代化的建筑、不堵车、基础设施完善。如果有负面评论进行倒扣分（例如：交通拥堵）

　　一级指标有：传播数量和传播质量。传播数量由观众在 YouTube 平台观看视频的行为数据构成，如观看数、点赞数和评论数等。而传播质量则是利用大语言模型的文本理解和归纳总结能力，根据外国游客在视频文本中讨论

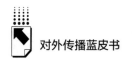

和涉及的实际体验，结合报告提出的指标体系生成最终的标签，通过统计标签数量从而进行量化。

传播数量下设的四个二级指标包括：浏览、点赞、评论、流量。其中前三个指标来源通过爬取 YouTube 平台所提供的基础信息得到，已经是量化信息。而最后一个指标则需要通过大语言模型对字幕信息标注外国游客所在的城市得到，该城市的流量为外国游客发布视频所在城市的总数量。

传播质量下设的六个二级指标包括：治安、便捷、友好、环境、食物、城建。六个指标的标签均在字幕信息中进行标注。具体的定义见表1。以单个视频为例，大语言模型被要求从以上六个方面分别抽取外国游客对中国积极正面和消极负面的信息，并且归入以上六个标签。当某类标签在一个视频内被多次提及时，也要求大语言模型多次输出。因此每个视频至少含有一个某一类的标签。当一个视频获得积极和消极的六类标签的数量后，将用积极标签数量减去消极标签数量，得到最终六类标签的数据，至此完成量化抽取数据的过程。

（三）传播影响力评估体系构建

量化得到每一条视频对应城市的对外传播力体系中二级指标的分量后，进一步将这些分量通过归一化计算得到各个城市间可比的数据。每条涉及同一城市的视频信息将被合并在一起，二级指标将被叠加。

在本研究中，我们使用结合了 log 和"max-min"的方法进行数据归一化。但针对观众行为数据和量化后的抽取数据稍有不同。

针对浏览、点赞、评论三个二级指标，计算公式如下：

$$y = \frac{\log(x)}{\log[\mathrm{Hmax}(x)]}$$

其中，y 为标准化后的二级指标值，而 x 为二级指标原始数据。Hmax 为该二级指标对应的历史最大值，通过对海量的 YouTube 视频采样得到。

针对流量、治安、便捷、友好、环境、食物、城建七个二级指标，计算公式如下：

$$y = \frac{\log(x) - \log\big[\min(x)\big]}{\log\big[\max(x)\big] - \log\big[\min(x)\big]}$$

其中，y 为标准化后的二级指标值，而 x 为二级指标原始数据。max 为该指标下所有视频的最大值，而 Min 则是最小值。

根据二级指标的结果，我们通过不同的权重（见表 1 详细的权重设置）加总得到一级指标的分值。同理，得到最终城市的对外传播影响力分值。

根据该指标体系，得到了相关城市的榜单，在人工核对整理后，最终有 96 个城市位于榜单中。

四 城市传播力综合榜单

（一）榜单结果分析

本研究在城市传播影响力指标体系下，以量化数据对中国城市进行了对外传播影响力的评估，并据此建立了城市传播力综合榜单。借助这一榜单，我们期望能够为中国不同城市的传播影响力进行客观对比，为城市传播策略的制定提供数据支持和策略建议，帮助城市在全球舞台上更有效地传播其文化和形象，增强其国际吸引力和竞争力。这对于提升中国城市的全球知名度和影响力，以及推动中华文化的国际传播具有重要的战略意义。

城市传播力综合榜单分为一级榜单——城市传播指数榜单，二级榜单——城市传播数量榜单和城市传播质量榜单，以及若干三级榜单。本部分重点分析了一级和二级榜单的结果。

城市传播指数由城市传播数量和城市传播质量这两个指标按比例加权计算得出，是本研究中衡量城市综合传播影响力的核心指标。通过城市传播指数榜单，我们发现中国城市的传播指数呈现出四个梯队的分布：北京、上海以大于 95 的高指数位列第一梯队；广州、重庆、成都等城市则以 65~85 的指数进入第二梯队；杭州、昆明等 23 个城市的传播指数处于 40~65 的区间，形成第三梯队；以泉州、青岛、大连为代表的 45 个城市传播指数在 40

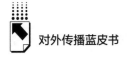

以下，位列第四梯队。

在二级榜单中，城市传播数量和传播质量的城市排名分布与一级榜单大致相符。在城市传播数量榜单上，各城市的指数差异较小。对比综合排名相近的城市，华阴、阿里地区、大同和攀枝花在传播数量上表现突出，而宁波和珠海在这方面相对较弱。城市传播质量榜单则显示，城市之间的质量指数差异更加平稳，除了宁波等少数城市在该项指数上表现优异外，大多数城市的传播质量指数排名与综合传播指数榜单保持高度一致。

综合一、二级榜单的结果的描述性分析，可以直观地比较城市之间的对外传播影响力差异。接下来将结合城市发展状况，对城市传播力综合榜单结果进行更深入地解读，意图发掘城市传播力背后的支撑机理和发展规律。

（二）结果解读

1.城市影响力榜单头部多集中在一线发达城市群中

从城市传播力榜单的头部数据可以看出，位列前八位的城市全部来自中国的一线或新一线城市。这些城市不仅在经济总量、城市基础设施、产业结构等方面具有显著优势，还依托其强大的媒体资源、科技力量及文化软实力，展现了强大的国际传播能力。以北京、上海、广州为代表的城市，得益于其成熟的国际交往平台和丰富的全球化资源网络，不仅在国内具有举足轻重的影响力，在国际舞台上也扮演着重要的角色。通过各种形式的文化传播与经济合作，它们的城市形象与城市品牌得到不断强化。这种高度集中的传播影响力表明，发达城市群具备显著的资源整合与传播扩散优势，能够有效提升城市在全球的能见度与吸引力。

2.城市"网红"效应显著

城市影响力综合榜单呈现阶梯式分布，说明了一些城市借助新媒体平台的广泛传播效应，迅速提升了其在国外的知名度。这种"网红"效应不仅体现在旅游、文化等传统领域，也逐渐渗透到城市品牌建设的方方面面。成都、重庆等城市通过特色化的城市形象营销，以及网民的自发推广，成功打造了独具特色的城市品牌。这些城市在传播力榜单中的良好表现，说明了通过精准的线上传播策略和话题制造，可以快速提升城市的传播影响力。随着短视频平台和社交媒体的持续发展，城市"网红"效应将继续影响其在全球传播格局中的地位。

3. 区域性中心城市的对外传播影响力正在崛起

除了传统的一线城市和新兴的"网红"城市，一些区域性中心城市也展现了强劲的传播能力。杭州、昆明、武汉等城市不仅是其所在地区的经济和文化中心，也依靠其城市建设的推进和城市品牌的打造，强化了其在区域内的对外传播影响力，逐步成为国际传播视野中的重要城市。这些城市的综合传播影响力尤其是在传播质量方面的优异表现，说明了区域中心城市在全球化进程中具备较高的传播潜力，并逐步走向国际舞台。

4. 二线城市的传播力潜力待挖掘

尽管一些二线城市在传播力榜单中排名靠后，但其潜力不容忽视。泉州、青岛、大连等城市虽然目前的传播影响力指数较低，但这些城市拥有深厚的历史文化资源和较强的产业基础。通过进一步加强对外宣传与品牌打造，这些城市仍有可能在未来实现传播力的跨越式提升。随着中国对外传播战略的加快部署，更多二线城市将有机会进入全球传播体系，展现其独特的城市魅力。

五　城市传播力子榜单

表2至表7分别对应的是治安、便捷、友好、环境、食物、城建指数的得分情况。出现在各个子榜单中的十座城市完全相同，分别是：北京、上海、广州、重庆、成都、深圳、西安、乌鲁木齐、杭州、昆明。但不同的榜单得分情况略有差异，证明了我们对外传播影响力评估方法的稳定性。

因此，根据每个城市之间的分数差距，大致分为四个梯队进行分析，每个子榜单的四个梯队略有变化，但是可以看到较为统一的模式。

第一梯队中，均由北京和上海组成。其中北京在治安、友好、环境、食物三个榜单中名列第一，而上海则是在便捷、城建中登顶。不过总的来说，第一梯队中的分数差距非常微弱，差距最大时不超过2分（治安），最小时

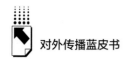

只有 0.24 分（城建）。这一点体现了北京和上海与其他城市相比，具有绝对的对外传播影响力。

第二梯队中，基本由广州、重庆和成都组成。第二梯队和第一梯队有明显的差距。差距最大时，第二名（第一梯队）和第三名（第二梯队）接近 22分（治安），差距最小时也有 12.5 分（友好）。在该梯队内，除了治安榜单中重庆位列第三以外，广州在其余五个榜单中均占据第三名，与后两个城市拉开了较为明显的差距，并且在友好榜单中独占第二梯队。而重庆和成都基本上轮换第四名和第五名的位置，但差距较小，除治安与城建外，基本相差约 2分。因此在这一梯队中，广州和重庆、成都可以进一步被分为两个档位。

第三梯队中，主要由深圳和西安组成（除城建榜单中西安被划归第四梯队）。第三梯队和第二梯队的差距通常在 10 分左右，没有第一梯队和第二梯队的差距大。在第三梯队内，深圳在便捷、城建位列第六，西安则在友好、环境、食物位列第六。在治安榜单中，深圳和西安并列第六。在便捷榜单中，深圳和西安差距最大（13.41）。

第四梯队中，大致由乌鲁木齐、杭州、昆明组成，分列第八、九、十位（除环境榜单中杭州位列第八以外）。第四梯队和第三梯队的差距大致和第三梯队与第二梯队的差距相当。在该梯队内，除治安榜单中乌鲁木齐被归为第三梯队，和杭州相差 8.21 分外，其余榜单中三个城市差距不大。

表 2　治安指数得分情况

城市	治安指数
北京	100.00
上海	98.34
重庆	76.32
广州	75.71
成都	71.05
深圳	63.27
西安	63.27
乌鲁木齐	61.89
杭州	53.68
昆明	51.13

表 3　便捷指数得分情况

城市	便捷指数
上海	100.00
北京	98.61
广州	84.38
重庆	75.98
成都	75.77
深圳	74.66
西安	61.25
乌鲁木齐	58.22
杭州	57.54
昆明	55.28

表 4　友好指数得分情况

城市	友好指数
北京	100.00
上海	98.99
广州	86.50
成都	80.28
重庆	78.83
西安	71.72
深圳	68.75
乌鲁木齐	62.60
杭州	61.48
昆明	58.28

表 5　环境指数得分情况

城市	环境指数
北京	100.00
上海	98.62
广州	82.59
成都	79.23
重庆	77.78

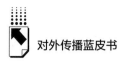

续表

城市	环境指数
西安	71.80
深圳	67.04
杭州	63.19
乌鲁木齐	61.47
昆明	59.53

表 6　食物指数得分情况

城市	食物指数
北京	100.00
上海	99.16
广州	86.17
成都	81.10
重庆	79.67
西安	73.01
深圳	67.61
乌鲁木齐	63.48
杭州	60.61
昆明	57.11

表 7　城建指数得分情况

城市	城建指数
上海	100.00
北京	99.76
广州	82.24
重庆	77.98
成都	72.81
深圳	72.15
西安	61.02
乌鲁木齐	59.63
杭州	58.10
昆明	56.40

六　案例分析

（一）治安维度

Jacob 和 Jenny（@ JacobandJennyTravel）在 2024 年 8 月 14 日专门通过视频（id：BJPKeygrMgA）向世界展示了中国（以上海为例）夜间安全（见图 1）。其中特别提到，晚上的景区除了有游客外，还有大量的警察和保安，自己不需要一直盯着背包和口袋，担心会被偷。

图 1　@JacobandJennyTrave 的视频截图

Jacob 和 Jenny 的视频通过展示上海夜间景区警察与保安的大量存在以及游客的安心体验，生动地呈现了中国城市良好的治安形象。这一展示不仅有助于提升中国的国际形象，吸引外国游客，促进旅游业发展，同时也增强了民族自豪感，为国际交流与合作提供了更多机遇，让世界看到中国城市在保障人民安全、维护社会稳定方面的努力与成就。

（二）便捷维度

Go Went Go（@ GoWentGo）在 2024 年 8 月 24 日专门通过视频（id：

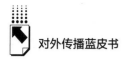

FLCfV5IOJzg）介绍了自己的重庆之行，其中对于中国"无现金"支付带来的便捷性赞不绝口（见图 2）。

图 2 ＠GoWentGo 的视频截图

相关视频内容不仅展示了中国科技发展的成就，更生动地呈现了中国城市在支付便捷性方面的领先形象，对吸引国际游客、促进文化交流与合作具有重要意义。

（三）友好维度

Reanne 和 Ben（＠OTWD_ yt）在 2024 年 6 月 23 日发布了在北京的旅游视频（id：zJjp200XlwU），对于中国人民的真诚和乐于助人表达了非常诚挚的感谢（见图 3）。

这些沉浸式的视频内容展现了中国人民的真诚与乐于助人，从侧面反映了中国城市在人文服务方面的便捷与温馨。这提醒我们，对于其他国家游客来说，中国人民的热情相助不仅为游客提供了极大的便利，也彰显了中国城市的友好形象，对提升国家软实力、促进国际友好交流具有深远意义。

图 3　@OTWD_ yt 的视频截图

（四）环境维度

Max 和 Jacqueline（@ MaxandJacqueline）在 2024 年 7 月 21 日发布了在广州过境签旅行的视频，其中对于广州街道的干净、没有一点垃圾表达了自己的喜欢（见图 4）。

图 4　@ MaxandJacqueline 的视频截图

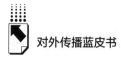

这些细节彰显了中国城市在环境卫生管理上的卓越成效与高效运作。通过此类城市环境正面形象的视频内容广泛传播，不仅极大地提升了中国城市的国际声誉，更向全球展示了中国在城市化快速发展过程中，对于环境保护与居民生活品质提升所做出的不懈努力与显著成就。

（五）食物维度

Josie（@josieliftsthings）在 2023 年 10 月 1 日发布了上海的旅游视频（id：b5FtjD2I8es）。他对于上海的街头食物感到十分的美味（见图 5）。此类视频生动地展现了中国城市在美食方面的多样性和吸引力，激发了国际观众对中国饮食文化的浓厚兴趣。

图 5　@josieliftsthings 的视频截图

（六）城建维度

Oliver Dadema（@oliverdadema）在 2024 年 6 月 19 日发布了在深圳的旅游视频（id：XRzDMrlOQ-8），表示来到市中心以后，对于城市标志性的建筑物感到非常震撼（见图 6）。

图 6 @oliverdadema 的视频截图

这一场景不仅展现了深圳作为现代化大都市的城市魅力，还通过国际友人的视角向世界传递了中国城市在规划与建设方面的卓越成就。这种正面的城建形象有助于提升中国城市的国际知名度，吸引更多国际游客前来探索。

七 结语

本报告通过创新性地分析国际游客在 YouTube 平台上分享的"China Travel"主题 Vlog，成功构建了一个基于新媒体平台数据的城市对外传播影响力评估体系。研究发现，国际游客对中国城市的认知正在经历显著转变，特别是在现代化成就和文化融合魅力方面。新媒体在塑造中国城市国际形象中发挥了重要作用，为中国对外传播工作提供了新的思路。研究结果不仅为评估中国对外开放政策的传播效果提供了实证依据，也为国际传播研究领域贡献了新的理论视角和方法论支持。

报告特别关注城市形象的多维度构成，从治安、便捷、友好、环境、食物、城建等六个关键维度深入剖析城市形象的构成要素。这种多角度的分析有助于我们全面了解国际游客对中国城市的感知，为制定差异化的城市对外传播策略提供科学依据。同时，这些多维度的洞察也为各城市找准自身在国际传播中的优势和短板提供了重要参考。通过系统分析国际游客的真实体验和反馈，报告为中国讲好城市故事、提升国家形象提供了新的角度和丰富素材。通过对城市传播力榜单的深入分析，我们发现：一线和新一线城市凭借其强大的经济实力和文化软实力，在对外传播中占据主导地位；一些城市通过新媒体平台成功打造"网红"效应，迅速提升了国际知名度；区域性中心城市的对外传播影响力正在崛起，展现出较高的传播潜力；同时，二线城市虽然目前排名较后，但仍蕴含着巨大的传播潜力。这些发现为优化中国城市的对外传播策略、提升中国的国际传播能力提供了重要参考。

展望未来，进一步扩大数据来源、深化文化差异分析、开展纵向研究将有助于更全面地把握国际受众的认知变化。同时，针对不同类型城市制定差异化的传播策略，挖掘二线城市的传播潜力，将是提升中国整体城市国际传播效果的关键。总的来说，本研究在推动构建人类命运共同体的背景下，为提升中国的国际话语权和文化软实力作出了积极贡献，为中国城市在全球舞台上展现更加真实、立体、全面的形象提供了科学指导。在技术层面，本研究通过创新性地结合大数据分析、自然语言处理技术与传统城市形象研究方法，为城市传播学和国际传播研究领域提供了新的研究视角和方法论支持。这不仅丰富了学术界对城市形象塑造过程的理解，还为构建中国特色的国际传播理论体系作出了重要贡献。

总的来说，这些发现有助于我们在国际传播中更好地展现中国的发展成就和文化魅力，增强国际传播的针对性和有效性。此外，报告还为评估中国对外开放政策的传播效果提供了实证依据。通过分析国际游客对近期实施的便利化政策（如免签政策）的反应，我们能够更好地了解这些政策在国际社会的接受度和影响力，为进一步优化对外开放政策及其传播策略提供参考。同时，由国际游客自发产生的内容具有极强的真实性和感染力，能够有效打破刻板印象，塑造更加立体、真实的中国城市形象。同时，在推动构建人类命运共同体的大背景下，这项研究的意义尤为重大，它为提升中国的国际话语权和文化软实力提供了有力支撑，有助于增进国际社会对中国的了解和认同。

参考文献

韦路、陈俊鹏：《2023 中国城市国际传播影响力指数报告》，《对外传播》2024 年第 2 期。

刘云云：《视觉盛宴：〈中国城市形象宣传片国际传播影响力评估报告〉（2024）（解读版）》，《上海广播电视研究》2024 年第 3 期。

徐翔、余珺君：《迈向"领袖城市"：国际社交媒体平台的中国城市热门内容传导》，《新闻与传播评论》2024 年第 5 期。

薛文婷、孟潇庆：《大型国际体育赛事视听传播赋能举办城市形象建构的机制与路径——以成都大运会为例》，《当代电视》2023 年第 11 期。

郭旭东：《城市传播研究的起源：理论回溯、发展历程与概念界定》，《新闻界》2022 年第 11 期。

刘昊、谢思怡：《浸润、涵化、认同：自媒体视域下城市国际形象的渗透式传播》，《当代传播》2022 年第 6 期。

张春雨、肖珺：《内部融合与国际交往：中国跨文化城市建设路径与评估指标建构》，《新闻与传播评论》2022 年第 6 期。

马缘园：《国际社交媒体平台城市形象传播策略——以推特号@ DiscoverNanjing 为例》，《青年记者》2021 年第 8 期。

杨琳、许秦：《基于场域理论的国际马拉松赛与城市形象传播策略研究》，《湖南大学学报》（社会科学版）2019 年第 4 期。

B.5

2023～2024年中国对外传播的
效果总结与未来展望

林仲轩　张入迁　荆高宏*

摘　要： 本报告系统分析了2023～2024年我国对外传播实践的效果，总结经验策略，并对2024～2025年的对外传播活动进行了展望。研究发现，我国对外传播在全球范围内获得总体平衡偏正面的评价，但仍面临着地缘政治博弈、经济逆全球化等挑战。未来，我国需通过加强区域国别研究、善用人工智能技术、创新传播方式等举措，持续提升对外传播效果。同时，建议增强主流媒体国际传播能力、完善地方国际传播中心建设、鼓励智库机构开展对外传播实践、为中国出海企业提供支持，激发民间组织与社会个体的传播热情与活力，进一步构筑全方位、多层次的对外传播格局。

关键词： 传播效果分析　元分析　国际文明交流互鉴　对外传播活力

一　2023～2024年我国对外传播的效果分析与经验总结

对外传播是通过由内向外的方式进行跨国界、跨语言、跨种族、跨思想和跨文化的信息传递过程，其效果体现在中国与其他国家信息交流、文化互动、社会往来等方面所取得的实际成果。本报告沿用这一概念，用来概括中

---

* 林仲轩，暨南大学新闻与传播学院副院长、教授、博士生导师，主要研究方向为国际传播、港澳传播、媒介文化、数码残障等；张入迁，暨南大学新闻与传播学院博士研究生，主要研究方向为国际传播、媒体融合、算法治理；荆高宏，暨南大学新闻与传播学院博士研究生，主要研究方向为国际传播、新闻创新。

国与他国、国际社会围绕"对外传播"议题所产生的传播现象。对外传播效果一直是学界与业界所关注的重点话题，围绕此话题产生了大量的研究成果，尤其是实证研究为效果的指标测量与框架搭建提供了针对性方案，在效果评估研究上实现了质的突破，成了我们管窥对外传播效果的重要参考。

影响对外传播效果的因素包括传播主体、传播媒介、传播内容、传播目的等。国家、主流媒体、企业、民间组织、"洋网红"等多元化主体通过不同的渠道发挥着文化传播的效能。国家对外传播的效果直接表现为在国际社会中的影响力与美誉度，受众调查是对传播效果进行评估的一个重要方式，效果好坏主要取决于国外受众对传播者所传信息的接受度与满意度。联结传播主体和国外受众的便是传播内容，对内容的效果评估主要集中在主流媒体与社交媒体两个维度，在对中外媒体"一带一路"新闻报道进行比较实验研究方面，张莉等人建构了个人框架、社会框架、心理距离三个一级评价指标体系[1]；刘滢在对比了7家中国主流媒体在海外社交媒体的传播效果后，建构了包括内容生成能力、传播延展能力和议题设置能力三个一级评价指标的评估体系[2]。从建构主义的视角来说，对外传播效能所指的是各大传播主体与所沟通各方产生意义、建构理解的效果与能力。若是要测量对外传播效能，需要从两个维度来进行，一是要对中国的对外传播效果和能力进行测量，二是要从他国政府、境外媒体、境外组织、国外受众等第三方主体出发，测量其与中国对外传播活动进行意义共建的效果与能力。综合两个层面，才能够回答"中国对外传播活动在国际社会中的能力与效果如何"这一关键性问题。

（一）元分析视角下2023~2024年对外传播的效果评估情况

1. 研究方法

在科学研究与发展需求的推动下，元研究（Meta Research）被引入各

---

① 张莉、蒋淑君、宋晶：《新闻框架如何影响"一带一路"传播效果——一项中外比较的实验研究》，《新闻记者》2019年第6期。
② 刘滢：《从七家中国媒体实践看海外社交平台媒体传播效果评估》，《中国记者》2015年第7期。

类研究活动,指的是"以科学的研究活动和研究结果为对象而进行的再研究,亦称为研究的研究",成了元科学的基本研究手段。从元研究的反思性逻辑出发,统计学家发展出一种将定量分析和定性分析相互结合的元分析(Meta-analysis)方法,元分析是一种复杂的研究方法,综合了多个同类研究的结果,是对研究效应进行定量研究的系统方法,Ellenberg 认为,元分析能够对相互独立且具有相同研究目的的各类研究结果进行定量分析,剖析其中的差异化特征,对结果进行综合性评估。① 简单来说,元分析通过严密的研究设计和科学的方法对已有的研究进行全局性、系统性的定性和定量分析,通过对已有数据的挖掘,弥补了传统的文献研究方法中缺乏系统原始数据收集、缺少综合定量和定性分析步骤、简单罗列已有结果、结果过于武断等缺点,提升了整体的研究效率,有利于研究者在其中发现问题。

本报告对"对外传播效能"2023~2024 年所累计的研究成果进行科学评估,按照元分析的逻辑、步骤,对"对外传播效能"领域的文献进行全面检索,设置明确的文献筛选标准,系统考察研究对象、理论、方法、技术等因素对于分析结果所造成的影响,对纳入元分析的研究文本进行规范性评价和审视,从而回答以下的研究问题。

Q1:在对学界、业界涉及"对外传播效能"的样本进行评估后,所获得的综合结果是什么?

Q2:学术界、业界在"对外传播效能"研究中所存在的问题与未来发展趋势如何?

为回答第一个问题,报告采用"定量元分析"对"对外传播效能"领域所包含研究中涉及的量化评估结果进行定量层面的合并和分析。同时,报告采用"定性元分析"的方法来回答第二个问题,按照元分析方法的步骤、逻辑提炼出研究对象的各项质性要素,对该领域现存的问题以及未来的发展

① Ellenberg, Susan S. "Meta-analysis: the quantitative approach to research review." *Seminars in oncology*, Vol. 15. No. 5. 1988.

趋势进行综合分析与归纳总结。

（1）数据收集与筛选

报告首先对2023年1月1日至2024年9月5日，围绕"对外传播效果"主题进行研究的中英文学术期刊论文进行全方位搜索。在中文文献的检索中，首先选取中国知网（CNKI）数据，将CSSCI来源期刊和北大核心期刊设置为检索范围，将"对外传播效果"作为关键词进行检索获得474篇初始论文，后人工进行细读，删除新闻通讯、编者寄语、思辨性文章等不符合元分析标准的内容，筛选出46篇包含具体研究对象、数据与结果分析的论文。然后，通过皮书数据库，将"对外传播效果"作为关键词进行检索，将时间范围设置在2023~2024年内，通过人工筛选获得14篇与对外传播效果相关的报告，从而补充业界对于该领域研究的内容和数据进行分析。通过汇总，一共获得60篇符合要求的中文文章与报告。

英文文献检索主要选取Web of Science的SSCI核心数据库，设定检索词为"China international communication""China global communication"，分别组合"effect""strategy"等词进行检索，时间选择2023年、2024年两个年份。在经过初步的检索后，获得167篇初始论文，然后对检索结果进一步筛选，通过人工识别的方法，剔除与研究主题无关或相关性较低的数据，并筛选出符合相关研究要求的样本。最后，审核筛选出的样本，依据其引文文献进行回溯，补充遗漏内容，确保数据收集的有效性与全面性，获得14篇符合元分析逻辑的英文论文。

（2）定量内容分析与定性内容分析

报告对74篇样本材料逐一进行定量与定性内容分析，并对文本内容进行了编码。定量分析的编码项包括：文章/报告发表年份、研究对象及其数量、数据收集的时间跨度与效能评估的量化结果等指标；定性分析编码项涵盖了文章/报告的理论框架、研究方法、数据来源、分析软件，以及作者文章/报告的研究不足与限制等内容。

在对定性、定量内容进行指标化时，其效能评估的标准是不同的，为了能够统一标准、单位从而进行后续计算，报道引入了胡悦、赵梓涵所提出的综合效能指数（Composite Efficiency and Competence Index，简称 CECI），以此来对样本文章/报告中的研究结果进行综合考察与量化评估。[1]综合效能指数是对评估结果的再评估，也就是对样本中的多元传播主体进行具体评价，指标包括了传播数量频次、内容质量优劣、表达的立场态度、建构策略效度、传播造成的影响与传播者在传播网络中拥有的结构性权力大小。报告对每个数据样本的上述六个方面的评估结果进行整合，采用了七度量表进行统一打分：非常正面=3，比较正面=2，少量正面=1；客观或多元复杂=0；少量负面=-1，比较负面=-2，非常负面=-3。在进行初步打分后，对综合效能指数进行计算，具体计算公式为：CECIN_ M＝PECIN_ M+NECIN_ M。在公式中，CECI 指代综合效能指数，PECI（Positive Efficiency and Competence Index）指代正面效能指数，NECl（Negative Efficiency and Competence Index）指代负面效能指数；N_ M 则是文章编号，若 N=1，表示数据样本为中文文献，若 N=2，则表示数据样本为英文文献，M 是按照论文/报告发表时序排列的样本序号。在对所有中英文文献、报告进行编码获得数据结果后，我们对定量数据进行了综合统计分析，对定性数据进行了综合质性分析，通过整合量化、质化数据来回答研究问题。

（3）信度与效度

报告需要保证定量编码与定性编码两个维度的信度。报告由两名编码员共同进行编码，在进行正式编码前，选取 20%的样本，两人分别对其进行编码，以此进行编码员之间的信度测试。通过 SPSS 软件对样本编码结果进行分析，Kappa 系数为 0.895，说明两名编码员在定量编码结果上保持了较好的一致性和可靠性。针对定性编码中的不一致结果，编码员在对照后进行讨论，从而达成一致意见，并根据讨论过后的结果制定详细的编码规则，以此来提高定性编码结果的信度。随后两名编码员便开始了正式编码，分别完成了剩余样本中的一半编码工作。当两名编码员完成全部数

---

[1] 胡悦、赵梓涵：《"一带一路"国际传播效能元分析（2013-2022）》，《当代传播》2023 年第 6 期。

据的编码后，便对编码结果进行相互检查，对结果不一致的指标进行讨论、复盘与修改，将达成共识的编码结果进行整合。在样本数据的效度上，本报告所引用的综合效能指数通过了五位新闻传播与信息科学领域专家的独立评估，专家通过五度量表对10个项目进行打分，最终获得1.6的均值分，专家比较认可综合效能指数的计算、评估方法，证明该编码项具有良好效度。

2. 研究发现

通过统计，对2023～2024年对外传播效果展开研究的实证类中英文文献、报告共有74篇，其所评估的主体包括三类，一是中国政府、媒体、企业和民间组织；二是境外媒体（及其所代表的国家）；三是外国受众。多元主体对外传播效果的"综合效能指数"均值为1.42（最高分为3，表示非常正面；最低分为-3，表示非常负面；以下同），说明对外传播实践在全球范围内获得了总体平衡偏正面的评价（见表1）。

表1 定量元分析统计数据

多元主体	论文/报告数量	论文/报告中研究样本及数量		综合效能指数均值
中国政府、媒体、企业、民间组织	46篇	中国政府	8次	2.07
		中国媒体机构	超65家	
		中国媒体机构文本	超21771篇	
		中国企业	59家	
		民间组织	3次	
境外媒体	23篇	其他国家或地区	超48次	0.31
		境外媒体机构	超860家	
		境外媒体机构文本	超37701篇	
		境外社交媒体文本	超442386条	
外国受众	8篇	外国受众	3394人次	0.83
总计		74篇*		1.42

*部分论文、报告含有多个主体。

（1）传播者效能：政府主导，视频成为重要内容媒介

研究样本中共46篇论文、报告（61%）对中方作为传播者、倡议者

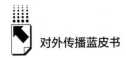

的对外传播效果进行评估，评估对象包括中国政府（11篇，23.91%）、中国外宣媒体（26篇，56.52%）、中国企业（5篇，10.87%）与民间组织（4篇，8.70%），综合效能指数平均分为2.07，意味着学界、业界对于中方作为对外传播主体持比较正面的评价。具体包括以下几个方面：①传播主体多样化，不仅包括了政府、外宣媒体等官方主体，还将企业、民间组织纳入评估当中；②传播渠道多元化，囊括了报纸、社交媒体、线下活动等多种渠道；③议题设置效果明显，为讲好中国故事打好坚实的基础。可以说，这46篇研究样本对中国对外传播实践的具体实施效果、价值理念和意义作用进行了全局性解读，中国在对外传播领域取得了显著的成就。

具体来说，中国政府的对外传播实践活动集中在城市传播、特色外交活动、全球性体育赛事等方面。在具体的城市对外传播效果中，张力、曹家铭利用了中国城市海外影响力指数、中国城市海外社交媒体传播力指数等数据库，对北京2023年的对外传播的现状、特征与改进之处进行了全面性总结，通过科技赋能城市传播、推动北京品牌在对外传播中破局、发挥民间建构城市形象等特色实践，北京的对外传播效果在全国居于前列。① 在特色外交活动中，Mingze等研究者对中国外交部官方英文网站的500篇文章进行了语料库建构与分析，结果表明，中国的特色外交活动包括"一带一路"、人类命运共同体构建、互联网治理、投资贸易等20个层面。中国特色外交旨在全球树立积极的形象，提高中国在国际社会中的地位。外交活动不局限于建构和其他国家的双边关系，还延伸到联合国等多边论坛，积极参与全球治理和决策进程。② 在全球性体育赛事的宣传中，则是以成都大运会作为个案研究，通过体育赛事，拉近了中国与全球受众的距离，多维度地展示了中国的城市形象

---

① 张力、曹家铭：《2023年北京城市国际传播研究报告》，载刘波主编《北京蓝皮书：北京国际交往中心发展报告（2023~2024）》，社会科学文献出版社，2024，第152~162页。

② Liu, Mingze, Jiale Yan, and Guangyuan Yao., "Themes and ideologies in China's diplomatic discourse-a corpus-assisted discourse analysis in China's official speeches." *Frontiers in Psychology* 14（2023）：1278240.

与文化涵养。政府作为对外传播的推动者，能够通过多元的方式塑造国家形象、传播国家文化，但是需要注意国外受众在内容、叙事等层面的接受度。[①]

从传播内容来说，视频成为一种重要的媒介，共 10 篇论文、报告将视频作为研究对象来讨论对外传播效果。CGTN 出品的纪录片、电视节目成为对外传播实践的标杆，在多个维度提高了对外传播的效能。在中国乡村青年形象塑造上，CGTN 推出了微纪录片《田野上的青春》，从外在样貌、性格脾性、精神气质、价值实现四个维度对外塑造了中国青年有素质、肯吃苦、敢创新的形象。[②] 在对外传播的叙事创新中，CGTN 阿拉伯语频道的《诗印初心》节目以诗为媒，以中阿诗歌作为交流的渠道，采取"短而精""小而美"的融媒叙事策略，推动中阿命运共同体的形成，为我国对外传播的多元叙事策略贡献了成功经验。[③] 其他媒体机构也在对外传播中起到了重要的作用，《新民晚报》出品的融媒产品《百年大党——老外讲故事》，通过采访访华的工作人员、旅游者，以"他者"的视角来建构一个客观、真实的中国，倡导"自我陈述"与"他者叙事"的相互结合，在叙事主体、叙事内容和叙事方式上对讲好中国故事进行了创新，100 集的剧集已经在海外收获了超过 1 亿次的播放量。[④] YouTube、TikTok 等短视频平台的风靡改变了受众的媒介消费模式，通过视频进行对外传播能够提高用户的内容接受度，为国外受众提供了体验、理解中国的场景和意义空间。

（2）外媒效能：总体呈正面效应，国家之间存在较大差异

样本中共有 23 篇论文、报告对境外媒体中的对外传播效果进行了评估，其中 11 篇聚焦于国外的传统媒体文本，10 篇侧重评估社交媒体中的数据与

---

① 戴骋：《城市国际传播的实践困境与效能提升——以成都大运会为例》，《传媒》2023 年第 21 期。

② 王超群、廖明珠：《对外传播中的中国乡村青年形象塑造研究——以微纪录片〈田野上的青春〉为例》，《电视研究》2023 年第 8 期。

③ 刘丹、穆殊丹：《以诗共情：对外传播中的共情叙事及创新启示——以 CGTN 阿拉伯语频道〈诗印初心〉为例》，《电视研究》2023 年第 6 期。

④ 张举玺、贾景裕：《讲述中国的"他者"之声：〈百年大党——老外讲故事〉叙事经验》，《新闻爱好者》2023 年第 2 期。

内容，另外 2 篇同时将传统媒体与社交媒体纳入了评估的范围。从这些数据中可以看出，中国的对外传播实践成为热点议题，激起了全球各国媒体的讨论。在这 23 篇样本中，呈现正面效应的有 13 篇（CECI 均值为 0.67），占比为 56.52%；呈现负面效应的有 10 篇（CECI 均值为-0.154），占比为 43.48%，部分样本中的主体同时呈现出正面效应与负面效应。境外媒体的综合效能指数均值为 0.31，代表着境外媒体对中国对外传播实践整体上起着平衡略偏向于正面的效果。

23 篇针对境外媒体的机构的研究可以从宏观、中观、微观三个维度进行划分，分别有 6 篇文章（26.09%）从宏观的世界范畴、2 篇文章（8.70%）从中观的区域范畴、15 篇文章（65.22%）从微观的个案（具体案例为具有国家属性的媒体）切入，对境外媒体中的文本进行研究。

在宏观层面，外国传统媒体机构的内容主要集中在中国"一带一路"、"双减"、外交等政治方面议题。周忠良、任东升建构了中英类比新闻语料库，中文媒体语料库由来自人民网、新华网、光明网的 60 篇报道组成，英文媒体语料库由来自美国、英国、澳大利亚媒体的 60 篇报道组成。在中外的叙事架构中，中国媒体倾向于将"一带一路"视为合作共赢、协和万邦、义利兼具的全球治理实践，国外媒体则称"一带一路"是一种自利排他的地缘竞争与全球性博弈。中外媒体的差异体现在报道所叙述的关系、战略、治理观念中。[①] 中外媒体在"双减"议题中也存在较强的观念差异，一项收集了 35 家中外媒体 119 篇"双减"报道的研究表明，中国媒体在对外传播中描绘出了"改革者""守护者""建设者"的教育形象，东方媒体所建构的形象集中在"受限者"和"限制者"两个层面，西方国家媒体则建构了更加负面的"取缔者"和"施压者"形象。可以说，国内外媒体在对中国教育形象的建构中存在非常大的差异，需要增加中国媒体在国际议程设置与对话沟通中的效能。[②]

[①] 周忠良、任东升：《国家话语的差异化架构：基于"一带一路"中外新闻语料库的对比》，《外国语文》2023 年第 3 期。

[②] 苏蕾、刘沫彤：《中外媒体"双减"报道中的中国教育形象：语义网络与诠释包裹的路径》，《西安外国语大学学报》2023 年第 2 期。

在境外社交媒体文本的研究中，内容体现在更加亲民的体育、贸易、文化等话题上，中国呈现出了更加正面的角色。张磊、高飞针对 Instagram 上粉丝数排在前 20 的中国体育明星账号进行研究，在资本、国家、文化三重张力的影响下，民族英雄的叙事退场、个人叙事成为主导，运动员更多地将国家符号隐藏在个人形象当中，以微观叙事的方式来呈现国家运动精神。[①] 张琛等则收集了国际媒体和社交媒体（Twitter 和 Facebook）中与第五届进博会相关的报道、推文，其中英文报道为 1199 条，推文 3435 条，主题主要集中在进博会在行业发展、经济贸易、产业合作中的促进作用，但缺少了文化交流层面的内容。[②] 可以看出，境外媒体对于中国宏观形象的建构存在较大的差别，机构媒体受到全球政治形势的影响，对中国保持着较大的刻板印象，社交媒体则更加友好，对中国在国际社会所做的贡献做出了理性讨论，中国的对外传播实践在社交媒体上取得了较好的效果。

在中观层面，常波、初圣凯对 YouTube 德语区与北京相关的 616 个视频进行分析，内容倾向上，正向的信息远远大于负面信息，主题主要集中在历史、文化景观和城市生活上，从"他塑"的角度建构了一个正面的北京形象，但存在全面性不足的问题。[③] Morales 等则揭示了中国在葡语区的对外传播实践情况，他们收集了巴西旗手电视台与中央电视台联合制作的"Mundo China"节目，共 616 个视频、719 篇报道，结果显示，与巴西旗手电视台的合作让中央电视台在巴西塑造中国的大国形象上获得了更多的主动权，偏向于使用正面的框架来"讲好中国故事"。这种"共享出海"的对外传播模

① 张磊、高飞：《网络与团结：平台世界主义视域下中国体育明星的国际传播》，载高伟、姜飞主编《全球传播生态发展报告（2023）》，社会科学文献出版社，2024，第 234~250 页。

② 张琛、谢寿光、张俊文：《中国国际进口博览会国际媒体传播影响力报告（2022）——基于大数据信息建模与仿真研究》，载上海研究院项目组研创《中国国际进口博览会发展研究报告 No.5》，社会科学文献出版社，2023，第 64~92 页。

③ 常波、初圣凯：《德语区视频社交媒体中北京国际形象提升路径——以 YouTube 为例》，载王磊主编《北京对外文化传播发展研究报告（2021~2022）》，社会科学文献出版社，2023，第 11~23 页。

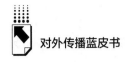

式使国外媒体在对中国进行报道时采用更加积极的描述方式，从而呈现出一个更加真实的中国。[①] 可以看出，想要提高在特定区域的对外传播效果，"他塑"与"共享出海"的方式具有较强的参考价值。

在多案例研究的15篇文章中，分别评估了38个国家的媒体报道（见表2），综合效能指数均值为0.31，共有29个国家的综合效能指数均值为正数，剩余9个国家为负数，研究样本中76%的国家对中国对外传播实践保持正向态度，中国的对外传播效果总体上属于平衡偏正面。从样本数量来说，美国媒体以6篇（占比为40%）获得了研究者们最多的关注，综合效能指数均值为0.36，同时存在着正面效应与负面效应，但总体上还是偏向于正面。美国的单边主义使中美关系的发展方向变得愈加模糊，这也导致了美国媒体在中国议题的叙事情感上带有强烈的偏见。从指标上来看，中国对外传播实践在乌拉圭取得了最好的效果（CECI均值为2.17），乌拉圭最大的主流媒体《国家报》对"一带一路""人类命运共同体"等中国的对外传播成就进行传播，在国际舆论上为中国进行了有力维护。[②] 在柬埔寨、老挝、缅甸、文莱和新加坡五个国家中，中国对外传播的效果最为负面（CECI均值为-0.33），其次是越南（CECI均值为-0.1）、泰国（CECI均值为-0.1）、菲律宾（CECI均值为-0.07）、印度尼西亚（CECI均值为-0.05），中国对外传播效果呈负面效应的国家均为东盟国家，其原因为中国与这些国家之间存在较大的经济制度距离，面临较强的传播阻力。[③] 总的来说，中国的对外传播效果与各国的经济制度、政治导向和文化价值息息相关，当中国与其他国家间的制度距离越靠近时，则能够取得更好的传播效果。

① Morales, Pablo Sebastian, and Paulo Menechelli, "Mundo China: The media partnership reframing China's image in Brazil." *International Communication Gazette* 85.1 (2023): 63-79.

② Morales, Pablo Sebastian, and Paulo Menechelli, "Communicating the authentic China: partnership agreements and the use of Chinese sources and voices by Brazilian media." *Chinese Journal of Communication* (2024): 1-17.

③ 谢亚可、向志强：《基于制度距离的中国对外传播分层策略》，《吉首大学学报》（社会科学版）2023年第1期。

表2　境外媒体（按国家）中对外传播实践的综合效能指数

国家	论文篇数	综合效能指数均值	国家	论文篇数	综合效能指数均值
美国	6	0.36	西班牙	1	0.66
俄罗斯	3	0.69	韩国	1	0.56
法国	3	0.63	尼日利亚	1	0.56
澳大利亚	3	0.32	意大利	1	0.49
德国	2	0.80	巴基斯坦	1	0.46
日本	2	0.76	乌克兰	1	0.46
南非	2	0.34	孟加拉国	1	0.38
马来西亚	2	0.09	希腊	1	0.36
印度尼西亚	2	−0.05	埃及	1	0.33
菲律宾	2	−0.07	秘鲁	1	0.32
泰国	2	−0.10	巴西	1	0.31
越南	2	−0.10	印度	1	0.31
乌拉圭	1	2.17	墨西哥	1	0.30
瑞典	1	1.18	土耳其	1	0.28
荷兰	1	1.16	柬埔寨	1	−0.33
加拿大	1	1.13	老挝	1	−0.33
英国	1	1.03	缅甸	1	−0.33
智利	1	0.88	文莱	1	−0.33
波兰	1	0.71	新加坡	1	−0.33

注：数据来源及计算方式见前文"数据收集与筛选"部分。

（3）受众效果：普遍持多元态度，媒介接触为主导因素

样本中共有8篇（10.8%）对国外受众开展了效果研究，通过问卷调查、对照实验等方式来考察国外受众对中国对外传播实践的认知和态度，在进行综合性分析和评估后，得出综合效能指数均值为0.83。其中4篇论文同时呈现了正面效应与负面效应（CECI均值为1.08），在接受调查、实验的受众当中，有相当大部分受众对中国对外传播实践表达了赞同、认可与支持的态度，同时也存在较多抱有负面情绪的受众，因此在对外传播实践中，受众效果的提升是一个重要的议题。仅有一篇论文呈现出负面的受众效果（CECI均值为−0.5），其余7篇论文呈现出正面受众效果（CECI均值为

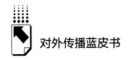
1.02），说明受众对于中国对外传播实践普遍持有多元化的态度，并倾向于以更加积极的态度来对待中国。

在8篇研究样本中，有7篇使用了问卷调查、实验法和大数据的研究方法。问卷调查集中在美国、俄罗斯、蒙古国、印度等11个国家，潘野蘅等基于对美国公众的在线调查（N=710），从气候治理的"战略传播"理论框架切入，发现美国公众对国家气候行动的认知与国家形象存在一定的差异，中美两国被认为是应对气候变化能力最强的国家，应担负起最大的责任。同时，中国气候行动在对外传播上存在较多欠缺之处，在气候领域，美国公众对中国的形象认知较为负面，存在较多刻板印象。① 另一项针对10个"一带一路"共建国家的研究通过线上与线下的方式回收了883份有效问卷，对中国电视剧对外传播中的"伦理同心圆"表意机制与实践成效进行考察，角色性别、精神面貌、演技评价、配音效果、演员知名度影响着表意系统的运作；叙事元素、叙事主题、剧情体验、文化体验、剧制宣传是影响"伦理同心圆"表意机制传播成效的重要影响因素。共同的价值与观念体验能够提高电视剧对外传播的成效。②

在实验法研究的样本中，两篇是以受众对中国与美国态度作为对照。随着近年来多边合作减少、大国关系"脱钩"加剧，公共外交在重建信任方面的潜力凸显。其中一项研究以中美关系为例，考察了感知可信度（perceived credibility）作为中介变量在不同国家态度改善策略中的影响，该实验采用2×2被试间因子设计（N=425），结果表明，美国在实验中呈现出积极态度时分为两种情况：一是同时接收到由中国正、负面信息交叉形成双面叙事内容；二是接触到由内群体（in-group）成员制作的与中国有关的媒体内容。当受众处于上述情境下，他们会认为这些信息具有很高的可信度。可以说，双面叙事和群体内叙述对获得信誉和增强说服力具有有益作用，但

---

① 潘野蘅、童桐、贾鹤鹏等：《中国气候治理的战略传播能力建设初探——基于美国公众调查的研究》，《全球传媒学刊》2023年第2期。

② 刘振东、宋巧丽：《中国电视剧对外传播的"伦理同心圆"表意机制与实践成效——基于十国问卷的实证考察》，《现代传播》（中国传媒大学学报）2023年第3期。

它们在媒介公共外交实践中的实施应经过精心设计。① 另一项研究中，Mohammad 等研究受众如何在 TikTok 中寻求满足感和参与度，他们在美国（N=148）和中国（N=150）进行了一项原始的用户调查，研究结果表明，寻求满足感更能驱使美国用户参与到中国的对外实践活动中，传播主体可以利用国外受众寻求满足感的欲望来制定更好的内容吸引与传播策略。②

在使用大数据方法的样本中，两篇论文均是针对平台中的用户评论进行分析。肖珺等收集了 2020 年 1 月 1 日至 2022 年 12 月 31 日在 YouTube 平台所发布的 70 个"刮痧"主题视频，清洗数据后获得 21480 条有效的评论文本，通过 LDA 主题模型进行混合研究，研究发现，中国、日本、美国、印度、印度尼西亚、英国等国家对刮痧体现出了强烈的接触紧密度，"刮痧"成了中国对外传播的一种方法，经由其在全球文化层面的传播，通过实际接触、人际接触、扩展接触、群际接触、想象接触等跨文化接触，为国外受众走出偏见提供了可行性方案。③ 同时，"洋网红"在互联网平台中的"转文化"传播实践也受到了关注，"郭杰瑞"成了其中的代表性人物。④

（二）2023~2024年我国对外传播实践的经验策略总结

1. 把握国家间的制度距离，制定分层对外传播策略

制度作为非地理空间距离，影响了中国与其他国家在信息交换、文化交流和社会交往中的效能，从而影响了目标国受众对中国国家形象的认知和评价。制度距离指的是国家之间在政治、经济制度上的差异。制度距离越小，

---

① Guan, Tianru, Yue Yin, and Yilu Yang., "Two–Sided Narration and In–Group Narrator: Examining the Effects of Different Strategies of Mediated Public Diplomacy," *International Journal of Communication* 18 (2023): 22.

② Shi, Jian, Mohammad Ali, and Fiona Chew., "Understanding gratifications for engaging with short-video: a comparison of TikTok use in the USA and China," *International Journal of Mobile Communications* 23. 2 (2024): 175–200.

③ 肖珺、张其云：《走出偏见：刮痧的新媒体跨文化传播启示——兼谈中医药文化对外传播的发展路径》，《未来传播》2023 年第 4 期。

④ 徐敬宏、张如坤：《何以圈粉？"转文化传播"的效果研究——以"洋网红"郭杰瑞为例》，《西南民族大学学报》（人文社会科学版）2023 年第 7 期。

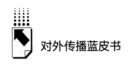

信息交流、文化交流的成本越低，传播效果越好；反之，制度距离越大，传播摩擦越大，效果越差。从报告对外传播的方式方法总结上，我们可以看出，中国政府和媒体机构已经基本完成了传播渠道的初步整合，接下来便是需要缩小与国外受众之间的制度距离，提升对外传播的效果。

不同国家与中国之间的制度距离是不一致的，需要根据制度距离来制定分层传播的策略。一是对不同受众国与中国之间的制度距离进行测量，在政治距离测量上，程曼丽等总结出了话语权与责任、政治稳定性、政府效率、监管质量、法治程度及控制腐败等六个维度的一级指标，为制度距离的测试提供了可执行的公式；[①] 在经济距离测量上，可以从世界经济自由度指数中选取各国经济自由度指标值，测量目标国与中国之间的经济制度距离。二是根据测量出来的政治、经济制度距离，对目标国家分别进行分层，确定某个国家分别在政治、经济制度上与中国的距离，从而制定分层对外传播策略。谢亚可、向志强对 32 个目标国进行测量，并将其分为低距离层、较低距离层、中等距离层、较高距离层、高距离层，中国应将低距离层、较低距离层中的国家视为对外传播的重点对象，当制度距离越小时，对外传播所获得的效果越大。从政治距离的角度来看，越南、泰国、俄罗斯、菲律宾、印度尼西亚是首选国家，从经济距离来看，乌克兰、越南、俄罗斯、埃及、孟加拉国是首选国家。[②]

2. 综合多重调查方法，精准定位国外受众需求

在对外传播实践中，精准传播、战略传播等多种传播模式获得了广泛应用，共同的重点便是通过各种方式方法获取用户的需求，从而有的放矢调整传播策略。在国内外的文献中，受众调查的方式具有明显的区分，国外传播者更多的是通过现有的普查数据、实验法、问卷调查来进行受众研究，尤其是通过实验法来对比中国与其他国家对外传播内容间的效果差异；国内传播者进行受众调查时集中在问卷调查与平台数据两个层面，通过线下与线上的方式发布问卷，或者收集平台中某个与中国相关话题的文字、视频内容进行

---

① 程曼丽、王维佳：《对外传播及其效果研究》，北京大学出版社，2011，第 43~47 页。

② 谢亚可、向志强：《基于制度距离的中国对外传播分层策略》，《吉首大学学报》（社会科学版）2023 年第 1 期。

内容、受众分析。总的来说，国内传播者所使用的受众调查方式较为单调、流于表面，很少有机会面对面与受众进行交流沟通，没有从深层次的心理层面挖掘受众媒介消费的动因、影响因素及其效果。

在进行受众调查时，需要综合多种调查方式来精准定位国外受众的需求，从而提高传播效能。一方面，中国数字技术的发展在全球处于领先地位，因此，传播者需要利用好技术上的优势，不仅是对平台中的内容进行大数据分析，还要追踪受众在线行为、浏览记录、社交媒体互动等，从中描绘出用户画像，明确不同用户的行动模式。另一方面，在进行问卷调查、网络调查后，需要结合深度访谈、观察法、焦点小组访谈、实验法等获得更加丰富和深入的定性信息，了解受众的真正看法、需求和动机。例如，在一项调查肯尼亚、尼日利亚和南非受众对中国媒体态度的研究中，研究者结合了多种调查方法描绘出了不同受众对中国媒体的态度。首先，研究通过两轮非洲晴雨表（Afrobarometer）的民意调查来获得受众对中国媒体态度上的改变。其次，研究者相继在 2017 年 12 月至 2018 年 2 月、2020 年 5 月至 8 月以及 2021 年 9 月至 10 月对肯尼亚和南非进行了三轮在线调查，收获了 5876 份问卷。研究表明，中国媒体的观看率呈持续增长的态势，但与 CNN 等国外媒体相比，受欢迎程度依旧处于劣势。[①] 国内传播者在进行受众调查时，还需要注意历时性，通过周期性的数据收集、分析，来描绘出受众的态度转变，从而对传播策略进行调整，更好地满足受众需求。

3. 与外媒形成合作矩阵，推动"共享出海"策略

传统的"借船出海"战略是将融媒产品放在国外平台上进行传播，例如购买当地电视节目某个时间段播放外宣内容，抑或在国外新媒体平台上传播内容供粉丝观看。"借船出海"为"讲好中国故事"拓宽了渠道，能够对接更多的国外受众，但是这种将内容照搬到各平台中的方式无法满足分众化的需求，在传播效果上有待提升。为了使出海的内容满足跨文化受众的需求，中

---

① Madrid-Morales, Dani, and Herman Wasserman. , "How effective are Chinese media in shaping audiences' attitudes towards China? A survey analysis in Kenya, Nigeria, and South Africa," *Online Media and Global Communication* 1. 4 (2022) : 671-696.

央电视台、新华社等陆续与多家国外知名的媒体组织进行合作，一方面是和国外的公共媒体签署合作协议，包括阿根廷的阿根廷公共电视台（TPA）、巴西的巴西通信公司（EBC）、秘鲁国家广播电视学院（IRTP）和委内瑞拉的Telesur 等；另一方面是和著名的私营媒体签署合作协议，包括巴西的 Globo Group 和 Bandeirantes Group、哥伦比亚的 Caracol 等。同时还组织媒体峰会，邀请各媒体参加中国的媒体课程，以此来促进媒体合作关系，形成外媒合作矩阵。当达成合作、联合制作和内容共享协议后，两国媒体共同创作内容、制定传播策略，可以说，中国与达成合作协议的外国媒体共享了一条船，中国媒体在讲好中国故事、塑造中国形象上获得了更多的主动权。

媒体的"共享出海"策略在拉丁美洲地区取得了良好的效果，中国从外部行为者转变为外媒日益紧密的合作伙伴，拓展了跨国媒体伙伴关系，影响了新闻制作的实践，包括信源的获取、报道框架的改变等。西班牙国家通讯社、墨西哥的《改革报》、Mural、Norte 等报纸将新华社作为权威消息来源，与中国有关的故事框架在意识形态上与中国更加接近，重塑了有关中国的全球对话，有助于中国获得重塑国家形象和对抗霸权叙事的权力。中国媒体要加大"共享出海"的力度，首先要保证与外媒的内容合作与共享，确保与中国相关的内容可以从本土化视角进行传播；其次是联合媒体平台，形成区域性的合作矩阵，降低对外合作的成本；最后是加快融入国际媒体生态，增加在全球媒体市场中的占比，从而获取对外传播的话语权。

4. 转变对外传播话语策略，提升外交战略软实力

大众传媒具有通过议程设置、说服和吸引等手段获得计划结果的能力，即"软实力"（soft ability），在过去的 20 年中，"软实力"这一概念在对外传播中获得了广泛使用，强调加强对外传播能力对提升中国国际形象、维护国家利益的重要性。[①] 若是以传播渠道的多元化程度来衡量，美国与其他少数西方国家长期占据全球传播优势，其他国家则处于劣势，然而，随着全球

---

① Hartig, Falk, "How China understands public diplomacy: The importance of national image for national interests," *International Studies Review* 18. 4（2016）: 655–680.

媒体领域中的信息、沟通鸿沟缩小，非西方观点的舞台正在出现。就中国而言，中国塑造全球舆论的能力正在上升，中国形象得到一定程度的提升，尤其是在一些发展中国家。在中美多方面竞争加剧的背景下，美国在全球范围内对中国进行话语对抗，中国的对外传播话语策略需要在全球紧张关系中做出调整，以此来提升外交战略的软实力。

一项针对《纽约时报》中环境新闻建构中国国家形象的话语分析研究表明，中国被塑造为一个以牺牲环境为代价追求经济增长的国家，一个善于展示治理决心但治理能力较差的国家。在国际舆论场中，西方媒体主导着竞争局面，美国通过对话语体系的控制持续污名化中国的国际形象，中国亟须建构属于自己的对外传播话语体系，以更加透明、丰富、积极的方式向全球观众展示其发展、治理成就，让世界看到中国所承担的大国责任。[①] 另一项研究中，Tang 对中国驻英国大使馆网站中与"中美贸易摩擦"有关的 23 篇评论文章进行了话语历史分析（The Discourse-Historical Approach，DHA）。结果显示，文章采用了他者化策略来进行话语实践，将美国建构为一个消极的他者，以此来衬托出中国的积极自我呈现，中国被建构为一个负责任的大国，是贸易战的无辜受害者，是世界经济秩序的伟大捍卫者，是开放与合作的坚定倡导者。中国和包括英国在内的盟友被建构为国际社会负责任的成员，有共同的敌人要对抗，有共同的价值观要守护。[②] 为了在国际舞台上树立积极的国家形象，更好地与国际社会在政治、经济、文化、治理问题上团结一致，中国需要主动出击，利用大使馆、联合国或其他国际组织等平台传播中国自我构建的国家形象，提升国家软实力与话语势能，促进国际社会更全面地了解中国的真实情况。

[①] Yang, Mei, and Ziwei Wang, "A corpus-based discourse analysis of China's national image constructed by environmental news in The New York Times," *Humanities and Social Sciences Communications* 10. 1（2023）：1-12.

[②] Tang, Liping, "Othering as mediated soft-power practice: Chinese diplomatic communication of discourse about China-US trade war through the British press," *Discourse，Context & Media* 51（2023）：100669.

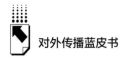

5. 强化传统文化场景化表达，推动中国故事多样化叙述

在对外传播中，中国注重通过文化软实力的输出影响国际舆论。通过推广中国电影、音乐、文学以及孔子学院等形式，将中国的传统文化与现代文化推向国际舞台。但目前，中国文化产业处于劣势，传播技术明显落后于美国等西方国家，跨文化传播理念也趋于陈旧。一项针对非主流媒体对外传播实践的研究表明，与传统媒体相比，非主流媒体更贴近人们的生活，更能引起受众的共鸣。非主流媒体平台的内容多样，能够以更具吸引力、更精致、更有创意的方式呈现传统文化，满足受众对独特内容的需求。非主流媒体被视为传播传统文化的有效工具，对增进国际文化交流与理解具有积极作用。[①] 因此，在讲好中国故事的具体实践中，可以从非主流媒体的视角出发，塑造中国现代化形象、推动文化交流和互鉴。

非主流媒体优势在于通过强化传统文化场景化表达，来推动中国故事的多样化叙述。以《原神》为例，它将中华文化的各类文化符号，例如诗词、戏曲、服饰、饮食等，以可视化、具象化和感知化的方式展现给海外玩家，玩家通过游戏中的角色、任务、场景，与其他玩家进行社群互动，逐渐形成对中华文化的情感记忆和认同感。《原神》通过将中国文化元素嵌入游戏设计，使玩家获得了互动式、沉浸式体验，帮助玩家更深入地理解和接受中华传统文化。[②] 非主流媒体同时还包括各种民间组织、演出机构、智库等，中国广播艺术团在过去几年"出海"访问演出场次稳步增长，在纽约林肯艺术中心、华盛顿肯尼迪艺术中心等世界级艺术殿堂上带来"欢乐春节""舞动中国"等节目，覆盖人群超过 2000 万人；中国智库数量位居全球第二，在传播工作者、学者等社会主体的参与下，成为文化传播过程中强有力的"中介"；腾讯、字节跳动等中国头部科技公司已经具备与谷歌、Facebook、微软等国际科技巨头抗衡的实力，将游戏和社交

---

① Chen, Xiaoxue, "Research on the Practice of Spreading Chinese Traditional Culture Abroad through Non-Mainstream Media," *Academic Journal of Humanities & Social Sciences* 7.4（2024）.

② 朱丹红、武艳：《从网络游戏〈原神〉看中华传统文化的符号化对外传播》，《出版发行研究》2023 年第 11 期。

作为海外市场战略的主战场。在非主流媒体的对外传播实践中，要以开放、诚信、平等为价值取向，与海外受众之间形成一种"共同体边界"，通过传播符合全人类的共同价值观，来弘扬中华优秀传统文化精神。在以市场力量为主导的实践活动中，充分调动各类资源对中华文化全球传播的积极性。

二 机遇与挑战并存：2024~2025年中国对外传播的展望

（一）中国自身稳定发展是影响对外传播成效的决定性因素

2023年，我国国际传播工作持续取得新进展，致力于塑造一个可信、可爱、可敬的大国形象，主场外交活动亮点频现。"一带一路"倡议提出10周年之际，我国成功举办了第三届"一带一路"国际合作高峰论坛，并推动金砖国家扩员取得新成果。同时，借助杭州亚运会、成都大运会等国际赛事，我国进一步向全球展示了良好的国家形象。此外，我国不断加强国际科技交流与合作，积极参与全球科技治理和规则制定。在推动文化"走出去"方面，我国也取得了显著成效，国产影视剧、网络游戏、网络文学、数字文化遗产等文化产品纷纷"出海"并广受好评，有效地提升了中国文化的海外传播力和影响力。后疫情时代，我国经济稳步增长，中国特色大国外交在世界舞台上奏响了交响乐。中华文明为构建人类命运共同体注入了强大的文化力量，改革开放进一步深化。[1] 事实上，中国自身的稳定发展将会是影响未来对外传播成效的决定性因素。在面对外部环境的"风高浪急"时，内部的"我自岿然不动"是为我们开展对外传播活动、进行我国国际传播能力建设的底气和基石。

---

[1] 郭晓科、应志慧：《2024年我国国际传播的关键变量与重点议题前瞻》，《对外传播》2024年第1期。

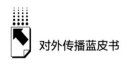
（二）地缘政治与全球经济危机是威胁对外传播的双重变量

中美之间的地缘政治博弈是影响我国对外传播外部环境最关键的变量。作为世界上最重要的双边关系，中美关系的走向在很大程度上影响了当今的世界秩序。[①] 在全球范围内，全球地缘政治博弈也呈现出加剧的态势。据路透社报道，全球将近一半人口的国家、超过 20 个经济体在 2024 年举行选举，政权的更迭将重塑全球地缘政治格局与秩序。与政治因素并行的是全球经济危机，全球债务已经达到了创纪录的水平，信用评级公司标准普尔全球（S&P Global）警告称，美国、法国和其他七国集团（G7）的政府或将无法在"选举周期的现阶段"停止债务上升。相关国家的财务扩张风险使全球经济极易受到金融风暴冲击。[②] 基于企业开展的对外传播情况也因此而不容乐观。

随着地区冲突迫在眉睫、极端主义风险上升、政治联盟摇摆不定以及对未来经济发展的不确定性，中国需要在保证"发展、安全、文明"的前提下进行对外传播，坚持发展，优先解决全球发展不平衡、不充分的问题；坚持共同合作、可持续的安全观，在尊重各国主权的情况下进行充分的协商对话；在尊重全球文明多元化的背景下以不同的发展思路来进行对外交流与合作。[③]

（三）人工智能技术为对外传播实践带来了机遇与挑战

在全球化与信息化交织的当下，人工智能技术，特别是以 ChatGPT 为代表的生成式 AI，正以前所未有的力量重塑着对外传播的格局。这一技术革新为我国的对外传播带来了前所未有的机遇，也迎来了一系列复

① 郭晓科、应志慧：《2024 年我国国际传播的关键变量与重点议题前瞻》，《对外传播》2024年第 1 期。

② "How this year of elections is set to reshape global politics"，https：//www. reuters. com/graphics/GLOBAL-ELECTIONS2024/gdvzmkejkpw/，2024 年 7 月 9 日。

③ 刘志刚：《"三大倡议"：人类命运共同体理念的立体化呈现》，《新疆社会科学》2023 年第6 期。

杂的挑战。[①] 一方面，人工智能技术可以丰富对外传播的内容与形式。AI主播的引入使新闻报道能够跨越语言与文化的界限，实现多语种、多风格的即时播报，增强了国际受众的信息获取体验。AI作画与自动化新闻写作通过数据分析与创意生成，为我们的对外传播实践提供了更加丰富、多元的内容资源，有助于构建多维度的国家形象。另一方面，人工智能技术在国际传播中的应用也存在风险。技术垄断与偏见可能导致信息传播的不平等与片面性，加剧国际舆论场的分裂与对立。虚假信息的快速生成与传播对国际传播中内容的真实性与公信力构成了严峻挑战。如何确保人工智能技术在国际传播中的正向应用，防止其成为操纵舆论、误导公众的工具，成了一个亟待解决的问题。

总体来看，技术垄断和偏见、信息污染与失序、技术依赖与专业失守、数字鸿沟与数字素养赤字等方面的挑战加剧了做好对外传播实践的难度。积极参与人工智能技术的全球性协同治理，也将成为我国对外传播工作的一个重点。

（四）互联网平台的进阶式出海重构对外传播格局

近年来，以SHEIN、Temu、速卖通（AliExpress）为代表的跨境电商和以TikTok、百度、腾讯为代表的互联网企业与数字化平台的出海步伐不断加快，并且在类型、模式、生态等方面呈现进阶式出海的态势，通过积极的全球化战略和本地化运营，逐渐改变了西方国家传统社交媒体平台（Facebook、X、Instagram、Amazon等）主导的垄断格局。此种改变为国际社会带来了更为丰富的本土内容，促进了全球数字内容生态的多元化发展。中国互联网平台出海逐步重塑了国际互联网生态格局，我国的对外传播实践也逐渐脱离了官方传播主体一贯秉持的"以我为主"的叙事理念，逐渐转向以中外社会各界多元化主体共同参与叙事的"你我共融"风格。在原本的媒体传播渠

---

① 郭晓科、应志慧：《2024年我国国际传播的关键变量与重点议题前瞻》，《对外传播》2024年第1期。

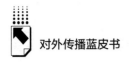

道与多元数字平台"同声共振"的媒介环境下，国际传播场域中的各类信息流动开始呈现出跨平台流动性特征。借由国际化数字平台来开展的中国对外传播实践，多元主体在包括短视频平台、电商平台、网络文学平台、游戏平台等渠道中进行内容共创、传播，有望共同促进中国特色与全球价值的繁荣发展。

互联网企业与数字平台的进阶式出海也可能带来负面影响。在对外传播实践中，中国的互联网企业与数字平台在国际社会以"他者"的身份存在，在文化、制度、地理和经济差异的影响下，平台难以渗透到国际社会的深层交往活动中。这使中国的互联网企业与数字平台在平衡多元价值、协调多重身份、协同多元主体、细分多层对象、融通多样话语、创新多模态手段等方面面临着一系列的挑战。随着近年来各国加紧对数字平台的监管，言论自由、有害信息、算法及数据安全等都成为亟待解决的问题。①

（五）地方国际传播中心扮演区域交往中的融合性角色

随着全球化的不断加速，地方国际传播中心在促进区域性对外交流合作中扮演的角色愈发关键。② 为了更好地适应这一趋势，地方国际传播中心将会在发挥好自身对外传播的媒体职能的基础上，进一步明确自身定位，成为对外传播领域的融合型角色。在文化展示、经济合作、民间外交、区域治理与人才培养等多个领域发挥重要作用。通过不断创新和完善自身功能与服务，地方国际传播中心将为地方乃至国家的对外开放和国际合作贡献更大的力量。

一是地方国际传播中心成为地方特色文化的展示平台。地方国际传播中心可整合与协调各类文化节、艺术展览和民俗活动，通过多媒体、数字化等手段，向世界其他地区展示该地区的独特文化精髓。能够增强地方文化的国

---

① 邱凌、穆静：《数字平台进阶式出海：中国国际传播新场景》，《中国出版》2024 年第 16 期。

② 张甿璠、陈卓：《区域性国际传播建设的现实图景与未来展望》，《传媒》2022 年第 13 期。

际影响力，激发国际社会对地方文化的兴趣和认同，促进文化交流与互鉴。二是地方国际传播中心成为促进区域经济合作的加速器。利用自身的资源和渠道优势，搭建政府、企业与国际合作伙伴之间的沟通桥梁，推动区域经济合作项目落地实施，促进区域经济繁荣发展。通过发布区域经济发展报告、投资指南等信息，地方国际传播中心能够吸引外资关注并参与到地方经济建设中。三是地方国际传播中心在民间外交中起到桥梁作用。通过民间渠道加强与国外地方政府、非政府组织、社会团体等的交流与合作，为地方与国家层面的外交关系注入更多正能量，推动构建更加和谐的国际关系。地方国际传播中心积极组织并参与各类民间交流活动，如文化交流节、教育合作论坛等，增进国际社会对地方的了解和友好感情。四是地方国际传播中心成为区域治理与国际合作的智囊团。依托专业的研究团队和丰富的信息资源，地方国际传播中心能够深入分析区域治理面临的挑战和机遇，提出切实可行的政策建议，积极参与国际治理规则的讨论与制定，为地方乃至国家在国际事务中争取更多话语权和影响力。通过提供智力支持和策略指导，助力地方实现更高水平的区域治理和国际合作。五是地方国际传播中心致力于构建教育与人才培养的国际合作网络。通过推动地方高校与国际知名教育机构的交流合作，引进优质教育资源和技术，加强与国外职业培训机构的联系与合作，为地方培养具有国际视野和专业技能的人才。建立了完善的国际合作网络，为地方经济和社会发展提供有力的人才保障和智力支持。

（六）主流媒体与智库媒体引领国际对话与舆论导向

在全球化和信息化日益加深的今天，主流媒体与智库媒体在国际舞台上的作用愈发凸显，它们不仅是信息传递的重要渠道，更是国际对话和舆论引导的关键力量。未来，主流媒体与智库媒体将更加积极地参与到国际事务中，成为国际对话的直接参与者及舆论的引领者。一方面，主流媒体将成为构建国际话语权的核心力量。凭借其在信息传播方面的独特优势，能够迅速将中国声音传递到世界各地。未来，主流媒体将进一步提升其国际传播能力

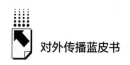
和影响力，通过多元、深入、客观地报道，展示中国的发展成就和全球贡献，积极参与国际议题的讨论和塑造，增强中国的国际话语权。另一方面，智库媒体将会成为重要的对外传播话语协同力量。智库媒体作为专业的政策研究和咨询机构，拥有深厚的学术背景和丰富的实践经验，能够在国际对话中发挥独特的协同作用。未来，智库媒体应加强与主流媒体的沟通与合作，共同推动中国声音在国际舞台上的传播。

总体来看，主流媒体与智库媒体在全球化和信息化日益加深的未来将扮演更加重要的角色。它们不仅是中国声音的传递者，更是国际对话和舆论引导的关键力量。通过深化合作、协同创新，主流媒体与智库媒体将共同推动中国在国际舞台上发挥更加积极和重要的作用。

（七）民间叙事将成为对外传播话语实践的中坚力量

在全球化日益加深的今天，传统的官方叙事体系在国际传播中依然占据重要地位，但随着社交媒体的普及和民间交流的频繁，普通民众自发实践的民间叙事正逐步崭露头角，成为国际传播话语中不可忽视的中坚力量。例如，2023年贵州"村BA""村超"的持续火爆，不仅在国内掀起了一股全民参与的热潮，更在国际舞台上展现出中国基层文化的独特魅力，为构建新的国际传播叙事体系提供了生动的实践案例。"村BA"与"村超"的火爆并非偶然，它们背后蕴含着深刻的逻辑与规律，贵州乃至全国人民对体育运动的深厚情感与热爱，群众对现代篮球和足球文化的热情拥抱与积极参与，使现代性叙事与民间叙事在相互碰撞中产生了化学反应。在政府的引导下，乡镇、村寨、社区广泛参与到这一新兴的文化活动中，共同编织了一幅幅生动的基层体育文化画卷。而自媒体与年轻人的加入，更是为这一画卷添上了浓墨重彩的一笔，使之成为具有强烈人格化色彩与传播力的中国故事。①

展望未来，随着全球化的不断深入与社交媒体的持续普及，民间叙事的

---

① 邱凌、穆静：《数字平台进阶式出海：中国国际传播新场景》，《中国出版》2024年第16期。

话语模式将在国际传播中发挥越来越重要的作用。它将不再是官方叙事的补充或附庸，而是与其并驾齐驱、相互辉映的中坚力量。

三　提升我国对外传播效果的路径、对策与建议

在新时代背景下，提升我国对外传播效果需采取多元驱动的策略。首先，通过加强区域国别研究，精准理解不同国家和地区的文化习俗、价值观念和行为模式，形成体系化的传播理论，为精准传播提供坚实基础。其次，善用人工智能等数字技术，以"平台世界主义"理念在跨国数字媒介平台上开展对外传播，增强国际影响力和话语权。最后，注重轻巧化、共情化、场景化的传播方式，通过提炼核心信息、讲述共通人性的故事、构建贴近受众的传播场景，促进国际文明交流互鉴。在具体工作层面，需持续加强主流媒体国际传播能力建设，推动地方国际传播中心建设完善，鼓励智库媒体开展对外传播实践，为中国出海企业保驾护航，同时活化和激发民间组织与社会个人的传播活力，形成全方位、多层次的对外传播格局，全面提升我国对外传播效果。

（一）提升我国对外传播效果的路径策略

1.加强区域国别研究，精准提升对外传播效果

在新时代背景下，我国对外传播工作面临着更为复杂多变的国际环境，如何精准地提升对外传播效果，成为亟待解决的重要课题。为此，加强区域国别研究显得尤为重要。深入了解不同区域和国家的政治、经济、文化、社会等背景信息，更加精准地理解目标受众的文化习俗、价值观念和行为模式，厘清潜在的传播障碍和机遇。具体而言，可以通过设立专门的区域国别研究机构，汇聚跨学科的研究力量，对重点国家和地区进行长期跟踪和深入研究，形成体系化的区域国别传播理论。同时，加强与海外智库、媒体、研究机构的合作与交流，拓宽信息来源渠道，提升研究的广度和深度。此外，还应注重培养具备区域国别研究素养的对外传播人才，为精准提升对外传播

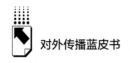

效果提供坚实的人才保障。^①

2. 善用人工智能等数字技术,以"平台世界主义"开展对外传播

随着人工智能等数字技术的迅猛发展,国际传播格局正经历着深刻变革。善用这些技术,以"平台世界主义"^②的理念在跨国数字媒介平台上进行充分、平等的文明交流互鉴,将会成为新时代下提升我国对外传播效果的重要途径。具体来说,应积极参与跨国数字媒介平台的建设和运营,与全球用户进行互动和交流,提升我国在国际传播领域的影响力和话语权。此外,还应加强与国际知名科技公司的合作,共同探索人工智能等数字技术在国际传播领域的应用和创新,推动形成更加开放、包容、共赢的国际传播新生态。^③

3. 注重采取轻巧化、共情化、场景化的国际文明交流互鉴方式

在新时代下,提升我国对外传播效果,需要技术和平台的支持,还应注重传播方式的创新。轻巧化、共情化、场景化的传播方式,能够有效促进国际文明交流互鉴,增强我国文化的国际影响力和感召力。首先,轻巧化传播强调内容轻量、形式简洁、叙事巧妙,使信息更加易于理解和接受。通过提炼核心信息,采用简明扼要的语言和清晰的形式,快速吸引海外受众的注意力,降低文化理解的难度,从而提升国际传播效能。^④其次,共情化传播则注重在传播过程中激发受众的情感共鸣,增强传播的亲和力和感染力,通过讲述普通人不普通的故事,展现共通的人性,共情化传播能够跨越文化和语言的障碍,促进不同文明之间的理解和尊重。^⑤最后,场景化传播强调在特

① 姬德强、张毓强:《"双向奔赴":国际传播学与区域国别学的理论互鉴》,《对外传播》2024 年第 2 期。

② 史安斌、朱泓宇:《迈向"平台世界主义":数智时代国际传播前瞻》,《对外传播》2024 年第 1 期。

③ 方兴东、何可、谢永琪:《Sora 冲击波与国际传播新秩序——智能传播下国际传播新生态、新逻辑和新趋势》,《对外传播》2024 年第 4 期。

④ 张铮、刘宝宇:《轻巧化传播:流行文化"出海"的策略与启示》,《对外传播》2024 年第 6 期。

⑤ 邓建国、黄依婷:《以情动情:人工智能时代的对外共情传播》,《对外传播》2023 年第 6 期。

定场景下进行有针对性地传播，使信息更加贴近受众的实际生活和需求。通过构建符合目标受众文化背景和心理预期的传播场景，增强受众的代入感和参与感，提高传播的互动性和传播效果。①

（二）提升我国对外传播效果的建议

1.持续加强主流媒体对外传播能力建设

一是不断提升国际议程设置能力。应加强国际议题的研究和预判，提升在国际事务中的议程设置能力，引导国际舆论朝有利于中国的方向发展。二是持续创新报道内容和形式。鼓励主流媒体采用多元化、多模态的传播手段，增加国际受众的参与感和认同感，提升报道的吸引力和影响力。三是加大对外传播人才的培养力度，尤其是在国际视野和跨文化沟通能力层面，从而提高主流媒体在对外传播中的专业性和竞争力。

2.持续推动地方国际传播中心建设完善

各地国际传播中心应根据自身特色和优势，进一步明确战略定位，避免内容重叠和功能重复，形成差异化竞争优势。推动和加强对外传播资源整合，尤其是跨区域、跨部门的资源整合，实现信息共享和优势互补，提升对外传播的整体效能。拓展国际合作，加强与国外地方政府、非政府组织、社会团体等的交流与合作，推动民间外交，为官方外交提供有力补充。

3.推动智库媒体踊跃开展对外传播实践

一是制定智库媒体国际化的顶层发展战略。鼓励各大智库媒体制定具有前瞻性的国际化发展战略，明确目标受众和传播策略，提升在国际社会中的话语权和影响力。二是加强研究成果的国际化传播。鼓励智库媒体在国际化的主流媒体和社交媒体上发布研究成果，参与全球性议题的讨论，提升智库媒体的国际知名度。三是推动智库媒体的全球合作，与国外其他智库媒体共同开展研究项目，提升我国智库媒体在全球治理中的参与度和影响力。

---

① 史安斌：《议题·思维·场景：2022年中国对外传播研究回顾与实践前瞻》，《对外传播》2023年第1期。

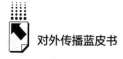

4. 为中国出海企业的对外传播“保驾护航”

进一步完善政策支持和指导，帮助企业应对国际市场的复杂环境和挑战，提升企业在国际市场的竞争力。鼓励企业加强品牌建设和文化传播，提升中国品牌的国际认知度和美誉度，促进中外文化的交流与互鉴。支持企业加强数字化平台建设，提升在全球范围内的数字化传播能力，打破地域和文化障碍，实现更广泛的国际传播覆盖。

5. 激发民间组织与社会个体的传播热情与活力

政府应鼓励民间组织积极参与国际事务，发挥其独特优势和作用，为构建人类命运共同体贡献力量。鼓励基层民众积极参与国际传播实践，通过地方性的、具象化的叙事来丰富主流叙事，提升中国故事的国际传播效果。也要加强对“洋网红”和“出海网红”的引导和支持，提升其专业素养和传播能力，扩大其在国际传播中的影响力。

参考文献

方兴东、何可、谢永琪：《Sora 冲击波与国际传播新秩序——智能传播下国际传播新生态、新逻辑和新趋势》，《对外传播》2024 年第 4 期。

张铮、刘宝宇：《轻巧化传播：流行文化“出海”的策略与启示》，《对外传播》2024 年第 6 期。

邓建国、黄依婷：《以情动情：人工智能时代的对外共情传播》，《对外传播》2023 年第 6 期。

史安斌：《议题 · 思维 · 场景：2022 年中国对外传播研究回顾与实践前瞻》，《对外传播》2023 年第 1 期。

姬德强、张毓强：《“双向奔赴”：国际传播学与区域国别学的理论互鉴》，《对外传播》2024 年第 2 期。

史安斌、朱泓宇：《迈向“平台世界主义”：数智时代国际传播前瞻》，《对外传播》2024 年第 1 期。

邱凌、穆静：《数字平台进阶式出海：中国国际传播新场景》，《中国出版》2024 年第 16 期。

张倓琫、陈卓：《区域性国际传播建设的现实图景与未来展望》，《传媒》2022 年第

13 期。

刘志刚：《"三大倡议"：人类命运共同体理念的立体化呈现》，《新疆社会科学》2023 年第 6 期。

郭晓科、应志慧：《2024 年我国国际传播的关键变量与重点议题前瞻》，《对外传播》2024 年第 1 期。

肖珺、张琪云：《走出偏见：刮痧的新媒体跨文化传播启示——兼谈中医药文化对外传播的发展路径》，《未来传播》2023 年第 4 期。

徐敬宏、张如坤：《何以圈粉？"转文化传播"的效果研究——以"洋网红"郭杰瑞为例》，《西南民族大学学报》（人文社会科学版）2023 年第 7 期。

胡悦、赵梓涵：《"一带一路"国际传播效能元分析（2013-2022）》，《当代传播》2023 年第 6 期。

戴骋：《城市国际传播的实践困境与效能提升——以成都大运会为例》，《传媒》2023 年第 21 期。

张举玺、贾景裕：《讲述中国的"他者"之声：〈百年大党——老外讲故事〉叙事经验》，《新闻爱好者》2023 年第 2 期。

刘丹、穆殊丹：《以诗共情：对外传播中的共情叙事及创新启示——以 CGTN 阿拉伯语频道〈诗印初心〉为例》，《电视研究》2023 年第 6 期。

王超群、廖明珠：《对外传播中的中国乡村青年形象塑造研究——以微纪录片〈田野上的青春〉为例》，《电视研究》2023 年第 8 期。

周忠良、任东升：《国家话语的差异化架构：基于"一带一路"中外新闻语料库的对比》，《外国语文》2023 年第 3 期。

苏蕾、刘沫彤：《中外媒体"双减"报道中的中国教育形象：语义网络与诠释包裹的路径》，《西安外国语大学学报》2023 年第 2 期。

谢亚可、向志强：《基于制度距离的中国对外传播分层策略》，《吉首大学学报》（社会科学版）2023 年第 1 期。

Morales, Pablo Sebastian, and Paulo Menechelli, "Mundo China: The media partnership reframing China's image in Brazil," *International Communication Gazette* 85.1 (2023): 63-79.

Morales, Pablo Sebastian, and Paulo Menechelli, "Communicating the authentic China: partnership agreements and the use of Chinese sources and voices by Brazilian media," *Chinese Journal of Communication* (2024): 1-17.

Guan, Tianru, Yue Yin, and Yilu Yang, "Two-Sided Narration and In-Group Narrator: Examining the Effects of Different Strategies of Mediated Public Diplomacy," *International Journal of Communication* 18 (2023): 22.

Yang, Mei, and Ziwei Wang, "A corpus-based discourse analysis of China's national image constructed by environmental news in The New York Times," *Humanities and Social Sciences Communications* 10.1 (2023): 1-12.

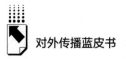
Tang, Liping, "Othering as mediated soft-power practice: Chinese diplomatic communication of discourse about China-US trade war through the British press," *Discourse, Context & Media* 51 (2023): 100669.

Chen, Xiaoxue, "Research on the Practice of Spreading Chinese Traditional Culture Abroad through Non - Mainstream Media," *Academic Journal of Humanities & Social Sciences* 7. 4 (2024).

创 新 篇

B.6

虚拟现实技术下的中华优秀传统文化
沉浸式传播创新策略*

程思琪 肖 榆**

摘 要： 本报告通过定性与定量相结合的方法，旨在探讨在新时代背景下通过虚拟现实技术实现中华优秀传统文化沉浸式传播的创新策略。基于人民网和巨量算数平台检索到的新闻报道、央视春节联欢晚会和中国国际电视台CGTN 的 YouTube 官方账号等相关内容，报告梳理了现阶段中华优秀传统文化的传播特征与应用状况，统计分析了影响中华优秀传统文化沉浸式传播的政策支持、市场规模、消费需求和技术发展四方面因素，总结了中华优秀传统文化的应用技巧。报告指出：对外展示的平台窗口、技术发展的产业体系、用户端的技术体验和优质内容设计开发四方面的不足，是中华优秀传统文化沉浸式传播创新所面临的主要问题。未来，中华优秀传统文化沉浸式作

---

* 本文系高水平大学专项资金项目"区域、国别视野下中华文化在海外的传播、影响及其启示"（项目号：88023361）的研究成果。

** 程思琪，暨南大学新闻与传播学院讲师，主要研究方向为新媒体与社会、媒介效果研究、认知神经传播学；肖榆，暨南大学新闻与传播学院硕士研究生，主要研究方向为对外传播。

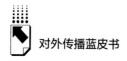
品的出海需要通过平台拓展、内容优化、理念升级、应用反哺、情绪共鸣等手段，实现进一步的提升。

关键词： 虚拟现实　中华优秀传统文化　沉浸式传播　传播技巧

一　传播现状

（一）中华优秀传统文化传播现状

中华优秀传统文化涵盖了哲学思想、文学艺术、民风民俗、中医中药、传统技艺、武术体育、建筑艺术等多个领域。这些领域的文化形态不仅承载了民族的历史记忆和社会生活，也通过园林、建筑、服饰、室内陈设和装饰物品等物质文化遗产，以及民族音乐、舞蹈、戏曲等表演艺术，还有刺绣、蜡染、剪纸、皮影等传统手工技艺，展现了中华民族的独特文化标识。习近平总书记在讲话中多次强调了弘扬中华优秀传统文化的重要性，他指出，这一文化是中华民族的精神命脉，我们必须致力于延续中华文明的血脉，推动其在创新中转化和发展。传播中华优秀传统文化的核心目标在于保护和传承中华民族的宝贵文化遗产、历史记忆和文化智慧，以此来增强民族的认同感和文化自信。此外，这也有助于增进全球文化的多样性，并促进不同文化之间的交流与理解。

研究者们将当前流行的"中国风"作品归纳为三大类别：首先是对中国传统经典绘画、文学作品等的重新诠释与创作；其次是以互动游戏为载体，将传统文化艺术元素巧妙融入游戏设计中；最后是通过具体的设计和艺术创新，重现或复原传统文化中的经典场景。①

---

① 彭文祥、张丁祺：《中华优秀传统文化在 VR 艺术创作中的审美转换及表征》，《现代传播》（中国传媒大学学报）2023 年第 12 期。

近年来，一些国风作品因其深厚的文化底蕴和创新的表现形式而广受欢迎。例如，北京广播电视台精心打造的《紫禁城》和《运河之上》等节目，深入挖掘了书画、中医、戏曲等非物质文化遗产资源。米哈游团队开发的网络游戏《原神》，以其独特的东方美学和文化特色，成为全球玩家的现象级产品。河南春晚的《唐宫夜宴》通过技术手段和古画场景的还原，生动展现了中华优秀传统文化的现代魅力，促进了文化的传承与发展，更将中华文化推向了世界舞台。

为了深入了解当前媒体和民众对中华优秀传统文化内容的关注点，课题组以"中华文化"和"传统文化"为关键词，设定时间范围为 2023 年 7 月至 2024 年 7 月，在人民网和巨量算数平台上进行了深入搜索。人民网的搜索结果主要反映了主流媒体对中华优秀传统文化的关注情况，而巨量算数平台则主要显示了短视频平台（如抖音）用户的关注度。通过对人民网的搜索结果进行日期抽样（选择每月第三周的周一），共收集到 155 篇新闻报道。对这些新闻标题进行聚类分析，发现前十热词包括"自信""文化遗产""文脉""旅游""世界""传承""发展""大赛""创新""华章"（见图 1）。这些热词表明，主流媒体在报道中华文化时，更多地聚焦于文化的传播、传承与创新，强调文化自信和文化对外输出的重要性，这说明中华文化"走出去"是当前国家层面重要的价值目标。巨量算数的搜索结果显示，共有 1400 个与中华优秀传统文化高度关联的热词。在排除了"中华""中国""文化"等泛用词汇后，对剩余的关联热词进行了词频分析。结果显示，"国学""智慧""知识""诗词""书法""宣纸""道德经""楷书""君子""李白"是搜索量排名前十的关联热词（见图 2）。这表明，与物质文化相比，短视频用户更加关注思想文化，这也说明中华优秀传统文化中的思想文化极具传播价值。

（二）虚拟现实技术在中华文化沉浸式传播中的应用状况

虚拟现实技术（VR）是一种集成了多媒体、三维计算机图形技术、仿真、传感等多种技术的交互性数字媒介，它通过近眼显示技术、渲染处理技术、感知交互技术、网络传输技术、内容生产技术、压缩编码技术、安全可

图 1　人民网报道热词词云图

图 2　巨量算数平台搜索热词词云图

信技术等技术的综合应用，创造出高度逼真的虚拟空间，为用户提供一种融合多源信息、多感官的沉浸式体验。① 根据《虚拟现实与行业应用融合发展

① 周葆华、夏雯婧：《中华传统文化传播的技术创新趋势——基于专利数据的实证研究》，《对外传播》2023 年第 10 期。

行动计划（2022—2026 年）》，我国虚拟现实产业的总体规模已超过 3500 亿元，终端销售量超过 2500 万台，主要在工业生产、文化旅游、融合媒体、教育培训、体育健康、商贸创意、演艺娱乐、安全应急、残障辅助、智慧城市等十个领域进行重点发展。在中华优秀传统文化的传播与传承方面，虚拟现实技术正发挥着越来越重要的作用，通过提供沉浸式体验，增强了文化的吸引力和影响力，使优秀传统文化以更加生动和互动的方式呈现给公众，从而促进了文化的创新性发展和世界性传播。

习近平总书记在多个场合强调，传承和弘扬中华优秀传统文化必须结合新的时代条件，推动其创造性转化和创新性发展。在建设中华现代文明的过程中，要把握文化"文以载道"的核心，不断创新文化载体和表现形式。①文化与技术的结合不仅保持了历史文化的连续性，增强了文化自信，还促进了不同文明之间的交流与互鉴。虚拟现实技术为中华优秀传统文化的艺术创作提供了丰富的资源，也让优秀传统文化以全新的形式呈现，实现了文化的转换与表征。有学者通过分析谷歌专利数据库的数据发现，以虚拟现实技术（VR、AR、三维等）为核心的技术创新专利，主要集中在传统文化的多个方面，包括传统文化的总体概念、语言文字、传统建筑或古迹、文物或博物馆、区域与民族文化、传统工艺、传统文学与国学以及传统民俗②。这些研究表明，虚拟现实技术在传统文化的保护、传承和创新中扮演着越来越重要的角色，为中华文化的对外传播提供了新的平台和可能性。

虚拟现实技术的应用已经全面渗透到中华文化的收集、存储、处理、展示及传播的各个环节，尤其拓展了中华优秀传统文化传播的深度和广度。为了深入了解虚拟现实技术在中华优秀传统文化传播中的应用趋势，课题组选取了央视春节联欢晚会和中国国际电视台 CGTN 的 YouTube 官方账号，分别作为中华文化对内和对外传播的典型窗口，对其内容进行统计

---

① 沈正赋：《习近平文化思想的理论建构与实践面向——基于文化符号传播的视角》，《现代出版》2024 年第 8 期。
② 周葆华、夏雯婧：《中华传统文化传播的技术创新趋势——基于专利数据的实证研究》，《对外传播》2023 年第 10 期。

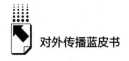

分析。央视春晚自 2017 年首次将虚拟现实技术引入舞台表演，CGTN 在 2014 年就开始涉及与虚拟现实有关的内容，因此统计时间段分别为 2017~2024 年和 2014~2024 年。

分析结果显示，央视春晚在运用虚拟现实技术的节目数量上呈现出持续增长的趋势（见图 3），特别是在 2023 年和 2024 年，技术创新实现了显著突破。观众可以通过三维影像绘制技术实时观看 VR 画师绘制三维影像的过程；XR+VP 虚实融合超高清制作系统为观众呈现了虚实空间的融合；沉浸式舞台交互系统则利用 AI 制作和 AI 实时渲染技术，为观众带来了人景合一的视觉体验。这表明中华优秀传统文化的沉浸式对内传播在质量上不断优化和精进。CGTN 统计数据显示（见图 4），2014~2024 年与中华优秀传统文化有关的视频数量相对较多，这说明 CGTN 承担了中华文化"走出去"的窗口性作用。其中与虚拟现实技术有关的视频数量历年来变化较大。从具体内容来看，CGTN 应用虚拟现实技术深入融合中华文化的沉浸式互动视频非常少，更多的是对虚拟博物馆、非遗虚拟现实体验馆等的介绍，着重宣传国内文化类虚拟现实应用的进展与成果，并未发布真正意义上中华优秀传统文化对外宣传的沉浸式作品。另外，课题组继续检索了在 YouTube 上粉丝量、视频总播放量靠前的民间博主，例如"李子柒""滇西小哥 Dianxi Xiaoge""阿木爷爷"等，这些博主以发表中华文化类视频收获了许多海外粉丝，但遗憾的是也并未出现沉浸类作品。

对比内外两个官方传播平台的内容发现，当前中华优秀传统文化沉浸式传播的主导场域依旧在国内，已经出现许多创新性与口碑俱佳的作品，尤其是"实景+科技"的舞台表演形式，利用虚拟现实技术极大地优化了观看体验。这表明虚拟现实技术在中华优秀传统文化对内传承中的应用正在生动展开，但是对外传播场域还有待深度开发与实践。

因此，本文尝试分析总结当前中华优秀传统文化对内对外沉浸式传播的经验技巧与存在的问题，以期为对外传播提供可参考、可借鉴的实践依据，让虚拟现实技术更好地应用于对外传播实践。

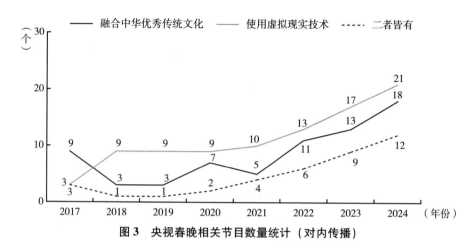

图 3　央视春晚相关节目数量统计（对内传播）

图 4　CGTN 相关短视频数量统计（对外传播）

二　创新策略分析

（一）外部环境：中华文化沉浸式传播发展的影响因素

技术应用成熟度通常受到外部因素的影响与作用。了解哪些外部因素与中华文化沉浸式传播高度相关，有助于促进中华文化沉浸式传播的良性发展。课题组通过统计与虚拟现实技术相关的政策支持、市场规模、消费需求和技术发展四个维度的数据，与央视春节联欢晚会的历年相关节目数量进行时间序列层面的相关分析，以识别影响虚拟技术应用于沉浸式传播中华文化上的关键因素。

1. 政策因素

政策因素指的是国家层面出台的与虚拟现实行业有关的政策文件。课题组在国务院和工信部官方网站上统计相关政策数据发现，2016 年首次将"虚拟现实"纳入"十三五"规划纲要，因此统计时间段为 2016~2023 年，共有 34 项相关政策文件，比如 2018 年《关于加快推进虚拟现实产业发展的指导意见》、2022 年《虚拟现实与行业应用融合发展行动计划（2022—2026年）》等，具体每年出台政策数量见图 5。

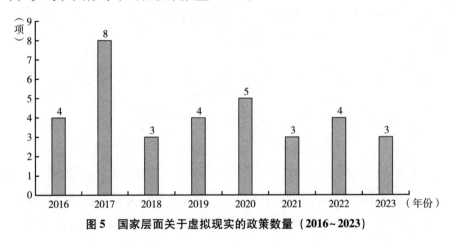

图 5　国家层面关于虚拟现实的政策数量（2016~2023）

2. 市场因素

市场因素指虚拟现实技术的市场规模，本报告重点关注虚拟现实设备的年产值。国家统计局、智研咨询、前瞻产业研究院近十年相关公开数据显示，2015 年虚拟现实设备的产值在 15.8 亿元，到 2023 年，产值已经达到 1051.6 亿元，九年间，其市场规模增长了 65.6 倍（见图 6）。

3. 消费因素

消费因素重点关注虚拟现实技术的消费规模。根据国家统计局、智研咨询、前瞻产业研究院的相关数据，虚拟现实技术应用（包括 VR 产品内容、

图 6　中国虚拟现实市场规模（2015~2024）

VR 硬件设备、VR 在不同行业领域提供的服务）的消费额连年增加，从 2018 年的 30.38 亿元增加到 2023 年的 652.08 亿元，且预计 2024 年消费额持续增加至 836.15 亿元（见图 7）。

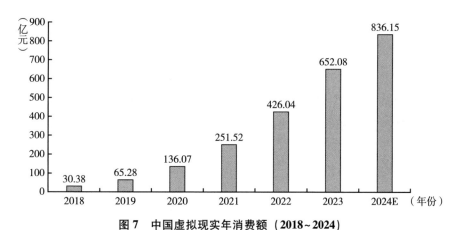

图 7　中国虚拟现实年消费额（2018~2024）

4. 技术因素

技术因素指的是虚拟现实技术的发展水平，本报告重点关注与虚拟现实技术有关的专利数量。通过统计国家知识产权局官网上与"虚拟现实"相关的专利结果，发现 2013 年我国的虚拟现实技术领域专利首次突破 500 件大关，2016 年，中国在虚拟现实技术领域的专利申请量迎来了激增，与

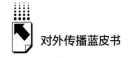

2015年相比增长了近4.6倍，总数攀升至7688件。2017年也保持了强劲势头，申请量高达7453件。然而，从2018年起至2023年，这一领域的专利申请量在我国出现了明显的下滑趋势（见图8）。

图8 虚拟现实技术专利数量（2013～2023）

相关分析结果进一步揭示了虚拟现实技术在中华文化沉浸式传播中的应用与市场规模和消费需求之间的密切联系。数据显示，融合虚拟现实技术的中华文化类节目数量与虚拟现实技术的市场规模和消费需求呈现出显著的正相关性（见图9和图10）。这表明，随着市场规模的扩大和消费需求的增加，虚拟现实技术在中华文化沉浸式传播中的应用程度也随之提高。

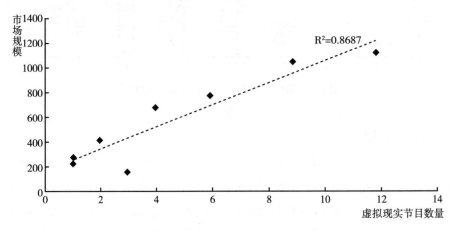

图9 中华文化沉浸式传播与市场规模相关性

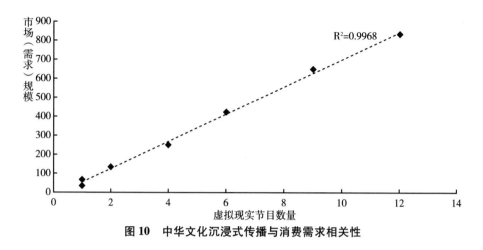

图10 中华文化沉浸式传播与消费需求相关性

市场规模的扩大反映了市场对虚拟现实技术的潜在需求，而消费需求的增长则直接体现了消费者对虚拟现实技术的实际支出。这两个因素的增长表明，虚拟现实技术在中华优秀传统文化沉浸式传播中的应用受到了行业经济的显著推动，市场规模和消费需求可能在当前阶段对虚拟现实技术的应用起到了更为关键的作用。政策制定、技术研发与市场需求之间的不完全匹配，以及政策的滞后性，都可能是导致这种趋势发生的重要原因。

（二）内部机制：中华文化沉浸式传播的应用技巧

当前，虚拟现实技术与中华文化传播的结合主要体现在三个方面。首先是虚拟现实技术在博物馆领域的应用，它通过虚实结合的方式在线下为观众提供沉浸式体验，如湖南省博物馆的《帛画奇境》项目，利用VR技术复原了T形帛画中的三重场景，以及线上博物馆如"数字敦煌"，让用户能够在云端体验跨越十个朝代的30个洞窟、4430平方米的壁画；其次是虚拟现实技术与书画文学的结合，它通过对中国传统书法、绘画和文学作品的解读和重构，为这些文艺作品带来全新的沉浸式交互体验，例如《汉宫春晓图VR演绎》通过精细化和立体化的场景设计，在Htc Vive平台上提供了一种全新的交互方式；最后是虚拟现实技术与传统民俗的结合，它通过复原或再现民俗文化，展现民俗节日的氛围，如"2024央博龙年新春云庙会"通过虚

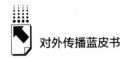

拟现实技术还原了庙会这一新年场景，为用户提供了一个虚拟的文化社交空间。这些内容产品不仅丰富了传统文化的表现形式，也拓宽了其传播渠道，使优秀传统文化能够以更加生动和互动的方式呈现给现代观众。

从技巧而言，中华优秀传统文化利用虚拟现实技术，通过文化数字化、场景虚拟化以及交互游戏化三种主要手段，实现了古今融合、虚实穿梭、通感体验的时间、空间、感官"三位一体"的沉浸式传播模式。

1. 中华文化数字化：沉浸式传播的要素来源

中华文化的数字化转型涉及将丰富的文化元素和符号转化为数字形式，这一过程不仅为传统文化的保存和传播提供了新的途径，而且也使文化资源的利用更加灵活和广泛。通过数字技术，那些因地理位置限制而难以广泛传播的文化遗产，如文物和历史古迹，得以以全新的方式被记录和展示。

数字化进程为文化符号的保存与传播开辟了新天地，将它们从物理形态转化为数字化资产，这不仅便于追踪和度量，还便于长期存储。这样的变革使文化资源以数字化形式保存，并通过综合性平台广泛传播和应用，从而突破了传统载体的局限。此外，数字化不仅仅是对文化内容的简单记录，它还涉及对文化产业生产方式的根本性改变。这包括对生产要素的重新组合，对文化体验和消费场景的创新设计，以及对整个文化价值链的创新和优化。通过这种方式，数字化推动了文化产业的转型升级，为传统文化的现代表达和全球传播开辟了新的道路。

文化数字化也是中华文化借力虚拟技术的前提和基础。根据产业生态理论，数字文化产业需要依托"要素投入—产业产出—市场应用"的逻辑链条，包含以数据为主体的要素层、以产业为重点的核心层和以空间为场景的应用层。要素层主要是为核心层提供产业要素基础；核心层借助产业数字化实现生产效能的全面提升；应用层借助虚拟现实技术加快现实空间和虚拟空间的数字化发展，拓展数字文化产业的应用场景。[①] 例如，在央视推出的大

① 宋洋洋、刘一琳、陈璐、穆雪姣：《国家文化数字化战略背景下数字文化产业的生态系统、技术路线与价值链条思考》，《西南交通大学学报》（社会科学版）2024年第5期。

型文化类节目《国家宝藏》中，利用虚拟现实技术让金嵌珍珠天球仪"从天而降"，28 星宿犹在眼前；秦陵铜车马抖落一身尘灰"破土而出"，观众仿佛置身文物发掘现场，观察文物细节更感知历史的厚重。在第五期节目中带领观众走进敦煌莫高窟，结识取材自传世名作《鹿王本生图》的虚拟守护者"九色鹿"，它立体生动地出现在观众视野中。《国家宝藏》第三季共有 9 期，每期 3 个场景的设计中，几乎全部运用到了虚拟现实技术。将文物的细节、出土现场、故事内涵等方面展现给观众，完成中华文化从物质形态到数字形态的转变，也实现了中华文明的跨媒介存储与跨时空传承。

2. 体验场景虚拟化："候场"、"到场"与"在场"的迭代升级

虚拟现实技术发展应用之前，人们多在现实物理场景（博物馆、展览馆等）与扁平化媒介场景（电视等）接触中华文化，虚拟场景则模拟的是完全独立于现实世界的虚拟世界，通过隔绝式音视频内容带来沉浸感体验，强调的是身临其境之感。随着技术进步，虚拟场景中的用户体验感也随之不断优化。在过去的中华优秀传统文化传播的创新实践中，虚拟现实等技术尚处在起步期，在场景虚拟化的设计中难免出现"融而不合"的现实问题，此时的体验者更偏向一种"候场"的角色，虽然身体进入了虚拟空间，但在感官上未能达到真正的沉浸。此后，随着技术的不断更迭、虚拟现实设备的革新与普及，技术主动接洽传统文化给予的优质内容服务，尝试在内容生产端引入更优质、更符合大众期待的文化产品，此时用户不仅感受到了文化的厚重感，也体会到虚拟场景打造的身临其境的"到场"感。北京市文物局与腾讯共同开发的"数字中轴"项目，利用现代数字技术，对北京中轴线进行了数字三维重建，这是迄今为止规模最大的古都景观沉浸式数字体验，用户不仅感受到如今北京中轴线上各建筑、设施的细节，还可以"穿越"历史，游览目前已经损坏或现实中已不复存在的场景。

从技术发展趋势看，多感官通道的开发是沉浸式传播的用户体验追求，虚拟现实已经不再停留于视觉感官，进一步通过具身体验、听觉甚至味觉，带来更逼真的具身交互、更奇观的感官沉浸，实现了超现实的"在场"感。在广东博物馆的展馆中，游客可以借助 VR 技术和交互设备，亲身体验"南

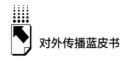

澳1号"沉船现场，"触摸"船上的文物。采用场景重构、触摸交互，为游客讲述"南澳1号"背后的"海洋梦"。同样在广州的南越王宫博物馆复现了南越国宫苑曲流石渠，通过视觉、听觉等多感官的调动，真实的临场感让游客切换到古人视角，沉浸式感受2000多年前王宫御苑内溪涧鸣泉、生机盎然的岭南园林美景。

3. 交互功能游戏化：多感官通道的集体调动

在目前我国的虚拟现实实践中，为了让中华优秀传统文化更具有新时代的特征，吸引更多用户参与体验，游戏公司往往采用交互游戏的模式。目前主要有两种模式，一种是在游戏中融入传统文化元素。在游戏场景里设计谜题、内嵌交互式小游戏，以轻快、趣味的方式获取文化知识、了解文化故事。例如，威尼斯电影节的获奖VR作品《心境》，以经典的文学著作《红楼梦》作为取材背景，借助潇湘馆展示古代文物，在叙述中结合了《齐谐》《山海经》等经典神话。在场景上参考了《红楼梦》中林黛玉的居所潇湘馆，极力复原了传统建筑的结构，用户可以全方位地感受中华传统建筑的特色。此外，《心境》中几乎所有的物体都可以交互，并采用UE4开发场景，增添了光影与色彩，嵌入了对应音效，由此大大增加了用户的沉浸感。《心境》以深厚的文化底蕴和精良的制作设计，成为少有的在威尼斯电影节获奖的中国VR作品。

另一种是中华文化选择游戏这种媒介形态进行传播，即在传播中增加游戏化互动机制，通过驱动路径、体验模式、奖励制度、情感赋予等技巧让用户获得跟玩游戏类似的沉浸式心流体验。虚拟现实技术尤其适合打造游戏场景，将游戏元素融入中华文化的沉浸式传播中。例如湖南省博物馆推出的"神游——历史时空中的数字艺术展"即将数字艺术与古代文明结合，实现文化馆藏、数字艺术、虚拟世界的碰撞交融，以极高的互动性来增强游客体验感和参与感。这种游戏化传播在非遗文化的宣传中也用得比较多，比如内蒙古展览馆利用VR技术展现内蒙古达斡尔曲棍球的非遗数字化游戏，将达斡尔族传统节日与该民族传统曲棍球相结合，打造三种游戏交互场景。

中国作为全球最大的游戏市场，其游戏产业在全球移动游戏市场中的收入占比不断提升，产业影响力持续扩大。以移动游戏为全新载体，推动中华优秀传统文化的开发利用，已然成为传播中华优秀传统文化的全新路径。中华优秀传统文化融入移动游戏并进入了全球化探索的新阶段。其独特的东方美学、传统的文化特色，不仅满足了海外用户的娱乐需求，更让玩家在游戏过程中感受到了中华优秀传统文化的深厚底蕴。

三　问题与困境分析

在虚拟技术不断迭代的前提下，中华优秀传统文化沉浸式传播势不可挡，但是如何在优化对内传播的同时，突破对外传播的壁垒，还需要综合考虑传播平台、产业体系、用户端体验设备与内容产出等问题。

（一）缺乏沉浸式对外传播的平台与窗口

虚拟现实技术在促进中华文化国际传播中面临一些限制，主要因为沉浸式体验对技术设备和传播媒介有着较高的要求。为了实现沉浸感，需要在内容制作端配备先进的软硬件设施和专业的录制环境，同时在用户端配备高质量的头显设备。这些技术挑战和成本投入限制了沉浸式体验的广泛传播和便捷性。目前，无论是传统媒体还是数字媒体，这些平台在没有头显设备的情况下，很难为观众提供真正的沉浸式体验。

在国内市场，大型舞台表演、地方文化旅游场所和电子游戏已成为中华优秀传统文化沉浸式传播的重要渠道。然而，在国际传播方面，尚未建立成熟的线下传播平台，如海外文化中心和博物馆尚未举办能够充分展示中国传统艺术、文化和历史的高质量沉浸式展览。此外，线上渠道也缺乏创新和互动性。例如，未能充分利用增强现实等技术来创作融合虚拟与现实的互动内容，或增加用户的可操作性，以提升视频网站和社交媒体用户的观看体验。电子游戏，尤其是手游，作为中华文化对外沉浸式传播的潜在载体，其在推动中华文化国际传播方面的潜力尚未得到充分挖掘，对此有必要进一步探索和开发这些平台，以更有效地将中华优秀传统文化的魅力传递给全球观众，作为讲好中国故事、展示中华深厚文化底蕴的重要载体。

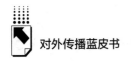

（二）产业链与产业体系不完善

在"要素层—产业层—应用层"三维体系中，产业层是虚拟现实技术应用的薄弱环节。中国虚拟现实产业链本身还处于起步阶段，技术上以模仿为主，缺乏自主研发创新能力；产品上以基于应用场景开发的硬件和体验开发为主，质量有待提升；资本上投资热度较高，但是有一定的投机性和盲目性；市场上用户仍在增长初期阶段，未来潜力巨大；渠道上以线下体验店为主，但是体验内容欠佳。① 尽管研发较为领先，但产业层还未形成基于市场需求的技术转化链，一方面设备或者内容产品目标市场把握不足、无法细分应用市场；另一方面难以给到技术层精准反馈、无法反哺技术更新，最终导致"要素层—产业层—应用层"无法形成良好的内部循环生态。由此产生的负面联动效应在于，外部政策和规制层面很难根据虚拟现实产业的实际需求制定合理政策和相关法规。中华优秀传统文化的沉浸式传播作为虚拟现实产业体系的行业分支，必然受到产业体系不完善的影响，围绕中华文化的"要素层—产业层—应用层"也还未实现良好产业生态，直接影响中华优秀传统文化沉浸式传播的质量与效果。当前中华优秀传统文化的沉浸式内容产品表现出"爆款"偶然性、内容生产数量有限、观众黏性不高等特征，这与产业链供给能效较低、产业协同创新能力欠缺、应用场景开发不足等产业链缺陷高度相关。有学者将虚拟现实媒介叙事产业生态分为基础技术层、内容创作层、平台与服务层、应用场景层、用户与市场层五个圈层②，对于中华文化沉浸式传播这个类目来说，上述五个圈层均存在缺陷和短板，难以形成有效层级联动。

（三）用户体验端技术瓶颈有待突破

虚拟现实技术在不断进步，但在用户体验方面仍有提升空间。目前，包

---

① 赵长伟、苏祥荣、杨艳娟、胡芒谷：《基于专利与产业链分析的虚拟现实技术发展态势研究》，《情报工程》2017 年第 2 期。

② 杜方телеви、裴永刚：《构建中国虚拟现实媒介叙事产业生态研究》，《出版广角》2023 年第 7 期。

括中华文化在内的虚拟现实内容产品面临着交互体验不自然、不流畅以及可能引起用户眩晕等问题。这些问题与图像渲染技术、交互设备、传感器性能、运动追踪精度、空间定位准确性以及显示分辨率等软件技术息息相关，这些领域都需要进一步地优化和研发。在硬件方面，虚拟现实头戴显示器（HMD）的价格较高，且体积较大，这限制了其在更广泛用户群体中的普及。尽管虚拟现实技术的专利数量显示该领域研发活跃，但主要集中在开发端的基础性技术突破，而在应用端，尤其是头显设备方面，进展相对缓慢，市场上尚未出现既舒适又便携的头显设备。

此外，行业标准尚未统一，导致不同厂商的软硬件产品难以实现广泛的兼容性和有效对接。为了改善用户体验，技术需要持续迭代，以增强沉浸感、减少眩晕感、提升舒适度。同时，技术研发应更紧密地与市场需求相结合，以确保技术进步能够满足用户的实际需求。这包括开发更经济实惠、设计更人性化的头显设备，以及制定统一的行业标准，以促进不同产品间的互操作性。通过这些措施，可以推动虚拟现实技术在中华优秀传统文化沉浸式传播等领域的更广泛应用。

从中华优秀传统文化沉浸式传播的现状来看，囿于技术发展，当前较为"出圈"的作品主要还是以大众媒介作为载体，比如电视节目、舞台表演，或者是地方文旅的本地传播等。这些作品的特点一是对展演或者观看环境均有所要求，二是难以批量复制产出，很难通过作品推陈出新或随时随地可看来增加用户量和黏性。VR游戏同样如此，匹配的显示设备价格昂贵且体验感一般。只有突破技术在用户端的迭代，尤其是显示设备的进化升级，让用户可以用个体媒介设备如智能手机接触到沉浸式传播的中华文化，才能加速这类文化产品的普及程度。

（四）优质内容急需挖掘和深耕

技术突破是长期目标，内容优化是当前任务。互联网时代下的媒介内容呈现短平快的特征，因此常常忽略了优质内容的开发和设计。据艾瑞咨询发布的《2024年中国虚拟现实（VR）行业研究报告》，当前虚拟现实项目内

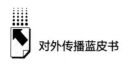

容开发存在设计创意欠缺、细节粗糙、题材老旧等问题，中华优秀传统文化的沉浸式传播同样存在上述弊端，直接导致传播内容差异性不足，技术噱头大于内容质量，往往出现宣传内容与实际体验差别较大，文化内涵的深度和广度甚至不如非沉浸类内容产品的现象。

整体来看，当前沉浸式中华优秀传统文化的内容产品存在以下问题。一是缺乏可持续性内容生产和分发平台。作为内容产业，沉浸式中华优秀传统文化的传播要求持续不断地高质量内容产出。内容创作者也需要规范平台进行分发和推广。当前内容生产和分发都缺乏服务商和应用产业链，导致内容产品缺乏创意、过于雷同、流于表面。二是内容与技术本末倒置。具体体现在两方面，一方面形式大于内容。许多产品过度依赖虚拟现实技术的作用，大量资金和时间放在技术叠加和宣发上，内容反而没有被充分打磨，导致国内受众不认可内容品质，国外受众不知所云。另一方面，过于专注画面的视觉刺激，忽略中华优秀传统文化真正值得传播的思想价值意涵。三是未能细分传播场景。无论是国内外市场横向市场细分，还是不同年龄、兴趣、背景等纵向受众细分，目前中华优秀传统文化的沉浸式传播还没有根据细分市场来对标内容制作，这也与缺乏成熟的市场调查环节有关。总之，当前内容层面需要不断创新叙事手法和表现形式，深入挖掘中华文化的美学价值与思想价值，同时需要为不同类型的受众提供个性化的沉浸式体验。

四　对策建议与发展预测

（一）平台拓展：扩大沉浸式作品与海外受众的接触面

尽管目前国内的文化类沉浸式作品的创作取得了进展，但在对外传播方面还存在不足。沉浸式作品出海的过程中，尚未出现一个足够完整的，能够贯穿内容、开发和宣传的平台，这使海外受众获取优质沉浸式作品的渠道存在一定的限制。

借助国际传播平台开展中华文化对外宣传，是建设中华文化国际传播的新高地的重要方式。为了更好地完成优秀作品的海外传播，需要一个优质的聚合类平台，完成作品的归拢和储存等。通过联结不同的数据节点，形成优质作品的庞大网络，扩展海外受众的接触面。平台提供了智能的分发技术和更便利的操作流程，协助创作者发布高质量内容，优质的作品汇集在这个聚合平台上，制作方可以通过审核机制将出色的沉浸作品上传，海内外的用户可以自主选择不同种类的作品展开体验。对作品的生产端来说，平台还能为制作者供给数据内容和版权保护，为优质产品的创作和开发提供绿色生态环境。

目前已有一些平台拓展实践尝试。我国的中超越科技集团 UPVR，是一家专注于 VR 全景及元宇宙制作发布的平台，能够为会员用户提供 VR 全景和元宇宙的制作及发布服务；此外，SideQuest 是一个专为 VR 头显设备设计的内容分发平台，平台收录的内容数量超过 4000 款，开发者可以使用该平台分发他们的作品，探索更多 VR 作品的可能性。由此一来，打破了时空格局的限制，即使用户身处海外也能在虚拟现实的沉浸感中体验科技与文化交融发展的全新产物。让优质作品扎根中国大地的同时，也让这些作品依靠平台远涉重洋，走遍五湖四海。

（二）内容供给：构建中华文化对外传播要素资源库

优质内容是中华文化得以有效沉浸式传播的根基，和其他媒介内容不同，沉浸式内容在制作上涉及要素众多，从产品策划、内容创意、三维建模、渲染处理到编码制作，对技术条件、研发成本、研发周期都有较高要求，需要多个参与方协同作业。内容制作的高要求限制了虚拟现实在中华文化传播中的普遍性，如果有相对专业、规范的虚拟现实内容要素供给平台，或者是要素资源库，整合专业的工具、资源和服务，为内容开发者提供全景拍摄、三维重建、沉浸式音视频等虚拟现实摄制工具箱，支持三维化、强交互内容创作与规模生产，就可以激发内容创作者的创作热情，加速更多有创意的内容落地。

更重要的是，需要在构建资源库的基础上对文化要素分门别类，比如专

门建立对外传播的子资源库，再进一步根据地区、国别或者民族细化分类，便于有针对性地进行国际传播，尽可能降低文化隔阂、减少"文化折扣"。同时要不断优化和丰富资源库，给内容创作者提供更丰富的创作素材、提高创作效率。此外，前文热词分析显示，相比于物质文化，用户更关注精神文化。因此要不断深耕中华文化的精神文化层面和思想价值层面，挖掘更多细颗粒度的中华文化要素和资源，让海外受众接触到更有底蕴、更优质的中华文化。

（三）理念升级：细分市场增加对外传播精准性

前文外部环境要素分析表明，市场与消费和虚拟现实在中华文化传播中的应用直接相关，激发消费需求、扩充市场规模是中华文化沉浸式传播的有效助推剂。促进市场繁荣的关键是在科学研究调查、实践经验总结的基础上，对沉浸式中华文化内容产业进行合理的市场细分，以开展更具针对性的内容分发。因此组合高校、市场调查公司、科技公司等"产学研"多方力量，形成科学调研—开发生产—市场反馈"三位一体"的循环体系，逐步细分消费市场，进行个性化的精准推送和分发。

从当前经验来看，可以依据以下思路初步细分。首先是国别细分，不能将对内和对外传播混为一谈。尤其在对外传播方面，不能盲目制作和分发，要及时根据传播效果调整传播策略。只有深入文明交流互鉴，推进中国故事和中国声音的全球化表达、区域化表达、分众化表达，增强国际传播的亲和力和实效性，才能让中华优秀传统文化的独特魅力和普遍价值得到更充分展现、更广泛认同。其次是年龄细分。青年群体作为未来消费主力，迎合其审美偏好、消费习惯及社交需求，有利于中华文化的持续性传播。沉浸式传播的设计理念、精神内核、视觉设计都更加贴近年轻受众，吸引以Z世代为代表的青年群体的关注。具体而言，通过融入潮流元素或增加丰富功能吸引年轻人注意力，引起价值共鸣。潮流化的表达和游戏化的形式可以唤醒年轻人的文化自信和审美自觉。

（四）应用反哺：提供技术研发和政策制定的经验依据

在持续推进技术进步的同时，也需要尝试在当前技术的基础上开展调研与分析，围绕市场需求开展提升虚拟现实技术产品性能的应用研究。尝试寻找技术研发的后续可行通路，并及时完善目前虚拟技术手段的缺陷与薄弱之处，推进技术的可持续性创新发展，实现技术生态的良性循环。除此之外，政府应审时度势把握宏观环境现状并以之为导向，对技术的推进提供政策鼓励与支持，推进利好政策的制定与实施，支持设立重大相关研究项目，建立各级重点实验室，为产业发展提供共性技术、关键技术供给。在国家层面，工业和信息化部出台《关于加快推进虚拟现实产业发展的指导意见》，该意见指出，政府需要在顶层设计方面制定发展目标和路径，支持虚拟现实核心关键技术及产品的研发，推动产学研用协同合作，加强基础理论、共性技术和应用技术研究。在地方层面，南昌市人民政府发布了支持虚拟现实技术创新能力建设的若干措施，包括支持国家虚拟现实制造业创新中心建设，并给予地方政府 1∶1 的配套资金支持。

同时，全社会还应该更多地从技术伦理、哲学、医学、社会规范等各方面对虚拟现实展开全方位的更广泛更深入的研究，以便更有效地实施对于技术负面影响的管控策略，如虚拟现实产业联盟标准委员会发布系列 VR 标准政策法规，涉及合规收集用户数据、明确使用目的、保障用户选择权等方面，以通过伦理规范维护 VR 产业健康发展。

（五）情绪传播：建立跨文化"情感共同体"

在虚拟技术的驱动下，中华传统文化的智能化程度将持续提升，具身性理念强化身体在感知中的作用，调动生命各种感官获取并传递信息、建立场景间深度关联、与他人建立情感共鸣与连接。如果说沉浸、交互体验奠定了艺术想象空间与虚拟现实空间相连相通的基础，那么情感共鸣则进一步升华了此一"相连相通"的意义。虚拟公共空间的搭建提供想象的"情感共同体"的出现场所，也是打破文化隔阂，将不同文化背景的受众聚拢起来的

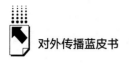

有效举措。

当一个社会关系包含共同的情感时，它才是一种共同体关系，共同体本质就是建立在各种类型的情感、情绪或传统的基础上，情感共同体产生的情感联结更加坚固和牢靠。尤其在文化、区域、民族背景差异化的前提下，基于中华文化的某些要素形成大小不一、相互嵌套的情感共同体，有利于形成一种对中华文化更深层次的认知与更稳定的认同。虚拟现实技术通过多样化场景支持、感官激活与再造、个性化内容适配，不断创造情感共同体的生发场域，更加放大情感共同体产生的可能性，因此，中华优秀传统文化的沉浸式传播应该是一个激发情感共鸣、调动情感场域、建立情感社群、感性带动理性的行动思路，这也是虚拟现实技术助力下中华优秀传统文化"走出去"的重要策略。

参考文献

彭文祥、张丁祺：《中华优秀传统文化在 VR 艺术创作中的审美转换及表征》，《现代传播》（中国传媒大学学报）2023 年第 12 期。

周葆华、夏雯婧：《中华传统文化传播的技术创新趋势——基于专利数据的实证研究》，《对外传播》2023 年第 10 期。

宋洋洋、刘一琳、陈璐、穆雪姣：《国家文化数字化战略背景下数字文化产业的生态系统、技术路线与价值链条思考》，《西南交通大学学报》（社会科学版）2024 年第 5 期。

赵长伟、苏祥荣、杨艳娟、胡芒谷：《基于专利与产业链分析的虚拟现实技术发展态势研究》，《情报工程》2017 年第 2 期。

杜方伟、裴永刚：《构建中国虚拟现实媒介叙事产业生态研究》，《出版广角》2023 年第 7 期。

李宗辉：《元宇宙产业发展的技术、模式与专利战略》，《科技管理研究》2023 年第 22 期。

周荣庭、李珮、周诗涵：《虚拟现实出版发展动力机制及路径研究》，《出版科学》2023 年第 2 期。

胡慧源、王亚楠：《5G 环境下传媒产业变革新逻辑》，《山东社会科学》2022 年第 11 期。

车智峰：《虚拟现实技术在数字文化产业中的应用》，《现代雷达》2022 年第 9 期。

王卫池、陈相雨：《虚拟空间的元宇宙转向：现实基础、演化逻辑与风险审视》，《传媒观察》2022 年第 7 期。

沈正赋：《习近平文化思想的理论建构与实践面向——基于文化符号传播的视角》，《现代出版》2024 年第 8 期。

B.7

数字技术背景下文博风俗画
对外文化转译策略
——基于"金陵图数字艺术展"的案例分析

刘 倩 喻曙晴 罗家悦 潘雨欣*

摘 要: 本报告旨在通过剖析"金陵图数字艺术展"这一个案,重点探讨数字技术在博物馆数字化的过程中使文物活化、助力中华优秀传统文化对外传播的策略与路径。研究指出,数字技术赋予了"金陵图数字艺术展"风俗画的易接近性、三屏联动的高沉浸性和虚实结合的强体验性三方面的优势,无形中降低了外国人理解和欣赏中华优秀传统文化的壁垒与门槛,从而促进了此类传统文化的对外文化转译和传播。在此基础上,报告提出,在博物馆数字转型背景下,进一步挖掘生活化内容、运用可具象化的数字技术手段、平衡好数字文物活化中的趣味性与教育性,对于中华优秀传统文化的对外传播具有重要的参考意义。

关键词: 博物馆数字化 文博风俗画 数字技术 文化转译

　　虚拟现实技术为中华优秀传统文化传播提供了沉浸式传播的契机和创新传播的途径,在海外传播中体现出充分的优势,南京的德基艺术博物馆就有

* 刘倩,暨南大学新闻与传播学院教授、国际传播研究中心主任,主要研究方向为新媒体技术和博物馆文化、计算传播;喻曙晴,暨南大学新闻与传播学院硕士研究生,主要研究方向为博物馆文化、健康传播;罗家悦,暨南大学新闻与传播学院硕士研究生,主要研究方向为博物馆文化、媒介文化;潘雨欣,暨南大学新闻与传播学院学生,主要研究方向为博物馆文化、媒介文化。

一个成功的"金陵图数字艺术展"案例,该数字展通过三屏联动的沉浸式体验,用手环定位让游客入古画,将《金陵图》的文化精髓传播到了海外,2023年在波士顿,2024年在巴黎展出都广受好评。本文探讨传统文化中生活化的风俗画选题与数字化的沉浸传播两大核心要点,对博物馆数字转型背景下对外传播的普适经验进行总结与反思,从背景介绍、案例简述、案例分析、启示与反思四个方面进行探讨,并对博物馆数字化建设与中华优秀传统文化海外传播提出建议。

一 背景介绍:科技让文物"活起来"也"走出去"

"观乎人文,以化成天下。"随着生活水平的逐步提高,公众对文化生活的需求日益增长,近年来"文博热"的持续升温也体现出社会对于文化修养的更高追求。然而在实践中,历史文物自带的严肃性以及传统的展陈方式往往容易使博物馆陷入高屋建瓴、孤芳自赏的窘境。

"让文物活起来"的重要政策打破了这一局限,对于构筑文物保护与利用的新格局意义重大。习近平总书记强调:"文物和文化遗产承载着中华民族的基因和血脉,是不可再生、不可替代的中华优秀文明资源。要让更多文物和文化遗产活起来,营造传承中华文明的浓厚社会氛围。"这呼吁文博机构创新文物展示与传播方式,在保护和传承文物的同时,让文物与现代社会和人们的生活产生更多的互动和联系,让文物真正走进大众生活。

在文物活化的过程中,数字手段在很大程度上缩短了人与文化之间的距离。近年来,文博行业依托增强现实、3D扫描等数字化技术,让公众得以在博物馆中与文化遗产互动、与文化场景交融,给人提供与历史近距离对话的机会。从需求端来看,相比于传统的走马观花式旅游,公众亦更为期望通过"寓教于乐"之方式深入探究其背后所蕴含的文化内涵,通俗易懂的游戏化、互动式知识获取方式成为题中之义。因而,"文博热"的背后是博物馆和公众的双向选择,数字技术赋能博物馆给予受众更沉浸的体验,感悟中华优秀传统文化的独特魅力,也为中华传统文化的对内传承与对外传播开辟

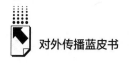

了新途径。

此外，博物馆所面向的公众已不再局限于国内，而是将视角拓展至国际，呈现出国际化的发展态势。开放政策的不断优化为博物馆的文化转译提供了有力的支持和保障。2024 年我国扩大了"72/144 小时过境免签政策"的范围，目前已有 19 个省（自治区、直辖市）合计 41 个对外开放口岸适用该政策，覆盖国家数量达 54 个。乘着政策持续优化的东风，"China Travel"（中国游）的文旅热潮愈加火爆。

除了文物活化、对外传播与数字技术的相互促进之外，选取何种能够更有效增强博物馆教育职能的文化载体至关重要。这一选择不仅关系到文化信息的内容高度与知识密度，也影响着观众对文化遗产的接受广度与理解深度，而风俗画因其日常元素的共性在跨文化场景中更易引起共鸣，成为文化交流较为适宜的载体。

风俗画是反映城市、乡村人们的日常生活，以及社会风俗的人物画①，蕴含着极高的美学、历史学和社会学价值。相比于以花草山水为题材、重在抒发古代文人内心抱负的文人画，风俗画本身是以记录社会生活风习为主要特点，重视艺术与社会关系的交织。风俗画在宋代以写实为特征，关注市井生活，体现出从雅到俗的过渡或转变②，诸如北宋张择端的《清明上河图》、南宋李嵩的《货郎图》均是我国传统风俗画的典范。深入浅出的人物画作描绘，在一定程度上表现市民生活状况与精神风貌，以"接地气"的方式跨越时空限制而在当代人的心目中"活起来"。因此，传统风俗画具有贴近日常生活的特性，能够成为在传统文化传承与对外传播过程中受众接受度高而艺术内涵深厚的文化载体，丰富的知识含量与趣味潜力给予了文博机构对其进行数字深度挖掘与世界观拓展的现实可能性。

本文基于风俗画这一具有特殊性的文化载体，探讨"金陵图数字艺术展"如何通过数字革新让文物"活起来"，并走进海内外受众的日常生活之

---

① 黄卫霞：《浅析宋代风俗画兴盛的原因》，《美术大观》2009 年第 12 期。

② 程波涛：《两宋风俗画的文化叙事取向》，《文化遗产》2023 年第 4 期。

中,从而以更容易被接受的方式传承和弘扬优秀传统文化。通过数字化展示、高互动体验,打破时空的界限,让文物成为连接过去与未来、触达世界人民心中的文明桥梁。

二 案例简述:《金陵图》与"金陵图数字艺术展"

(一)以日常生活为锚点的《金陵图》

《金陵图》被誉为"一部关于南京历史文化与民间风俗的百科全书",其蓝本《宋院本金陵图》所呈现的是南宋时期南京城百姓的生活百态。清代皇帝乾隆在第四次南巡行至金陵时触景生情,就其随身携带的《宋院本金陵图》与眼前景致泼墨题诗六首,并在此后命其宫廷画师谢遂、杨大章、冯宁进行仿绘。目前,虽蓝本已失传,但仿绘的三个版本仍存于世,谢遂版与杨大章版现藏于台北故宫博物院,而冯宁版现藏于南京德基艺术博物馆。

现有资料显示,冯宁的《金陵图》画卷长达十余米,细致地描绘了距今约 1000 年前宋代南京的城市风貌与百姓生活。画卷从右至左大致可分为乡野景致、秦淮街市和郊外风光三部分,共绘有人物形象 533 个、动物 90 只、车马轿舆 24 辆,店铺商贩 40 余,郊外风光宜人,百姓和乐,生活恬淡,呈现国泰民安之势。

《金陵图》被称为南京城的《清明上河图》,其所绘场景、反映的市井文化内容也与《清明上河图》有一定的相似性。① 同时,《金陵图》不仅艺术价值卓著,而且其主题内容紧密关联南京民众日常生活,浅显易懂、贴近民间,这使该画作成为文物研究和解读的重要资源。此外,《金陵图》丰富的细节和信息含量也为传统文化创新传播和跨文化交流提供了灵感和素材。

---

① 肖伟、杨丹丹、王娜娜:《〈金陵图〉中的家具形制与宋代市井生活研究》,《包装工程》2022 年第 20 期。

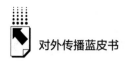

（二）创新求精的"金陵图数字艺术展"

南京德基艺术博物馆为冯宁版《金陵图》设计了专属沉浸式数字展厅"金陵图数字艺术展"，从硬件设备到软件技术，从策展思路再到营销策略，均打破传统模式有所创新。

在数字化设备的建设上，该数字艺术展配备了长110米、高3.6米环形巨幅LED屏，生动再现大宋金陵的繁荣盛景。在入场前，观众可通过佩戴展览定制的智能手环定位跟踪观展中的虚拟人物。同时在软件技术上，该展览利用UWB定位技术、3D动画建模等数字活化技术，将全球首创的互动观展模式融入个性化剧情之中，为观众提供了"人物入画，实时跟随"的观展体验。观众入场后可以在手机移动端小程序中进入金陵图，并选择心仪的画中人物，通过与智能手环的智能联动，可以使画中所选人物跟随观众现实中的走动路线在LED屏中移动、完成动作指令、与画作中的其他人物进行亲密交流，获得高参与度、高趣味性的观展体验。因此，观众在观展过程中，不仅能够一览原作，还能以第一人称视角"走"入画卷，并以个性化人物形象与画中人物进行游戏互动。

而在数字化内容的布局过程中，一方面，南京德基艺术博物馆主动拥抱"文物4.0时代"——文博数字化的最新阶段，强调给予观众更深层次的个性化参与体验。其策展思路以风俗画的小切口切入，以极具生活气息的游戏模式推广传统文化，并将集章打卡的方式与沉浸式观展融会贯通，将"寓教于乐"与深度数字化进行高度融合。该展览在全图中分散放置了25位具有特殊身份的"神秘人"，其职业与技能均与宋代南京城风俗文化紧密关联，观众可以自行寻找并解锁不同的神秘人故事线，当某一知识点被解锁，就会在小程序中显示获得相应奖励，以此来调动游客的参与积极性，主动去探索发掘文化背后的文化内涵。值得关注的是，在下一次进入该小程序时，游客可以在此前进度的基础上继续游玩，通过用户数据的存档增强游戏的用户黏性与忠诚度。

另一方面，"金陵图数字艺术展"提出了"先看金陵图，再逛南京城"

的文旅营销理念，提倡让游客将参观具备较高文化价值的数字艺术展"前置"在旅程的初始阶段，使游客能够通过博物馆这一文化介质形成对当地的初步了解，进而能够在后续的游玩过程中更加有所感、有所得、有所乐。同时，南京德基广场这一大型商业体是日均客流量约为10万人的高客流区域，该博物馆位于其中，占据了一定的商场自有热度优势。据馆方资料，2024年暑假期间，《金陵图》展览的日均参观量可达3000~4000人次。

借助文物外展和对外交流的方式，来自宋代中国的生活美学也走出国门，掀起了外国友人的"中国热"。在中法建交60周年这一重要时刻，"金陵图数字艺术展"受邀前往法国，并在巴黎著名的佳沃音乐厅展出，吸引着来自世界各地的游客驻足。"金陵图数字艺术展"这一匠心之作在国外展出过程中也获得了《中国日报》（China Daily）、中国新闻网、澎湃新闻等知名权威媒体的报道传播，其中《中国日报》是促进中外交流的重要窗口，全媒体用户总数超过2亿人。值得注意的是，由于运输条件限制，本次海外展出仅展出了《金陵图》第一段的祥和恬静的乡野景致，这意味着未来该展览还有更广阔的传播可能性。同时，外国观众在互联网中的真实反馈也让该数字艺术展得到大量关注与广泛传播。例如，来自叙利亚的博主"@王中叙（哈比比）"在多个社交平台上发布了短视频《在中国能时间穿梭》，向全球观众分享其参观德基艺术博物馆的过程与感想，并直言这是"全世界只有在中国能看到的数字展"，目前全网浏览量超千万，点赞量超17万次。

三 案例分析:"金陵图数字艺术展"的文化转译策略

转译作为语言学的概念，是指一种文字通过媒介语被翻译成另一种文字的特殊翻译形式。① 本文中所指的文化转译是跨文化传播语境下的概念，是

---

① 卢鹏、周若祁、刘燕辉:《以"原型"从事"转译"——解析建筑节能技术影响建筑形态生成的机制》,《建筑学报》2007年第3期。

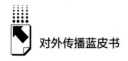

指将文化符号通过解析、转译完成不同文化之间的意义流通。在深入分析"金陵图数字艺术展"的海外成功经验后，本文对其文化转译的成功原因进行了凝练：一是风俗画本身的易接近性降低了文化转译的门槛；二是数字技术带来的三屏联动沉浸式体验丰富了文化转译的感知维度，降低了其转译过程中的文化折扣；三是屏幕内外的虚实结合高体验性强化了文化转译的认知，增强了其意义的表达。

（一）风俗画的易接近性

文化的对外传播是一个非常复杂的过程，中国文化重综合观察，追求直觉顿悟；而西方文化重细分明晰，注重抽象推理①，尤其对于文物来说，其本身所凝聚的文化意义指征相较于一般的文化作品来说更难以被简单概括。找到不同文化之间的共通桥梁，减少文化交流之间的壁垒与折扣，成为文博"走出去"必答之问。而"金陵图数字艺术展"在巴黎取得官方、民间双认可的成功，让风俗画在文博对外传播的实践过程中成为一大亮眼的形式载体。《金陵图》作为一幅传世风俗画卷，生动描绘了宋代社会各个阶层的生活方式、经济活动以及建筑和服装风格，这些内容贴近民众生活，具有广泛的共鸣基础，这种共鸣能在一定程度上降低文化壁垒，在对外传播过程中具有天然的文化接近性。

风俗画的展览并不对参观者的文化储备有要求，一目了然的写实画风，配上深入浅出的翻译讲解，大大增强了"金陵图数字艺术展"在巴黎展出时的文化吸引力。每一处《金陵图》画卷中的细节本身都凝结着宋代士农工商的风土人情，更让许多非物质文化遗产顺其自然地得到了展示。正如英国大英科学促进会曾在一项调查中所指出的，"博物馆要像可读性很强的文本一样呈现在观众面前"②。风俗画的长卷在不同文化环境中展开时，其易接近性便是增强其可读性的核心所在，是让文物展览从一种专业

---

① 左飚：《环性与线性：中西文化特性比较》，《社会科学》2001 年第 12 期。
② Bennett T., *The Politics of Display*, Routledge：London，2010：35-43.

性与科学性突出模式转型为对参观者具有吸引力、"一目了然"且易于理解模式的关键,① 也是"金陵图数字艺术展"在进行文化转译时的成功保障。

(二)三屏联动的高沉浸性

"金陵图数字艺术展"采用了三屏联动的沉浸式体验设计,这一创新方式极大地提升了观众的参与感和沉浸感。通过智能手环、手机端口和大屏互动三屏结合的方式,观众可以选择心仪的宋代角色,以第一人称视角"穿越"回千年前的中国南京。区别于过去博物馆上帝视角的知识赐予或仰视者的教育服务②,三屏联动的沉浸式体验将观众带进画作的空间秩序中,将观众从被动的接受者转变为积极的参与者,使他们能够深入画作的空间秩序中,与文物作品形成平等的对话关系。在这个过程中,《金陵图》对于异文化的观展者来说,不再只是陌生的东方文化产物,观展者可以通过 AR、VR设备进入金陵图的数字画卷当中,而智能手环的实时定位系统,更是让展览的空间实现了屏幕内外的互通,让观展者能够沉浸式体验书声琅琅的书院学堂、巍巍而立的古城墙、充满人间烟火的宋时商贸、精妙绝伦的羽扇非遗工艺等。此时,观展者不再是空间场所的参观者,而是生活在繁华古韵的南京城中的"宋代人",他们甚至会想要和街道上的稚童小狗玩耍,也会想要在算命先生那里体验中国传统的十二生肖与属相。从观展到入景再到互动参与,观展者不断接触到被展览的文化,在视觉互动外进行身体互动补充,极大地增强了观展沉浸度与文化体验感。

数字技术所支撑的沉浸式体验,正成为文博对外传播的一股强劲动力,它不仅深刻地重塑了文博展览的呈现方式,更在无形中降低了外国人理解和欣赏我国深厚文化底蕴的文化壁垒与门槛。通过高度逼真的虚拟场景、互动式的叙事手法以及多感官的沉浸式刺激等数字技术手段,加深参观者的感官

---

① 谢雨婷:《可及性:公众感知视角下的博物馆公共文化服务评价体系》,《东南文化》2021年第 2 期。

② 王敏芝、杨家宁:《走向展厅:中国民间年画的"可参观性"意义生产》,《媒介批评》2022 年第 1 期。

记忆，并在春风化雨中提升了在跨文化传播语境下的文化到达率，极大地减少了文博对外传播过程中的文化折损。此外，数字技术的互动装置也增强了观展者的主动探索意识，延续了观展者的审美回味，给观展者创造了无限的想象空间，让历史信息和文化符号在互动中有效传播。[①] 外国观众在沉浸式的环境中，不仅能够看到、听到，更能"触摸"到历史的脉络，从而更全面地理解和感知中国文化的精髓。这种体验不仅加深了他们对中国文化的认知，也激发了他们进一步探索的兴趣和热情。一定程度上来说，这种由数字技术的革新引领的三屏联动沉浸式体验，拓宽了文化转译的感知边界，有效减少了在跨文化传递过程中的文化损耗与折扣现象。

（三）虚实结合的强体验性

此外，为了提高跨文化传播过程中的文化到达率，"金陵图数字艺术展"通过虚实结合的方式穿插了传承千年的中国非物质文化遗产：用非遗剪纸再现画卷中秦淮河畔古人的捕鱼场景，寓意"年年有余"；在描绘宋代典型职业"卖花郎"的展厅位置旁，实景呈现绒花这一传承千年的江苏省代表性非遗；此外，被誉为"中国四大发明"之一的雕版印刷技术也在展览现场展出，《龙》《一团和气图》等饱含美好寓意的作品吸引了大批观展者驻足体验。从这个层面来说，空间意义生产的终点并不是参与，而是拥有，即通过手工体验与实际互动获得特定文化意义的载体，并以此产生对这份文化的认可，这便是策展时设计对应体验环节的高明之处。

这种屏幕内外的虚实结合，不仅为观展者提供了高体验性的文化盛宴，更通过手工体验与实际互动，让他们获得了特定文化意义的载体。这些文化元素在异文化语境下产生了强烈的感官震撼，用体验的强记忆性进一步固化了参展者的文化记忆。在这个过程中，不仅增强了展览的互动性和体验性，更在无形中强化了文化转译的认知，让每一位观展者都能更加深入地理解和

---

① 翟宇婷、谭述乐：《浅析数字化交互体验设计对博物馆展示空间的影响》，《建筑与文化》2018年第5期。

感受中华文化的精髓。如此，"金陵图数字艺术展"不仅成了一个展示中国古代文明的窗口，更成为连接东西方文化、促进跨文化传播的重要桥梁。

四　启示与反思：挖掘生活共性，科技增加趣味性

"金陵图数字艺术展"作为"2024 江苏–法国合作项目"中唯一前往法国的展览项目，将全球首创"人物入画，实时跟随"的互动体验带到了巴黎，在异国他乡掀起了一阵"中国风"。在中国文博展览出海的进程中，"金陵图数字艺术展"成功实现了文化转译，让异国他乡的公众通过一幅画了解南京城，感受千年前的中国文明。在对《金陵图》展览的文化萃取及数字化技术进行分析后，我们得出如下启示与反思。

（一）挖掘生活化内容，让文物传播"飞入寻常百姓家"

《金陵图》作为一幅长卷写实风俗画，如叙事纪录片一般描绘了宋代金陵的城市风貌和风土人情。画面中，五百多个人物、近百只动物、四十余处建筑栩栩如生，从饭店、粮铺到学堂，从街头小贩的叫卖声到茶馆内的品茗对话，再到官员的闲谈，无不生动地再现了宋朝的日常生活。《金陵图》的生活化特征，在跨文化传播中展现出独特的转译优势，使宋朝的历史风俗得以直观可感地呈现给观者。

推而广之，当传统文物不再束之高阁，成为人人可见、可知、可感的生活化对象，或许能有效降低其在国际传播中的转译难度。在中国文化产品走向世界的过程中，应该考虑不同文化语境下海外受众对文化产品的接受力、理解力，从单纯的"文化传播"向"文化认同"过渡。美国旧金山亚洲艺术博物馆关许杰在"马王堆汉墓考古发掘 50 周年国际学术研讨会"上指出："用观众熟悉的内容打破文化隔阂，让西方观众通过自己熟悉的路径，走进神奇的中国和古代文明"[①]。目前，博物馆文物的国际展览多以交流特

[①] 《新时代，博物馆如何"出圈""出海"》，https：//baijiahao.baidu.com/s？id=1807768833460056269&wfr=spider&for=pc，2024 年 8 月 19 日。

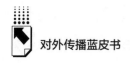
展的形式出现，携带着丰富的历史文物走向世界。但是对于历史文化背景与中国截然不同的异国受众而言，仅仅依靠展柜中的几行英文说明来理解中国文物的深层含义，无疑是一个巨大的挑战。

因此，在推动文物国际传播的过程中，可以考虑借鉴《金陵图》的成功经验，赋予文物"生活化"场景，通过显著性联想，让文物在外国公众的认知情境下，更容易被理解，从而激发其参与热情。例如，利用增强现实技术，将文物置于生动的历史场景之中，让观众能够通过互动体验更直观地感受文物的历史背景和文化价值。此外，通过重现古代市集、学堂、茶馆等生活场景，使观众能够直观地观察到文物在古代生活中的实际应用。同时，通过创意性的表情包、仿真文创产品的开发，让文物以现代化的形式"穿越"到当下，以更加贴近生活的方式，降低文化转译的门槛，使中国传统文化以更加灵活柔和的方式走向世界。有外国游客在巴黎展览时的访谈资料中提到"以前对中国不太了解，而通过画作来了解，比通过文字更简单，非常喜欢这种方式"。

（二）采用数字化手段，让游览体验"如在画中游"

在数字化浪潮的推动下，博物馆的角色已经从传统的静态物品展示者转变为动态的文化体验馆。2019年，国际博物馆协会（ICOM）提出，博物馆应当超越单一的历史叙述，致力于成为公众文化互动的"接触点"[①]。在策展实践中，应深入挖掘展览的文化叙事潜力，运用视听技术的具象化手段，构建可想象、可感知、可触达的游览体验，以"寓教于乐"的形式激发观众的自主学习热情。

"金陵图数字艺术展"作为全球首个采用"人物入画，实时跟随"互动观展模式的展览，为降低文化转译的门槛提供了宝贵的经验。该展览通过参与式体验，巧妙地将虚拟与现实融合，传播中国千年文化。鉴于外国公众对

---

① 《ICOM正式发布今年国际博物馆日主题和海报》，https：//chinamuseum. org. cn/detail. html？id=11&contentId=9074，2024年8月23日。

中国文博历史的了解相对有限，展览通过提供参与性活动，将观众从被动的"观察者"转变为积极的"对话者"，在体验中主动探索中国文化。例如，展览将《金陵图》中的"焚香点茶"场景转化为线下互动，通过模拟泡茶过程，增强了外国受众与中国传统文化的体验式连接，使中国的文化元素以更加生动有趣的方式呈现。有外国游客在波士顿展览时的访谈资料中提到"这种入画的体验，从没有过，很酷"。

对于非风俗画的文物活化而言，博物馆可以采用类似的策略，例如通过数字技术将文物"拟人化"，赋予其动态特征和交互能力，让观众得以与文物实时对话、交流。此外，博物馆可以设置互动展览，例如触摸屏游戏、互动地图或数字化工作坊等，让观众通过参与和操作自行探索文物的历史知识，创造沉浸式的体验空间。在这一过程中，博物馆应当注重文化内容的深度和准确性，考虑不同文化背景观众的需求和偏好，设计多元化的互动体验，促进跨文化交流和理解。在波士顿展览时，项目中星座的互动游戏内容被换作了外国人更感兴趣的属相的内容，而用户访谈资料中也提到对这种在地化的内容转变的认可，有用户专门提到"找到了自己的属相是牛，非常高兴有这样为个人量身定制的内容"。

（三）博物馆数字化建设中趣味性与教育性的平衡之问

数字化转型标志着博物馆从传统以文物展示为目的的 1.0 时代发展到如今强调深层次、个性化体验的 4.0 时代，其中用户体验的优化成为显著特征。随着元宇宙、人工智能生成内容（AIGC）等前沿技术的快速发展，博物馆的数字化热潮已成为业界的焦点。尽管数字化在文物活化方面具有显著优势，但过度依赖技术，可能会导致"数字崇拜"，使文物内涵的传达面临挑战。数字技术的广泛应用虽然提高了博物馆的沉浸感和趣味性，但也可能导致技术与文化融合过程中的简单化、表面化和同质化，使数字化展示过分依赖技术手段，而忽略了文化内容的深度和丰富性。

在数字化转型的过程中，博物馆常常面临专业技术人员短缺的问题，这使许多博物馆不得不与科技企业合作开发数字化项目。然而，这种合作模式

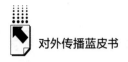

可能因缺乏既懂技术又懂文化的复合型人才，而在数字内容的创作上遇到难题。例如，数字化展示过于追求技术的创新性和吸引力，而忽视了教育意义和文化的传递。此外，过分强调数字化技术的体验可能会使参观者过分沉浸在以感官刺激和表面认知为主的数字环境中，从而忽略了文物所蕴含的深层文化价值。这在一定程度上削弱了博物馆作为文化教育机构的核心使命，即通过文物展示来传承历史知识和文化价值。

在文化传播的背景下，数字化是实现文化转译的关键途径，但文物所承载的文化价值才是传播的核心。因此，博物馆数字化的根基应当是对文物价值的深入挖掘和全面记录。在数字化建设的多维考量中，导览内容的丰富性、体验的沉浸感、互动的参与度、环境的安全性以及文化的传播力，需要得到均衡重视。如何在这诸多维度间找到恰当的平衡点，确保数字化导览在提升趣味性的同时不牺牲教育性，是当前博物馆领域亟须深思的课题。与时俱进的数字化技术为文物的活化带来了无限可能。未来博物馆应继续坚守其作为文物展示和文化传承的重要使命，不断完善集教育性、观赏性、体验性和传播性于一体的多维文物博览空间，确保在数字化转型的道路上实现可持续发展。

五 结语

在博物馆数字转型背景下，为做好中华优秀传统文化的对外传播，本文通过对"金陵图数字艺术展"这一成功案例的分析，提出了应用虚拟现实技术对中华优秀传统文化进行海外传播需要注重挖掘传统文化中生活化的元素，并充分利用新科技手段做创新性、沉浸式传播，设计中也需要兼顾文物价值和趣味性的体现，考虑多方平衡，并提供了普适经验的总结与反思，以期为我国的博物馆数字化建设与中华优秀传统文化海外传播提供参考。

（感谢南京德基艺术博物馆的孙乐、靳芸嘉、金裕涵老师接受采访）

参考文献

黄卫霞：《浅析宋代风俗画兴盛的原因》，《美术大观》2009 年第 12 期。

程波涛：《两宋风俗画的文化叙事取向》，《文化遗产》2023 年第 4 期。

肖伟、杨丹丹、王娜娜：《〈金陵图〉中的家具形制与宋代市井生活研究》，《包装工程》2022 年第 20 期。

卢鹏、周若祁、刘燕辉：《以"原型"从事"转译"——解析建筑节能技术影响建筑形态生成的机制》，《建筑学报》2007 年第 3 期。

左飚：《环性与线性：中西文化特性比较》，《社会科学》2001 年第 12 期。

Bennett T., *The Politics of Display*, Routledge：London，2010：35-43.

谢雨婷：《可及性：公众感知视角下的博物馆公共文化服务评价体系》，《东南文化》2021 年第 2 期。

王敏芝、杨家宁：《走向展厅：中国民间年画的"可参观性"意义生产》，《媒介批评》2022 年第 1 期。

翟宇婷、谭述乐：《浅析数字化交互体验设计对博物馆展示空间的影响》，《建筑与文化》2018 年第 5 期。

宋琼花：《国际传播视阈下电视文博类节目创新发展路径探析》，《中国广播电视学刊》2023 年第 11 期。

B.8
虚拟数字人与对外传播新机遇

林爱珺　成于凡*

摘　要：　本研究旨在讨论虚拟数字人给对外传播实践带来的新机遇。研究指出：智能时代，国际传播领域乃至整个传播生态的底层逻辑经历着前所未有的深刻变革。虚拟数字人作为新兴媒介正逐渐渗透并丰富多样化的对外传播应用场景。虚拟数字人凭借信息传播的智能化、情感交互的沉浸感和传播场域的多元化等特点，在多维度协同传播和中华文明跨文化传播中开辟了新的路径，呈现一系列具有示范意义的创新实践。研究发现，尽管我国虚拟数字人在对外传播实践中仍面临诸多挑战，但合理挖掘和创新虚拟数字人独特的媒介可供性，能为我国的传播事业注入新的动能，并可推动实现国际地位和国际影响力的进一步提升。

关键词：　虚拟数字人　对外传播　媒介可供性

以 ChatGPT、Sora 为代表的生成式人工智能的出现，深刻改变了当下国际传播乃至整个传播生态的底层逻辑[①]，促进了传媒产业架构的革新。与人工智能有机结合，有利于不断提升传媒产业的新质生产力水平。

作为人工智能智慧输出的具体载体，虚拟数字人成为新型的传播媒介。凭借数字技术所赋予的超越时空限制的数字身体，以及智能技术所给予的表

---

* 林爱珺，暨南大学新闻与传播学院教授、博士生导师，主要研究方向为传媒法与新闻伦理、风险沟通与应急管理；成于凡，暨南大学新闻与传播学院硕士研究生，主要研究方向为智能传播与媒介伦理。

① 殷乐：《【理响中国】把握好新闻传播领域全面深化改革的三个"推进"》，https：//theory. gmw. cn/2024-08/05/content_ 37481379. htm，2024 年 8 月 5 日。

情、语音、动作和情感表达能力，虚拟数字人为用户带来前所未有的个性化、沉浸式体验，也为全球的传播实践带来新的可能。

一 作为媒介：虚拟数字人的媒介可供性

"可供性"（affordance）这一概念源于生态心理学，由美国学者吉布森于 1979 年提出，意为"动物与环境之间的互补性"（complementarity），即有机体与环境之间的协调关系。它不单一指向有机体或环境，而是同时指向两者。传播学领域在 2017 年开始引入"可供性"概念，学者潘忠党等将媒介可供性分为信息生产可供性、社交可供性、移动可供性三个维度，以衡量媒介的新旧程度，并探讨新媒体传播研究的未来发展方向[①]。媒介可供性强调媒介本身所具备的物理、认知和社会属性，以及这些属性如何被用户感知和利用，进而促进或抑制特定的传播行为。随着景义新等[②]、喻国明等[③]、孙凝翔等[④]学者对理论框架的完善，媒介可供性更具阐释力、稳定性与高整合性，不易受时空变迁、媒介技术革新的影响，与媒介研究有更高的适配度。利用媒介可供性探究全球语境下新兴媒介虚拟数字人的传播实践问题，能为剖析环境、媒介、用户三者间复杂又动态的互动关系提供独特视角和重要价值。

面对全球化的国际大趋势以及全球传播生态的智能化变迁，虚拟数字人成为促进中外文化深度交流和提高国际传播效能的重要力量。基于媒介可供性理论的逻辑框架，虚拟数字人作为对外传播实践的新兴媒介，具有信息传播的智能化、情感交互的沉浸感和传播场域的多元化特点。

---

① 潘忠党、刘于思：《以何为"新"？"新媒体"话语中的权力陷阱与研究者的理论自省——潘忠党教授访谈录》，《新闻与传播评论》2017 年第 1 期。

② 景义新、沈静：《新媒体可供性概念的引入与拓展》，《当代传播》2019 年第 1 期。

③ 喻国明、赵睿：《媒体可供性视角下"四全媒体"产业格局与增长空间》，《学术界》2019 年第 7 期。

④ 孙凝翔、韩松：《"可供性"：译名之辩与范式/概念之变》，《国际新闻界》2020 年第 9 期。

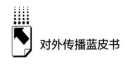

（一）信息传播的智能化

作为虚拟数字人重要技术支撑部分的人工智能、大数据、算法技术迅猛发展，虚拟数字人的信息生产可供性随之提升。作为新兴媒介，虚拟数字人不仅在资源配置方面展现巨大的优势，更颠覆了传统的信息生产与分发范式，信息传播的智能化特征尤为显著。

信息生产的智能化。人工智能技术作为虚拟数字人的核心驱动力，赋予其强大的创意生成能力。与传统传播媒介不同，虚拟数字人能依托预设的算法逻辑和模型框架，捕捉潮流趋势和文化热点，针对用户的个性化信息获取需要和接受习惯，对传播内容进一步编码与重构，生产出更具传播力和吸引力的信息内容。此外，借助自身强大的表现力和交互潜力，虚拟数字人能智能融合文字、图像、音频、数据等多模态信息符号，并引导用户发挥内容生产的能动性，共同创作出符合当前传播生态的融合信息产品。

信息分发的智能化。用户的个性偏好、所处的关系和场景都是影响信息分发的关键维度。在智能时代的大规模连接下，虚拟数字人能够高效处理海量信息数据，针对不同地区、用户需求，预测并把握目标用户的兴趣偏好，实现信息的个性化匹配和精准推送。同时，针对不同分发渠道的特性与受众群体差异，虚拟数字人能灵活调整传播内容，确保信息在多元渠道中的精准触达与广泛覆盖。

（二）情感交互的沉浸感

相较于依赖语境解读和想象的传统传播媒介，虚拟数字人能引领用户跨越认知界限，直接沉浸于特定的叙事场景之中，实现跨地域、跨时空的即时共享体验。从传统的平面单向传播到视听融合、虚实相织的立体互动传播模式，虚拟数字人的社交可供性被不断拓展，用户的社交和心理需要被有效满足，情感交互的沉浸感亦持续提升。

虚拟数字人媒介形态的高可塑性。在数字化、智能化的驱动下，不同虚拟数字人能被设计出独特的样貌特征，也能依据文本内容以及用户偏好的差异，灵活调整其媒介形态。在跨时空的交流叙事中，它能利用契合内容表达的外观造型，并以超越生物体固有的心理和生理状态波动影响的方式，给予用户稳定且积极的交互体验。尤其是跨文化传播的复杂语境下，受传者对于媒介角色的偏好和接受程度不可避免地受到国籍、民族、立场等的影响，呈现出多元化和差异化特征。相较于真实人类，虚拟数字人凭借超脱于人口统计学属性传统范畴与高可塑性，更容易被受传者接受和认同。比如，精致冷峻的女侠"柳夜熙"既能是戏剧演员也能是特工；活泼有魅力的动漫少女"初音未来"既能身着学生服饰也能穿上隆重礼服。

虚拟数字人的拟人化意味。虚拟数字人本质是由数据与代码构成的非生物体，但在技术赋能和交往实践中，被赋予了拟人化意味，展现出如同人类的外观造型、语言表达、动作行为、性格特点等特征，能在一定程度上模拟出类似人类的温度和情感。不同于传统传播媒介的单向传播，虚拟数字人拥有由数字技术驱动的交互能力，能够与用户开展实时、个性化的互动行为，拉近心理距离。与具有拟人化意味的虚拟数字人进行长期沉浸互动，双方易形成稳固的情感纽带，实现情感的传递和共鸣。在北美拥有高人气的虚拟数字人 Lil Miquela 具有小麦色皮肤、雀斑、齐刘海等相貌特征，会如真人一般在社交媒体上分享穿搭、美食、音乐，等等，并与其他用户展开互动，建立情感。

（三）传播场域的多元化

区别于人类的物质性实体，虚拟数字人是存在于数字世界的技术身体，不易受到物理环境的约束，具有非物质性和超现实性，被赋予更强大的移动可供性。虚拟数字人能更好地适应多变的媒介场景与采纳新兴的智能技术，也可以超越当下现实物理世界固有的表现尺度，发挥连接多维时空的桥梁作用，实现多元场域的传播实践行为。

跨越现实与虚拟世界之间。虚拟数字人因自身的虚拟特征，常驻于虚拟空间之中。借助 AR、VR、传感技术和元宇宙技术，虚拟数字人不仅能无缝融入虚拟空间，与用户展开即时、深入地交互，也能在技术的赋能下，将影

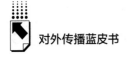
响力延伸至现实世界，以更直观、生动的方式传递信息，极大地提升信息的可感知性和用户的体验和参与感。在2023年9月23日晚举办的杭州亚运会开幕式中，来自全球130多个国家和地区的亚运数字火炬手的上亿束火苗，于钱塘江上汇聚成一个庞大的3D数字人火炬手，与现场火炬手共同点燃了主火炬。身处世界各地的亚运数字火炬手们兼容于现实与虚拟空间之中，通过感官联觉的"在场"体验，共同见证主火炬的点燃。

穿梭古今时空之中。传统传播媒介的信息承载能力往往制约其对展现时间流动、空间延展等复杂内容的表现力。凭借其独特的数字化属性，虚拟数字人成为古今交汇的重要媒介，能自如穿梭于不同历史节点与空间维度，在限定的时间表达框架内，巧妙编织跨越千万年的叙事脉络。在丰富故事内容的背景信息层次之余，进一步拓展叙事时间和空间，为用户营造一种超越现实、厚重且深邃的体验感受。比如"中华文明探源者"元曦便能跨越9000多年，带领观众探索贺兰山岩画这一远古先民刻在岩石上的艺术瑰宝。

二　应用实践：虚拟数字人创新对外传播

在互联技术、人工智能技术、大数据技术、虚拟现实技术的强力推动下，人类交往的界限被彻底打破，时间与空间的物理束缚逐渐消解。全新数字空间的兴起不仅重构了信息传播的版图，也为跨地区、跨时区、跨文化的深度交流开辟便捷的通道。作为媒介新形态的虚拟数字人顺势入场，融入全球范围内的信息传播网络之中，成为推动文化传播和国际交流的新力量。美国的 Lil Miquela、巴西的 Lu do Magalu、日本的 imma、韩国的 Rozy、中国的 Ayayi 等具有本土气质的代表性虚拟数字人纷纷亮相国际舞台，凭借自身虚拟化、数字化及高度交互性等属性，在传播本土文化、增强传播国际效能方面具有显著优势和广阔潜力。聚焦于我国的文化属性与传播实际，本文重点选取两个具有代表性的虚拟数字人，在全球范围内享有极高知名度和影响力的初音未来，以及在我国对外传播实践中崭露头角、彰显出新锐传播力的元曦作为研究范例，为我国虚拟数字人的对外传播实践提供可借鉴、可优化的创新路径，以期在全球的传播生态中占据有利位置。

（一）初音未来：多维度协同传播的有效模式

初音未来（Hatsune Miku）最初是由日本 Crypton 公司于 2007 年 8 月 31 日发布的一款具有外观形象的语音合成器软件。该软件搭载 Yamaha 的 VOCALOID2 语音合成引擎，能够使音乐创作者产出类似人声歌唱的音乐成品。伴随着先进技术的不断演进与持续赋能，初音未来逐渐超越单纯的技术构造，被赋予了"有趣的灵魂"，展现出一个活泼又迷人的动漫美少女形象。在现实与虚拟交织的传播场域中，初音未来通过多维度、深层次的互动策略，搭建起与全球用户之间的情感桥梁，实现粉丝圈层的持续扩张，成为跨越国界、具有广泛影响力且历久弥新的现象级虚拟数字人。

1. 虚实相织的"在场"体验

虚拟数字人的存在与实践，正逐步模糊并消解真实与虚拟世界之间的传统界限。在现实世界开展信息传播活动，使观众置身于全方位、多感官的沉浸式体验空间，有利于实现对观众的深度吸引与融入，激发起他们广泛的情感共鸣和认同。

创新融合全息投影技术和传感技术，初音未来实现从数字虚拟领域向现实世界的跨越，迄今为止已经在全球范围内举办近百场演唱会。在初音未来"魔法未来"（MAGICAL MIRAI）系列演唱会中，凭借高度逼真的全息投影，舞台上的初音未来立体自然，与现场乐队及舞者紧密配合，共同演绎出一首首经典曲目，引领观众仿佛置身于一个由初音未来主导的乌托邦世界之中。同时，通过传感技术，观众可以通过特定的手势识别或设备连接参与歌曲的演唱、节奏的拍打等环节，也能根据挥舞应援棒、喊出应援词等应援法与初音未来展开实时互动，共同创造出独一无二的演出体验。这种现实可感的互动体验，大大增强了观众的参与感和归属感，也更让他们深刻理解到初音未来所代表的文化内涵和情感价值，实现初音未来自身传播力和影响力的拓展。

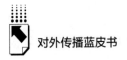

2. 官方与民间的文本共创

传播格局的巨大变革下，受众的角色发生了深刻的变化。他们不再是单一的信息接收者，而是多元、主动、互动的信息参与者与创作者，虚拟数字人的高可塑性和延展性能够给予他们更广阔的创作空间。他们在因实现自身能动性而感到满足的同时，也会与该虚拟数字人产生更紧密的情感关联。

相比其他虚拟数字人，Crypton 公司有意开放初音未来的版权，为创作者提供一个自由开放的创作环境，与创作者们建立起互惠互利的共生关系。全新与自由的创作模式鼓励用户参与到文本共创、互动叙事的行列，用户的热情与创作欲望被极大激发，初音未来甚至有了专属 IP。在官方与民间的协同创作中，初音未来的文化内涵更加丰富，用户与初音未来的情感联系也愈加紧密。比如由创作者 ryo 投稿于 2008 年的"World is Mine"是传说级的 VOCALOID 原创单曲。当前该歌曲仍具影响力，是初音未来 MIKU EXPO 2024 北美巡演的演出曲目之一。日本漫画杂志 *COMIC RUSH* 则在尽量不波及初音未来其他作品的世界观下，创作出厂商非正式的连载漫画《初音 Mix！》。

在多形态作品的共创中，创作者往往在潜移默化中理解与接受初音未来所代表的精神文化内核，相关文化的传播效果得以强化。初音未来以独特的可供性，构建起联系紧密、传播力强且充满高情感共鸣的庞大社群圈层，不断提升全球范围内的传播效能。

（二）元曦：中华文明跨文化传播的崭新范式

元曦作为中国日报社的数字员工和"中华文明探源者"，不仅以"CD Yuanxi"为 ID 于 TikTok、Instagram 等海外社交媒体平台开设了自己的账号，聚集了大量用户的喜爱与关注，而且在报社内部拥有自己的工号、工作邮箱和专属工牌。元曦的角色定位已然超越传统传播媒介范畴，在现实与数字空间中构建起独特的身份与地位，拥有完整的"人设"。作为虚拟数字人，元曦可以穿梭于虚实之间，灵活开展视频采访、节目出镜、活动主持等工作，充分体现虚拟数字人应用的可操作性和可拓展性，并以新颖独到的方式给予全球用户崭新的互动体验与文化感知，为中华文明的深度探源和对外传播实践开辟了一条充满活力的创新路径。

1. 中华文化的数字化再现

中华文化以博大精深著称于世，其不仅蕴含了静态艺术的深邃美学，亦囊括了动态技艺的精湛表现。在数字时代的浪潮下，虚拟数字人凭借高度可塑性与卓越表现力，成为当下展现中华文化多元风姿的重要媒介。

作为虚拟数字人的元曦，其面貌外观会根据传播内容和情境需要，融入具有中国传统美学特点的静态元素，如不同服饰的纹样细节、色彩搭配等，并在更精细、立体的呈现下，展现出浓郁的文化底蕴与独特的审美韵味。如在打卡拉萨八廓街中，元曦身着女式藏袍，穿戴特色饰品，以具有藏族地域风格的形象示人；在游览苏州时，则选用了具有青绿山水等多元色彩和纹样的中式旗袍，宛如古典秀美的江南女子。此外，元曦还将中华文化的多元传统技艺以动态形式展现得淋漓尽致。通过高精度动作捕捉、实时渲染等先进技术，元曦能够模拟出各类才艺与技艺的动态过程。无论是在天地山水间的曼妙舞姿，还是在国际茶日的中国茶艺展示，皆给予用户身临其境的感官体验，增强文化传播的感染力和吸引力。

通过元曦，中华文化的美学元素与技艺精髓能够以直观、生动的方式呈现出来，不断吸引全球用户的目光，进一步推动中华文化在全球范围内的广泛传播与深入交流。

2. 历史与文化探索边界的延展

数字化时代，虚拟数字人是充满想象力和创造性的概念。其正逐步成为连接现实与虚拟、过去与未来的桥梁，深刻改变了信息传播与文化传承的方式，亦为人类探索历史长河、领略文化多样性提供了新的渠道。

元曦以非实体的存在，打破物理空间的局限，跨越时间的尺度，带领大众以前所未有的方式沉浸探索历史和文化，感受中华文明的温度和深度，以及中华文化的世界意义。在"如何一天看遍历代中国绘画珍品"中，元曦带领用户穿越时间和空间。其跃入先秦到明清2000多年的绘画史，按照时间顺序依次游历于不同画作，探索不同时期画作的不同表现形

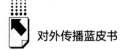

式，为大众呈现中国绘画史的震撼，传递中华文化独特的审美观、自然观和价值观。由于元曦特有的信息呈现形式，历史和文明变得生动，人类的认知边界获得极大拓展，一个真实、立体的中国形象在全球用户的认知中被逐渐构建出来。

3. 用户特性驱动的个性化传播

语言差异、刻板印象、理解偏差等因素一直是制约文化交流互鉴的主要障碍。较之真人，虚拟数字人以其独特的优势，在扮演不同文化和语言的媒介角色时总能展现出更强的适应性和灵活性，更好触达目标受众，增强文化交流互鉴的效果。

在对外传播实践中，元曦采用全球通用的英语作为主要交流语言，确保信息的广泛可达与易于理解。并会基于国外用户对中华文化的认知状态，多运用视觉、听觉等感官元素构造沉浸式的文化传播体验，直观散发中华文化的魅力，促进跨文化的理解与认同。此外，元曦的主创团队还考虑到不同平台的技术规范和受传者特征，会对作品进行适当调整、压缩及优化处理，提升作品的适配性与传播效率，实现信息的精准触达。[①]

凭借稳定的工作性能、创新且个性化的传播模式，元曦成为展示中国丰富文化底蕴、拉近传统文化与现代科技的时间距离、缩短中国文化与全球用户的空间隔阂的重要角色。

三 发展之路：对外传播中虚拟数字人的
困境、突破与前瞻

（一）对外传播中虚拟数字人的困境与突破

尽管虚拟数字人凭借多样化的媒介可供性，于对外传播的传播生态中，

---

① 邢宇、张少伟、韩冰：《主流媒体虚拟数字人技术国际传播应用探究》，《新闻战线》2023年第 20 期。

展现出不可忽视的效益和广阔的前景。但在复杂矛盾的多维因素交织下，其实际应用仍面临一定的挑战与困境，亟须持续探索创新路径，以寻求新的突破。

1. 传播之困：创新传播空间，优化传播内容

当前，我国的虚拟数字人在线上空间主要依托海外社交平台诸如YouTube、TikTok、Instagram 上进行图文、动画、视频等形式的信息传播，并借助点赞、评论、转发及私信等机制与用户展开互动。尽管这一路径能产生一定程度的传播效益，但也导致了虚拟数字人趋向于真人博主化。为维持用户的关注度，其易受流量机制裹挟，难以实现注意力和文化传播之间的稳定平衡。此外，这一"借船出海"策略固有的局限性，使虚拟数字人易受限于传播平台的功能框架、算法逻辑和运营规则，制约其潜在可供性的发挥。

鉴于此，一方面，虚拟数字人可以紧跟当代世界文化实践的视觉化转向趋势，把握住当下中国网络文化和微短剧在国际传播中的热潮。①② 虚拟数字人具有灵活的可塑性与逼真的视觉修辞技巧，可依托中国网络文学的丰富资源，采用微短剧这一创新呈现方式，合力创造出贴近年轻受众的模式讲述中国故事，营造国家形象"自塑"的话语空间，增强中国文化的国际表达力、亲和力和渗透力。另一方面，也需注意到虚拟数字人领域亟需技术驱动下的转型与发展，实现从"借船出海"到"造船出海"的跨越，即构建出专属于虚拟数字人的传播和交互数字生态空间。在此空间中，虚拟数字人能够综合自身独特属性，更好地发挥可供性，为用户提供全新的沉浸式体验。

2. 技术之困：克服技术瓶颈，增强用户体验

在人工智能技术发展迅猛的时代背景下，虚拟数字人的传播实践深刻体

---

① 戴润韬、史安斌：《数智时代中国网络文学国际传播的发展趋势与创新路径》，《出版广角》2024 年第 11 期。

② 张国涛、李斐然：《网络微短剧：制播新态、内容新维与国际传播新貌》，《福建师范大学学报》（哲学社会科学版）2024 年第 4 期。

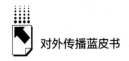

现了人类智慧和 AI 技术的深度协同。在 AI 技术的持续驱动下，虚拟数字人正逐步迈向智能化与个性化，其与用户之间的交互行为也趋于复杂。然而，由于当前技术体系尚未真正成熟，虚拟数字人在行为动作、言语对话上仍存在一定程度的不自然和僵硬，用户与虚拟数字人交互的过程中因系统内部各组件间响应与协同的滞后而产生的延时现象也时有发生，加之 AI 在语义理解与生成方面的局限性，易导致交互过程的不可预测，这些因素均在不同程度上削弱用户体验的自然流畅度。

面对这一系列难题，首要任务在于精进各项核心技术，致力于完善甚至拓展虚拟数字人的可供性，增强虚拟数字人与用户交互期间的连贯性和即时反馈能力。针对 AI 想象力在跨文化传播中可能引发的误会甚至冲突，则需要构建面向多元化用户群体的定制语义库，以确保虚拟数字人能够捕捉并尊重不同文化背景下的语境差异，理解用户意图，匹配用户需求，严格避免生成任何不合逻辑、违背信仰或者文化禁忌的内容，规避刺激或冒犯不同文化背景的用户而带来的不良影响，促进全球范围内的和谐交流与文化传播。

（二）虚拟数字人的对外传播发展前瞻

在智能趋势下，前沿科技正合力推动数字人从单向传播的数字皮囊转向具有学习与思考能力、情感识别能力、复杂双向交互能力的"数智人"路径发展。在这一可供性不断延伸的进程中，大模型逐渐代替真人对虚拟数字人的驱动作用，虚拟数字人愈加智能化。情感 AI 则将赋予虚拟数字人理解人类情感的能力，使其更具人性化、情感化。面对这一变化趋势，我国虚拟数字人的对外传播实践将迎来更大的机遇与挑战。

在场景体验的深化方面，虚拟数字人的活动场景将实现从预设静态时空向实时生成的三维动态时空的飞跃，这一时空能够更精准地模拟物理世界及其规则的复杂性与规律性。也就是说，在数字空间里，虚拟数字人将具备灵活的场景构建能力，能依据交互内容的差异性，动态适配并创造出相应的场景环境，以提升用户的参与感和体验深度。根植于本土文化语境的虚拟数字人承载着传播中华文化的使命，它们可以通过还原中国多元化的现实场景，连接中国真实又富有亲和力的交际空间，营造平等和谐的交流氛围，为海外用户提供前所未有的沉浸式体验，使他们能够更加直观、全面地感知到一个开放包容、持续发展且多维度的中国形象，加深对中国的了解。

在交互模式的革新方面，虚拟数字人将从单纯的中介工具转变成具有人格化意味的"他者"角色。[①] 得益于 AI 技术的深度融合，虚拟数字人将被赋予更高层次的理解人类语言内涵、洞悉复杂情感并与之进行情感互动的可能性。生物传感器的引入，使虚拟数字人能够通过捕捉用户面部表情、语音语调等信号，推断其情绪状态，并据此提供用户专属的情感支持与慰藉，实现真正意义上的"情感交流"。在双向与拟真化的交互中，用户与虚拟数字人易产生情感羁绊，届时虚拟数字人或许将被视为具有生命意义的他者，以人类伙伴的形象被看待。于外国用户而言，在与蕴含中国特征的虚拟数字人进行互动时，若能获得情感上的认同与满足，这种积极的情感体验将自然而然地延伸至其背后的人类群体乃至整个国家的正面感知上，提升相应的好感度与亲近感，为跨文化交流与传播提供更坚实的基础。

在智能技术不断涌现的未来图景中，虚拟数字人正逐渐拓展其应用边界，在多元领域与复杂场景中扮演愈发重要的角色。虚拟数字人在对外传播实践中具有独特优势，但也存在诸如技术成熟度、资金投入规模、市场接受度以及企业发展策略等多维度挑战。积极应对并深入探究、克服其亟待解决的难题，确保虚拟数字人的功能与潜力得以充分释放，并在全球化语境下为我国文化的传播以及国家形象的建构提供新的传播力和创新力。

四　结语

在全球化大趋势深入发展、文化交流互鉴趋势势不可挡的背景下，虚拟数字人以其独特的媒介可供性、超越物理限制的灵活性和高度个性化的表达

---

① 彭兰：《与数字人共存将带来什么？》，《新闻界》2024 年第 9 期。

手段，在一定程度上展现出缓和文化信仰冲突、跨越语言障碍、消解刻板印象及纠正理解偏差的优势，有效降低文化折扣现象，提升对外传播的效果。伴随着智能技术的迅猛更迭和媒介生态的持续革新，作为新媒介角色的虚拟数字人在对外传播中的前景将更加广阔。积极挖掘并充分利用虚拟数字人的潜在可供性及其应用领域的创新优势，讲好中国故事，传播好中国声音，构建好符合我国国情和国际视野的中国话语和叙事体系，以在动态变幻的全球传播生态中，形成同我国综合国力和国际地位相匹配的国际话语权，为构建人类命运共同体贡献中国智慧与力量。

参考文献

新华社：《习近平对宣传思想文化工作作出重要指示》，https：//www.news.cn/politics/leaders/2023-10/08/c_ 1129904890.htm，2023 年 10 月 8 日。

新华社：《政府工作报告——2024 年 3 月 5 日在第十四届全国人民代表大会第二次会议上》，https：//www.gov.cn/gongbao/2024/issue_ 11246/202403/content_ 6941846.html，2024 年 3 月 12 日。

殷乐：《【理响中国】把握好新闻传播领域全面深化改革的三个"推进"》，https：//theory.gmw.cn/2024-08/05/content_ 37481379.htm，2024 年 8 月 5 日。

喻国明：《试析数智时代传播领域的三个关键性改变》，《学术探索》2024 年第 9 期。

郭全中：《虚拟数字人发展的现状、关键与未来》，《新闻与写作》2022 年第 7 期。

景义新、沈静：《新媒体可供性概念的引入与拓展》，《当代传播》2019 年第 1 期。

喻国明、赵睿：《媒体可供性视角下"四全媒体"产业格局与增长空间》，《学术界》2019 年第 7 期。

孙凝翔、韩松：《"可供性"：译名之辩与范式/概念之变》，《国际新闻界》2020 年第 9 期。

杜智涛：《技术身体再造 虚拟数字人的正面效应与风险研究》，《人民论坛》2023 年第 23 期。

喻国明、杨名宜：《虚拟偶像：一种自带关系属性的新型传播媒介》，《新闻与写作》2020 年第 10 期。

邢宇、张少伟、韩冰：《主流媒体虚拟数字人技术国际传播应用探究》，《新闻战线》2023 年第 20 期。

戴润韬、史安斌：《数智时代中国网络文学国际传播的发展趋势与创新路径》，《出版广角》2024 年第 11 期。

张国涛、李斐然：《网络微短剧：制播新态、内容新维与国际传播新貌》，《福建师范大学学报》（哲学社会科学版）2024 年第 4 期。

中国传媒大学媒体融合与传播国家重点实验室、中国传媒大学数字人研究院编《中国虚拟数字人影响力指数报告》，2024。

彭兰：《与数字人共存将带来什么?》，《新闻界》2024 年第 9 期。

媒 体 篇

B.9
今日广东国际传播中心的对外传播
创新实践与启示

赵 杨[*]

摘 要： 自创立以来，今日广东国际传播中心（GDToday）作为广东省对外传播的核心平台，通过构建自主管理的对外传播体系、创立海外社交媒体账号矩阵，并携手港澳及全球媒体构建合作网络，成功打造了具有显著国际影响力的传播生态。GDToday 致力于提供多元化、创新性的内容产品，旨在融入全球媒体格局，树立公信力与传播力，构建覆盖全球的经贸文化交流服务网络。近年来，GDToday 迅速成长，不仅有效地回应了海外用户的信息需求，还主动拓宽中外交流渠道，成为联结全省对外传播资源的权威省级国际传播平台。

关键词： GDToday 对外传播 生态体系

---

* 赵杨，南方报业传媒集团今日广东国际传播中心（GDToday）总编辑，高级记者，主要研究方向为国际传播、媒体融合。

广东是中国经济第一大省，贸易遍及全球，粤籍海外华人华侨多达3000多万，深受全球关注。广东毗邻港澳，是中国改革开放前沿，中外交往密切，中西文明在此交汇、中西文化在此交融。这些既给对外讲好中国故事、展示中华民族现代文明提供了深厚土壤，又给对外传播工作提出诸多实际需求。

为贯彻落实习近平总书记关于加强对外传播能力建设的要求，2021年，南方报业传媒集团在已运行18年的南方英文网基础上成立对外传播中心和集团下属一级子公司——今日（广东）国际传播有限公司，成为集团专门负责对外传播工作的媒体部门和公司。2023年11月14日，集团对外传播中心更名为今日广东国际传播中心（GDToday），成为广东的省级国际传播中心，被赋予打造"广东对外传播主平台、世界了解广东第一端"的职责使命。

作为广东唯一一家致力于外文多语种传播的媒体，GDToday以新闻立身，以传播出彩，以活动出圈，主动融入世界传媒家庭，探索构建覆盖全球的采编与传播网络。与此同时，GDToday已经构建了一套广东全省共建共享对外传播平台的模式，成为集资源聚合与内容分发、传播平台打造与外宣生态构建、对外传播自塑与他塑协同发力于一体的对外传播专业机构，成为广东对外传播工作主引擎、主平台。在这一模式的支撑下，GDToday已在港澳和海外初具影响力，连接全省各层面共同构筑支撑广东对外传播工作持续发展的生态体系。

一　打造多元立体、受众清晰、切实有效的对外传播网络

对外传播工作的重中之重是对外传播平台建设，而平台建设核心在于目标受众清晰。当前，全球主要国家和地区均已进入互联网时代，互联网成为世界新闻、全球故事的集散地。围绕面向港澳台侨各界人士，面向来粤、在粤外籍人士（综合有关数据和采访了解，主要来自东盟国家、韩国、日本、非洲、俄罗斯、欧盟、美国、印度、中东地区）；面向东盟、欧盟、美国等

广东主要贸易伙伴提供新闻资讯和新闻产品这个目标定位，GDToday 结合自身实际，构筑多层次的对外传播网络，既打造、运维能服务主要受众的英语主平台，又打造、运维具有针对性的粤语方言、葡语、法语、日语、韩语传播平台；既打造自主可控媒体平台，又建设运维在目标地区和人员广泛使用的网络社交媒体平台账号矩阵。目前，GDToday 已建设起具有一定影响力的对外传播体系，对外传播体系包括 GDToday 多语种新闻网站（www.newsgd.com，原南方英文网）、GDToday 英文客户端、海外网络社交平台账号矩阵、全球合作媒体传播矩阵、英文电子周刊，链接、覆盖超2000 万的海外用户。

（一）构建自主可控的对外传播平台

构建具有智能技术支撑、自主可控的对外传播平台是当前国际舆论形势下，避免对国外传播平台依赖的一项十分重要而谋划长远的举措。尽管此项工作对专业采编人员、技术力量要求高、投入大，相较于出圈的传播内容见效稍慢，但南方报业传媒集团还是坚持谋划长远，全力投入。

2003 年，南方报业传媒集团成立南方英文网，成为全国较早成立省级层面英文新闻网的媒体集团之一，在其后的 18 年里以及成立集团对外传播中心后的 3 年里，锻造了一批专业的英文采编团队、建立了规范的采编发流程和内容标准，也看到了平台建设带来的传播力和营收力。也正因此，2023年成立的 GDToday 才有了继续打造自主可控对外传播平台的基础和胆量。这些平台主要包括如下几种。

1. GDToday 新闻网站

GDToday 新闻网站是广东唯一一家省级多语种新闻网站，开通于 2003年，以英语网站为主，同时开设葡文和法文版。在谷歌平台输入"Guangdong news"，GDToday 多语种新闻网站则长期居于首位出现。

2. GDToday 客户端

GDToday 客户端是广东唯一的英文新闻客户端，于 2023 年 11 月 14 日正式上线，包括资讯、服务、视觉、城市四大板块，可实时智能翻译为葡、法、西班牙、阿拉伯等6种语言，着力打造外籍人士了解广东的"掌上通"、分享在粤生活的"发布端"、外文版的"粤省事"，已在各大手机应用商城上线，实现境内外手机用户顺畅下载、使用，境外用户可一键分享至脸书、推特账号。

3. 英文电子周刊（News Letters）

每周整理要情资讯，通过邮箱，分发至 GDToday 网站、客户端订阅用户，外国驻穗领馆和商会，在粤大中型外资企业外国高管等约1万名注册会员。

4. 负责运维的外国多语种网站

目前，GDToday 负责建设、运维广东省政府新闻办英文网站、粤港澳大湾区门户网的英葡文版、深圳政府在线网站的日韩法文版、横琴粤澳深度合作区官方网站的英葡文版，这些网站与 GDToday 建设自主可控媒体形成有力互补。

（二）打造具有针对性的海外网络社交媒体平台账号矩阵

根据全球社会化媒体传播公司 We Are Social 于2024年发布的《2024全球数字报告》显示，活跃的社交媒体用户已突破50亿大关，最新用户数字相当于世界人口的62.3%。①

社交媒体平台的强势崛起，成为当代地球村民们交流碰撞、冲突融合的公共平台，社交化、互动化、去中心化成为全球舆论生态环境呈现的新特点，在一定程度上改变了国际舆论场上少数强势媒体垄断话语权的局面，为对外传播工作提供了新的机遇。围绕目标受众，截至2024年9月底，GDToday 已经在 Facebook、X、YouTube、Instagram、TikTok、微信等平台开设20余个机构或垂类账号，粉丝数超过650万。尽管和一些中央外宣媒体相比，GDToday 运维的账号起步晚，粉丝量还不大，但普遍活跃度高、互动

---

① *Digital 2024：5 billion social media users*，https：//wearesocial. com/cn/blog/2024/01/digital-2024-5-billion-social-media-users，2024年8月30日。

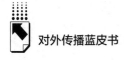

量大,在对外传播中发挥了一定作用。主要机构账号包括以下几个。

1. 英语官方账号——Facebook账号GDToday

该账号定位为GDToday英文官方账号,综合类账号,截至2024年9月底,粉丝数为415万,是广东各媒体中粉丝数最多的账号。以2024年1~9月为例,账号共发布帖子2116条,其中原创1780条,总浏览量6422.4万次,总互动量超58.6万次,转发量4.4万次。

2. 粤语官方账号——Facebook账号"今日香港地"

定位为香港媒体账号,使用港言港语传播,截至2024年9月底粉丝数为38万,是多个Facebook平台小组的组长,在香港已经形成了较高知名度,被香港中联办评为在港较具影响力十大脸书账号之一。以2024年1~9月为例,账号共发布帖子2079条,总互动量超41.2万次,总浏览量2307万次,评论量1.7万条,转发量1.6万次。

3. 文旅官方账号矩阵——Master Guangdong

主要发布平台包括以分享生活图片和短视频为主的Facebook、Instagram等平台。截至2024年9月底,账号总粉丝数超过53万,其中照片墙粉丝数超过40万、TikTok账号粉丝数8万余。该外宣矩阵日常发布粤港澳大湾区文体相关重点内容,以及"节气说""Master""锦时·南粤""中外艺术挑战"等系列报道。2023年,浏览量超过1万次的帖文共38条,其中超过10万次的36条,超过20万次的1条。

4. 英文经济类账号——X平台账号Hi, GBA

定位为粤港澳大湾区经济政策英文资讯平台,为X平台蓝标认证账号,粉丝数8.1万余,拥有包括联合国驻华协调员常启德、WHO顾问RijoMJohn等一批具有影响力的粉丝,稿件长期被香港贸发局推特账号转发。以2024年1~9月为例,账号共发布帖子2247条,浏览量最高的1911条浏览量合计为235万次,推文被包括联合国副秘书长弗莱明、世界知识产权组织助理总干事马尔科·阿莱曼等粉丝转发或点赞、评论,总互动量11万条。

(三)构建与港澳媒体广泛的合作网络

粤港澳三地相连相依,既有三地之间相互传播的需求,也有作为整体,携手向世界进行传播的需要。目前，GDToday 已与大公文汇传媒集团、香港有线、香港无线、香港电台、《南华早报》、《星岛日报》、香港 01、橙新闻、《巴士底报》等均建立起各具特色的合作。亮点合作有：GDToday 推出的《港故事——香港回归祖国 25 年 25 人访谈录》系列视频在香港有线及其新媒体平台播出；反映香港回归祖国 25 年来融入祖国发展的 6 集系列专题片《沿途有你》在香港无线 TVB 播出；应邀在香港电台开设反映广东医护人员支援香港抗疫的电视专栏；与香港无线合拍 4 集综艺节目《唱游大湾区》在香港无线 TVB 播出，等等。

2024 年，GDToday 又与香港 01 客户端开设了"北上广东"栏目，系统向港宣介大湾区发展机遇和游玩攻略；同年 3 月，与《南华早报》合作推出《粤港澳大湾区五周年建设巡礼》英文特刊，系统介绍粤港澳大湾区 5 年发展，面向港澳和海外进行传播；2024 年 9 月底，与香港电台联合制作的 6 集专题片《香港寻踪》在香港电台播出，共同寻找、记录反映粤港同心、内地与香港血脉相连、共同历史记忆的故事……此外，GDToday 还与澳广视、《澳门句号报》、《每日时报》、《澳门平台报》、澳门商讯、《澳门邮报》等英葡文媒体或频道均建立各类合作，2022 年以来，澳门各媒体转载 GDToday 英、葡文报道近 500 篇。

（四）携手构建全球媒体合作网络

GDToday 积极拥抱全球化趋势，主动融入全球媒体生态，致力于与世界各地的主流媒体建立广泛而深入的合作。目前，已成功与近 1000 家国外主要媒体建立了合作关系，涵盖了新闻、财经、科技、文化等多个领域，为 GDToday 提供了丰富多元的信息来源和广泛的传播渠道。

例如，GDToday 已与 20 家知名华文媒体建立了内容互换合作机制。此类合作不仅能够向海外华人传递广东的最新动态和发展成果，还能够借助华文媒体的影响力，提升 GDToday 在海外华人社区中的知名度和美誉度。此外，GDToday 还积极与东南亚地区的 10 余家主要通讯社和英文媒体建立了联合采访、资源共享等合作关系。此类合作能够帮助我们更为深入地了解东

南亚地区的文化和市场动态，还提供了与该地区主流媒体进行深度交流和合作的机会。

通过联合采访等合作机制与媒体活动，能够共同挖掘和报道具有地区特色的新闻故事，更可促进广东与东南亚地区的经贸文化交流与合作。

二　生产满足境外用户资讯需求、欣赏需求的内容产品

"加快构建中国话语和中国叙事体系，着力打造融通中外的新概念、新范畴、新表述，用好中华文化资源、紧扣国际关切，讲好新时代中国故事，展现可信、可爱、可敬的中国形象"① 是当前中国对外传播内容生产方面的重要任务。而地方媒体在其中可以发挥重要作用。

以地方为主题的国际传播，实际上是外域民众认识地方、认知中国、形成印象和改变先见的直接抓手，因而成为我国国际传播叙事体系的应有之义。省级单位作为重要的地方形态，在我国国际传播中具有相对独立的文化特色和传播特质，在议程设置和叙事体系中，既能够作为国家国际传播的组成部分，又可以根据自身的区位特点，形成独特的传播优势。②

正如前文对广东涉外特点和用户画像的描述，GDToday 将传播对象首先瞄准港澳台侨各界人士，面向来粤、在粤外籍人士（综合有关数据和采访了解，主要来自东盟国家、韩国、日本、非洲、俄罗斯、欧盟、美国、印度、中东地区）；面向东盟、欧盟、美国等广东主要贸易伙伴。

GDToday 根据内容的使用场景和需求类型，提供多层次的内容供给；根据对外传播规律和受众特点，在创新表达方面开展多种尝试。

（一）提供多层次的内容供给

通过脸书、X（原名推特）等社交媒体平台，新闻信息和观点在全球范

---

① 李书磊：《深化文化体制机制改革》，《人民日报》2024 年 8 月 7 日，第 6 版。
② 周庆安、李慧韬：《国际传播的地方实践与区域创新研究——以今日广东国际传播中心（GDToday）为例》，《南方传媒研究》2023 年第 6 期。

围内迅速传播，由传统媒体所主导的舆论传播模式经历了嬗变，影响力传播由线性模式发展为交互模式。[①] 作为媒体，GDToday 既有严肃新闻，又有轻松的创意视听产品；既关注全球、中国、粤港澳的政治经济社会文化新闻，力争做到国内外重大新闻事件报道不缺位，省内报道全方位，持续地推出各类动态、专题报道，满足用户的资讯需求，建设媒体公信力，又根据海外网络社交媒体平台特性，推出"去新闻化"的视听产品，满足 Z 世代使用移动网络欣赏生活化、娱乐化内容需求。

1. 满足受众对大湾区、对广东的各类资讯需求

随着综合国力的增强和国际地位的提升，中国已经成为世界上"高关注度国家"之一。外国受众从不了解、不关注中国到开始主动寻找中国相关信息，"中国"本身越来越成为一个新闻关键词。

广东是中国经济第一大省，贸易遍及全球，国际交往密切，各类涉外活动非常频繁，不少外籍商业人士对广东的经济社会信息高度关注；毗邻港澳，随着粤港澳大湾区建设的推进，三地深度融合，港澳两地对广东各类资讯也非常关注；粤籍海外华人华侨多达 3000 多万人，广东发生的故事也深受他们的关注；在粤外籍人士更是对广东本地发生的新闻充满关注。而这些信息恰恰对国际舆论场中的涉华信息是个重要的补充，让其中权威、准确的声音多起来。

（1）实现涉外政策类资讯的广泛传播。GDToday 以打造"粤港澳大湾区国际多语种和粤语方言权威信息发布平台"作为重要职责使命。大多数的外国驻穗领馆、在粤外籍商会均将 GDToday 作为权威新闻的主要来源。

比如，围绕广东省"十四五"规划、《广东省政府工作报告》、《广东省进一步加大吸引和利用外商投资力度的专项实施方案》等系列涉大湾区、涉外的政策与措施，GDToday 均及时编译制作英语等多语种图文稿件，精心制作长图图解、宣传海报等形式多样的新媒体产品；围绕广东省粤港澳大湾

① 张志强、陈秀娟、韩晔：《社交媒体时代中国智库国际传播机遇、现状与提升路径》，《中国科学院院刊》2024 年第 4 期。

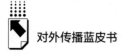

区建设重点工作，开设"湾区政策知多 D"英文和葡文栏目，通过浅显易懂、形式生动的图解，及时对外宣介粤港澳大湾区最新政策；围绕《横琴粤澳深度合作区建设总体方案》《全面深化前海深港现代服务业合作区改革开放方案》，联动港澳、海外主流媒体和海外华文媒体三大媒体矩阵，在境外平台第一时间推出英、葡语种以及粤语繁体版图解、九宫格海报、专家系列采访等原创全媒体产品 500 余个，连续打造"爆款"，引发美联社、法新社、《时代》周刊等近 1000 家境外媒体以 19 种外语进行报道，被英国驻广州总领事、欧盟中国商会中小企业论坛主席等知名人士在海外网络社交媒体平台转载，覆盖境外受众超 10 亿人，境外点击量超 1.2 亿次，实现了境外传播有效落地，积极宣介了"两个方案"及重大意义。

（2）做到服务来粤在粤外籍人士的资讯精准传播。GDToday 特别注重服务来粤在粤外籍人士，为他们提供来粤便利化出入关、在粤便利投资、读书、生活、旅游等服务类资讯，还为他们在粤找到同乡、融入在粤朋友圈提供帮助。

比如，GDToday 多语种新闻网和英文客户端均设立服务板块，将来粤出入境指引、涉外法律服务、办理各类证件、服务热线电话、投资、支付、就医、读书等各类信息进行集纳，以图文、报道等形式传播；比如，2021 年以来，GDToday 已连续多年与广东省商务厅合作，编写当年的《广东投资指南》中英文版内容，并以图文相结合的方式在 GDToday 全平台发布；每到周五，GDToday 都会推出周末旅游打卡指引信息，以唯美的封面海报+务实的路线推荐进行传播。2024 年，针对"144 小时过境免签政策"，GDToday 推出"Easy in Guangdong"（粤事通）系列短视频，由马来西亚在粤留学生担任特约体验官，体验式详细讲解如何便利来粤、在粤旅游和消费。

此外，凡广东政府部门发布的面向在粤人士的各类信息，GDToday 都不会忘记生活在这里的外籍人士。提醒防台风、暴雨等各类自然灾害的信息，各类涉疫情的信息，以及有关的指引性服务信息，GDToday 都会以温馨的服务贴士方式，以"海报+图文"形式对外发布。2022 年，GDToday 围绕在粤外籍人士如何在粤参与抗疫工作，以及如何开展工作进行视频、图文征集，结果收到 2000 余个作品，可见 GDToday 与在粤外籍人士之间的黏性之高。

GDToday 深入在粤外籍人士社群，持续报道他们的故事，这些信息也帮了不少初到广东的外籍人士找到自己的社群。

（3）采写、精选涉港澳和港澳两地利好资讯。2021 年，南方报业传媒集团获批在香港、澳门设立记者站。根据集团工作安排，GDToday 负责建设管理两站，将站设在香港、辐射澳门，日常有驻港记者在港办公。GDToday 的粤语传播主平台是在香港使用率最高的 Facebook 平台上开设的账号——"今日香港地"。它以本港媒体定位报道每日之香港。

鉴于人力有限，"今日香港地"重点传播的内容是包括广东在内的内地涉港信息；香港本地热点新闻，特别是释放积极利好的信息。经过几年的建设，GDToday、"今日香港地"在香港也形成了一定的媒体公信力。2022 年 3 月，香港疫情最为严重之时，GDToday 独家专访香港名医袁国勇研判香港疫情形势、呼吁加强与内地抗疫合作，被全港媒体转发；围绕香港回归祖国 25 周年和回顾任特首时的香港大事，GDToday 对林郑月娥前特首的专访，是其卸任后至今唯一一次接受媒体专访，被 BBC 等全球数百家媒体转发、引用；2023 年，GDToday 推出的"超班有嘢讲"系列报道，专访香港特区政府 3 司 15 局"一把手"，独家披露"粤车南下"、内地与香港公务员互相挂职等新闻，获几乎全部香港媒体转发，还被不少中国台湾媒体转发。

2. 对中国国内新闻、中国外交提供外部观察视角

GDToday 及时关注中国外交等国际社会关注程度高的中国新闻，并通过广泛采访对中国有研究的外籍专家学者，提供外部观察中国视角。采访中，记者会主动抛出中国热点新闻、议题话题、有中国特色的政治经济话语，在与外籍专家的采访讨论中，将外籍专家视角与中国现象、中国概念相结合，生产制作成短视频、图文报道，更好地让外界了解中国。

比如，推出"读懂中国"系列报道，围绕中国的元首外交，专访中国元首会见国家的专家学者、政商界知名人士；围绕中国热点议题，向外国知名政要、学者约稿，深入理解。目前系列报道已经推出稿件 48 篇，被境外媒体转发 3000 余次，海外阅读量近 1 亿人次，特别是 10 余篇报道被中国元

首外交相关国家的主要媒体转发、援引。

3. 对国际涉华热点报道，及时开展真相调查

国际舆论场长期处于多元、复杂状态。一些西方国家长期戴着有色眼镜看中国，其大部分媒体倾向于怀着主观情绪、狭隘偏见恶意评论中国。[1] 受意识形态、新闻观和境外一些观点偏狭甚至敌对的海外网络社交媒体平台账号博主影响，国际舆论场也有一些恶言恶语，特别是刻意扭曲的信息。

对此，GDToday 根据国际舆论场关心的涉华，特别是涉大湾区和广东的议题，策划开展深度调查，提前"定义事件"，将第一手信息源源不断地注入国际信息库，用真实故事占据舆论空间，对冲虚假、片面的涉华信息。比如，2022 年，国际舆论场刚开始关注广东防疫政策时，GDToday 推出"Together We Fight COVID"系列英文视频报道，拍摄了 6 位在穗外籍人士疫情下工作、生活的故事，借以反映广州的疫情形势、抗疫工作，在 GDToday 网站和海外平台总点击量超过 220 万次。

面对国际舆论场的不实报道，GDToday 更是以深度调查、还原真相的方式，以正视听。比如，2021 年，针对西方少数敌对势力与媒体关于新疆的谎言，GDToday 主动以公开权威数据，展示新中国成立以来新疆经济社会发展和人口增长、宗教保护情况，同时以联合国和美国权威数据集中展现美国印第安人在相关方面数据变化，以此展示新疆的欣欣向荣，报道被外交部发言人华春莹等在推特平台转发。2024 年 6 月，连接深圳、中山以及广州的跨海通道——深中通道正式开通，这是一个世界级"桥、岛、隧、水下互通"跨海集群工程。但部分西方媒体质疑深中通道将会是一个"大白象工程"。为回击这些西方媒体的关切，GDToday 专门制作视频，带着疑问去调查，以分析数据、展示现场、人物采访、观点评论方式予以回应，视频在脸书和 X 平台的观看量超过 60 万次。

4. 对全球热点予以解读，发出广东声音

国际热点，GDToday 努力不缺位。2024 年起，GDToday 将全球热点连

---

① 傅莹：《加强国际传播，更好地塑造中国形象》，《人民论坛》2021 年第 31 期。

线报道归拢，开设《寰宇对话》栏目，针对国际热点，快速连线当地目击者或专家，截至 2024 年 9 月已推出 31 期。其中，围绕中东紧张局势所推出的 *What does the death of Iran's President mean for the country and the Middle East？*（伊朗总统坠机对伊朗外交以及中东局势将会带来什么影响？）连线伊朗外交专家进行深入解读，覆盖海外受众达 6.1 万人；针对俄罗斯遭遇恐怖袭击，GDToday 迅速连线事件亲历者，还原事情发生经过，并同时拍摄莫斯科恐袭 24 小时后的街头情况，推出 *What to know about the Moscow terror attack？*（关于莫斯科恐怖袭击，我们需要知道什么？）覆盖海外受众超 3.1 万人。

5. 紧扣经济议题，深度调查解读广东经济的世界机遇

广东是中国经济第一大省，广东经济发展机遇是机遇中国的重要组成部分；广东产品出海，也是中国智造、中国制造的重要 IP。围绕"投资广东""机遇广东""粤贸全球"等经济领域核心议题，GDToday 重点打造了"湾有引力"栏目对外，包括：推出"世界 500 强企业外国高管看广东""外国驻穗总领事眼中的广东机遇"等英文视频专访报道；围绕外国企业在粤发展情况、广东企业和产品出海等，推出"经济上下游"等英文视频调查报道；围绕中央、广东权威机构发布的数据，推出"解码湾区"数据海报系列报道；围绕广交会等国际展会，推出"爱丽丝探广交""幸会"等 VLOG 英文短视频。

6. 对外宣介岭南文化、魅力广东，塑造粤港澳国际形象

岭南文化是粤港澳地区民众和海外 3000 万粤籍华人华侨共同的文化符号，粤语、粤剧、粤菜等反映岭南文化的标识和广东文化旅游活动，是港澳台侨民众喜闻乐见的内容。因此，以文化标识为媒，面向港澳台侨民众宣介岭南文化，介绍城市文旅是 GDToday 的重要工作之一。

岭南文化是联络海外华人华侨的纽带。2023 年春节是国内防疫政策调整后的首个农历新年，海外华人华侨思乡情重。迎合团圆之节和思乡之情，GDToday 推出《侨乡年味》创意短视频，以一位海外游子归来，探访潮州、江门、梅州三大侨乡，走访那些老侨们心心念念的家乡地标，和当地人一起

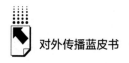

忙年、品小吃、看歌舞……感受广府、客家、潮汕三大文化不一样的年味。视频用当年 YouTube 平台流行的运镜手法拍摄制作,在海外平台获得 60 万浏览量,并被新加坡联合早报网等 20 余家海外华文媒体转发。

粤语歌曲和节目是连通粤港澳三地的重要桥梁。为宣传大湾区地标和文旅,2023 年,GDToday 与香港无线联合制作 4 集音乐综艺节目《唱游大湾区》,精心设计路线,邀请 3 位新生代、有粉丝基础的香港歌手炎明熹、曾比特、菊梓乔,在大湾区走访采风。通过拍摄 3 位歌手来大湾区内地城市各自寻找歌曲创作灵感和举办一场小型音乐会的过程,制作真人秀节目,有效向港澳介绍了大湾区内地城市的文旅资源。系列节目在 GDToday 运营的脸书账号"今日香港地"播出,全球超 20 家华文媒体报道该节目的拍摄过程,在香港无线翡翠台黄金时段播出,综艺节目单集最高播出电视收视率超20%(超过 127 万香港电视观众收看)。

岭南文化是中华文明的重要组成部分,在本土与外来、东方与西方等诸多因素共同作用下,形成独特的风格。GDToday 围绕传统的、流行的、中西合璧的岭南文化推出一系列报道。比如,《南方日报》、GDToday 联合推出"中外艺术挑战"项目,通过潮汕英歌舞与外国小哥的街舞 PK 共赏等方式,与外国人同台共舞、同框合唱,推动文明互鉴,被境外超过 600 家媒体转载。

服务岭南文化"走出去"、让外籍人士看到宜居宜业宜游的广东,GDToday 还推出一批视频作品。如 2023 年,GDToday 联合日本知名纪录片导演竹内亮团队制作系列微纪录片《我在广东》,讲述 6 位外国朋友在广东安居乐业、奋斗逐梦的故事,在境内外平台的覆盖量近 2000 万,被《纽约时报》、福克斯新闻台、《朝日新闻》等 600 余家境外媒体转发,获评"读懂中国·新青年看中国"中外短视频征集活动"一等推优作品"。

(二)在创新表达方面开展多种尝试

总结 GDToday 在内容生产方面的特点与思路,主要有如下体会。

1.融入国际舆论，挖掘本地资源

虽然说"民族的，就是世界的"，但是不代表民族的、本土的就能在世界上传播。因此，GDToday坚持融入国际舆论场，先思考清受众所处的舆论场，再根据这一舆论场的焦点和热点，结合大湾区、广东的资源、情况，制作新媒体产品，以期在该舆论场，"乘风"传播。比如，围绕共建"一带一路"的话题，GDToday联合10个共建"一带一路"国家的媒体，研究当地舆论关于共建"一带一路"的焦点，推出"丝路明粤"大型联合采访报道，有针对性地回应热点，深度调查，讲好故事，报道除在GDToday媒体平台发布外，还在希腊Rice电视台、斐济MaiTV等10个共建国家的电视台播出，被1000多家海外媒体转载，覆盖超过1亿人群。

2.结合平台特性，倒推产品形态

网站、客户端以及GDToday开设账号的海外网络社交媒体平台，各有各的特性。有的偏好生活、有的偏好新闻、有的重在群组、有的重在长视频、有的喜好"去新闻化"的短视频。GDToday在推出内容产品时，会先思考平台特性，再以此选择合适的形式与体裁。据统计，GDToday原创报道中，以"视频+图文或图解海报+文字"形式进行传播的内容已占比80%。

3.强化"共情"，用故事感人

跨文化传播，关键在共情。用讲故事的方法，细腻地讲述普通人的故事，以人带事，最易打动人。比如，GDToday围绕庆祝中国共产党成立100周年，推出4期《外国演员讲故事》系列英文短视频，在新中国成立前、社会主义建设初期、改革开放、新时代4个历史阶段中，分别对应选择在《觉醒年代》《跨过鸭绿江》《外交风云》《一点就到家》中扮演重要外国人角色的外籍演员，如扮演麦克阿瑟将军、基辛格等角色的演员，进行专访，从饰演的角色出发，畅谈对那一段历史的理解，分享他的"中国故事"，系列报道获得广泛传播，在海外覆盖量超过150万人。GDToday还不断拓展知华、友华圈，以知华、友华人士视角，用好外国政要及学者之口、发挥驻华使领馆和商会的传播渠道优势、挖掘在华外籍人士故事，推出一系列英文报道。

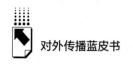
三 广泛开展中外交流活动，成为跨文化传播重要力量

"连接中外"是媒体重要职责。广东的国际交往密切，粤港澳之间来往频繁，GDToday 作为一家媒体单位或者媒体公司，主动融入广东"请进来""走出去"的各类交往之中，发挥媒体作用，并主动参与建造更多的中外交流"桥梁"，组织各类活动，全力融入全球媒体社群、构建自己的全球读者网络、合作伙伴网络。

GDToday 面向不同圈层外籍人士，打造"欢朋满粤"涉外活动品牌。2021 年以来已经在境内外开展以港澳台和外籍人士为主参加的线上线下沙龙、论坛、音乐会、故事会、品鉴会等活动 60 余场，参加活动的港澳台及外籍人士超过 1 万人次，组建了知华、友华，爱广东、爱岭南的黏性朋友圈，成为跨文化传播的重要力量。

（一）构建"外籍人士朋友圈"，帮助在粤外籍人士更好地理解广东、理解中国

粤港澳三地外籍人士众多；广东有 68 个国家驻穗领馆；规模不小的外国在粤商会；在粤外资企业数量庞大，2024 年 1~8 月，广东省新设外商直接投资企业 15638 个，可见一斑。构建一个具有黏性的读者网络、用户网络，并帮助他们更好地理解和融入广东、理解和融入中国，进而传播中国，是 GDToday 着力推进的一项工作。

近 3 年来，围绕广交会、读懂中国会议等落地广东的国际会议，围绕春节、元宵节、中秋节等中国传统节日，围绕展示高质量发展、乡村振兴、绿美广东等主题，GDToday 持续组织 30 余场沙龙、游学、故事会等活动，广泛邀请驻穗领馆、商会，在国内外的外籍人士参加活动。GDToday 的活动还深入外国人较多的社区、商超，扎实构建了在地化的"全球读者俱乐部"。

2024 年是中国与意大利建立全面战略伙伴关系 20 周年，又是意大利

旅行家马可·波罗逝世 700 周年。为持续增进中意两国在文化领域的交流互鉴，5 月 3 日至 4 日广州大剧院上演《马可·波罗》歌剧。抓住这一时机，GDToday 于 5 月 4 日晚组织"欢朋满粤——遇'鉴'马可·波罗"分享沙龙活动和非遗作品展览活动，意大利驻广州领事馆也成为支持单位。29 国驻穗总领事、领事出席活动，中外嘉宾济济一堂，其中外国嘉宾近 200 人。活动现场展出意大利画家的"马可·波罗的遐想"系列油画，参加意大利威尼斯双年展的中国画家介绍自己的作品，《马可·波罗》歌剧的主创、致力于中意友好的中外人士分享交流，广东民乐高手用中国民族乐器演奏中国和意大利著名乐曲……交流中增进中外友谊，嘉宾们均大为赞赏。

（二）在境外开展推介活动，让外国朋友更加直观地了解广东

自 2022 年底防疫政策调整后开始，GDToday"走出去"的工作变得频密。GDToday 开始用形式多样的方式，推介魅力广东和岭南文化。例如，GDToday 以美食为媒开展交流，2023 年 10 月在新加坡举办"粤见东南亚"美食文化交流会，以粤菜和东南亚菜系创意碰撞为特色，广泛邀请数十位嘉宾，新加坡前国防部政务部长顾蔡矶等嘉宾围绕以美食为"媒"促进文明互鉴等话题分享见解。

此外，GDToday 还以视觉展、非遗展、文旅推介会相结合的方式，宣介广东。自 2023 年 11 月以来，已经和广东省文旅厅、省文联等联手，在埃及、马来西亚、印度尼西亚等国组织 3 场"魅力广东行"活动，当地文化和旅游部门、各界嘉宾参加，累计嘉宾规模均近 1000 人。

（三）在境外开展精准推介，服务广东产品、产业"走出去"

广东产品畅销全球，但广东产品也需要在全球重要区域打响更大知名度。GDToday 便利用自己的策划力和全球合作伙伴网络，帮助广东产品、产业出海。让市场检验 GDToday 的传播力、活动的组织力。

2024 年 5 月，GDToday 与中共东莞市委宣传部、东莞市文化广电旅游

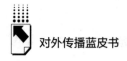

体育局，在美国旧金山渔人码头联手举办"风起国潮 粤动金山"潮玩展活动。东莞 11 家代表性潮玩企业的 200 余件原创潮玩展品出海展示，4小时的快闪和汉服秀等活动，共吸引 1000 余名游客自发观展，100 余名世界各地游客、旧金山市民深度互动体验中国国风之美，促成了东莞相关企业和旧金山当地产业协会对接。活动在 GDToday 旗下平台广泛报道。雅虎新闻、美国 FOX、美国 NBC、美国 ABC、KTLA 等超过 470 家知名境外英文媒体转载。《葡新报》、西非在线、日本华商网、英国富中传媒、《欧洲侨报》、《星岛日报》等 15 家境外华文媒体转载，全网传播流量约1.7 亿次。

GDToday 还多次在意大利、新加坡等地组织荔枝、广东预制菜推介会。2024 年更是成功促成广东荔枝进入马来西亚槟城市场，在荔枝鲜果品鉴、荔枝宴、国画荔枝等各类活动和落地当地的宣发工作支持下，GDToday 协助广东企业销往槟城的荔枝被抢购一空。

（四）懂侨情、入侨心，以丰富的活动，连接海外华人华侨

粤籍华人华侨，心系祖国、心系家乡，这浓浓的思乡之情要维系，要传承；华人华侨的故事要代际传承，要面向其所在国传播。这是很多华人华侨所思所虑。GDToday 深入华人华侨群体，听其心声，构建社群，服务社群，组织了不少活动。

2023 年 7 月，GDToday 协助汕头市在泰国举办"侨批展"，派出记者赴泰国，推出一组报道，邀请联合国教科文组织前总干事伊琳娜·博科娃为侨批展发来视频贺词。活动上，泰国中华总商会会长林楚钦看到自己父亲的"侨批"，红了眼眶。相关报道迅速在海外华人群体中传播，2024 年应华人华侨们的邀请，活动又在柬埔寨和马来西亚举办。

2024 年 5 月，是美国太平洋铁路建成 155 周年。160 多年前，大批广东人远涉重洋参与修建这一铁路。但是铁路修成了，美国东西两岸贯通了，"世界第七大奇迹"建成了，华人身影却掩埋在历史尘埃中。为此，近几年来，在美华人华侨们不断为自己的祖辈证明，宣传这一历史。

习近平总书记访美期间，曾两次表扬参与修建太平洋铁路的华人华侨所代表的旅美华人精神。为对美宣介这一历史，也向美国民众、当地华人华侨介绍家乡新貌，在 2024 年美国犹他州举办的"金钉节"活动期间，GDToday 在犹他州议会大厦举办了"金钉情缘"故事分享会，邀请华人华侨、美国政府官员、学者等与会；还在美国犹他州艺术馆举办"金钉情缘"摄影展，展陈华工历史照片，也展陈这些华工的家乡——广东的新貌，广受赞誉。

（五）结合港澳台 Z 世代需求，策划各类活动，协助了解湾区、融入湾区

广东与港澳台民众之间的交往更加频密、多元。GDToday 为了服务各界了解湾区、融入湾区的需要，组织了拍摄体验、视频挑战赛、创新创业大赛、摄影展等丰富多样的年轻态活动，聚拢了一批青年粉丝。

例如，连续 6 年组织"粤来粤有趣两岸青年视频大赛"，邀请台湾青年与广东青年一起来广东体验并拍摄短视频，以 48 小时挑战赛的形式评出奖项，被台湾媒体广泛报道，在国台办新闻发布会上获得表扬，为两岸青年的交往交流搭建了稳固的平台。

此外，GDToday 还联合《中国青年报》、KAB 全国推广办公室和广东文投，组织"2023'湾创营'——粤港澳大湾区青年创客交流活动"，为 30 余名有志在大湾区创业的港澳及内地青年进行创业培训，走访大湾区科创企业，吸引风投公司进入，被香港 01、橙新闻等媒体广泛报道。

四 构建对外传播媒体持续发展壮大的生态体系

经过近几年的快速发展，GDToday 逐渐展现出成熟媒体的潜质，初步建立了严肃媒体的公信力，服务经济文化交流活动的媒体公司业务形态，和链接全省发挥省级国际传播中心平台作用的特质。

GDToday 所谋者远，致力于成为一家融入全球媒体体系，有公信力、传

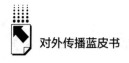
播力的媒体，打造一个服务经贸文化对外交往覆盖全球的业务网络，成为融入全球市场的媒体公司，支撑全国对外传播工作的"中台"。这样一家媒体、一家媒体公司、一个平台，必须做到"根深"才能"叶茂"。因此，在上级的指导下，在全集团的支撑下，GDToday 开始了一场构建支撑自己生存发展、支撑对外传播工作持续发展的生态体系的远征。

（一）集团层面：实施"三个一体化"

当前，根据省委部署，南方报业传媒集团正在大力推进"两端一云"建设，其中一端就是 GDToday。为了让 GDToday 有源源不断的内容供给、稳定可靠的技术支撑、开拓经营，集团将在《南方日报》、南方+融合发展的成功经验创造性复刻在 GDToday 上，推动内容一体化生产、技术一体化支撑、经营一体化统筹工作，打通采编、技术、经营、传播等各个环节，建立完善支撑 GDToday 发展的体制机制，聚合各媒体优势，合力打造"GDToday+"传播工程。如 GDToday 与《南方日报》采编部门合作，邀请英文水平较强的记者联合制作对外传播产品，建立工作室工作模式；与《南方周末》合作，打造"亚太群英荟"国际关系类访谈节目；与《南方都市报》N 视频合作，打造国际传播的精品视频产品……

（二）全省层面：构建立体传播格局

目前，在上级单位的指导下，GDToday 已经发挥广东全省对外传播工作"主平台"的作用，广泛链接各省直单位、主要媒体、高校、地级以上市，"一地一策""一企一策"等，调动、链接各层级各类别的国际传播资源，形成联动模式。

目前，GDToday 多语种新闻网和英文客户端已成为广东对外传播内容聚合、分发的主平台。一网一端既将广东各地新闻媒体英文团队生产的分散英文报道集中呈现，又为广东每个城市开设城市频道，与 21 城共建城市对外传播的平台，呈现共同策划、生产的对外传播产品，还联动外事、文旅、经贸等部门，丰富涉外资讯，此外还广泛联动网络达人、拍客，征集各类对外传播的新媒体产品，形成主平台聚合、旗下各类平台精准分发的传播模式。

（三）全球层面：组建多圈层网络

通过港澳记者站、东南亚工作站点大力拓展，广泛联通驻外商会、出海企业、海外侨领和华文媒体，与知名高校、智库、全球主要媒体、全球自媒体人开展合作，联动多元主体共同讲好中国故事、大湾区故事、广东故事。比如，GDToday 正在实施"湾区友人、境外网络达人培育计划""广东传播精英计划""国外智囊发展计划"等，联动国内外民间机构、网络大 V、海外华侨华人、留学生等民间力量，构建多样化传播主体。

此外，GDToday 还在积极组建全球"报道员"队伍。参照国际做法，借助中央、港澳、兄弟省市外宣力量，在全球主要国家、重点地区聘请"海外报道员"，以 GDToday 特约记者身份采访报道重大新闻，提升海外信息采集及时性和国际传播有效性。

在服务全省、连接中外的过程中，GDToday 也在构造本媒体的商业生存逻辑，协助本土企业和文化展演出海、帮助政府引资、协助城市 IP 构建，努力成为融入广东与世界交往的重要桥梁。

五　结语

GDToday 成立时间不长，但已经成为广大境外机构和人士值得信赖的媒体，成为覆盖、链接 2000 万粉丝且有用户黏性的平台，服务中外文化交流、文明互鉴的重要平台，从中西文化交汇点中挖掘中国故事，立体展现中华优秀传统文化魅力和中国现代文明，在文化交流和文明互鉴中各美其美，美美与共。

GDToday 所谋者远，融入全球的媒体传播格局，成为粤港澳大湾区真正的国际传播旗舰媒体，还需加倍努力，不断迭代升级，真正立于全球传播体系之林。

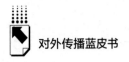

参考文献

傅莹:《加强国际传播，更好地塑造中国形象》,《人民论坛》2021 年第 31 期。

李书磊:《深化文化体制机制改革》,《人民日报》2024 年 8 月 7 日, 第 6 版。

周庆安、李慧韬:《国际传播的地方实践与区域创新研究——以今日广东国际传播中心（GDToday）为例》,《南方传媒研究》2023 年第 6 期。

B.10
湖南国际传播中心的对外传播
创新实践与启示

汤集安　万韶光　朱思萌*

摘　要：　本报告围绕湖南国际传播中心核心平台——湖南国际频道探讨了地方主流媒体在全球化背景下的对外传播创新实践。基于对相关实践案例的梳理与分析，报告提出：近年来，湖南国际传播中心及湖南国际频道通过市场机制，成功通过中外媒体合办频道、共同制作节目等方式，增进了国际社会对中国的了解与认知。此外，借由构建海外多平台新媒体矩阵、打造具有品牌特色的对外传播新媒体工作室、广泛运用数字技术进行内容传播和用户运营，是地方媒体在新时代下开展对外传播工作的重要方式。研究指出，在媒体融合战略下，地方主流媒体、各级国际传播中心需要以文化交流传递中国价值、打造大型外事活动展现中国魅力、通过特色节目传递中国声音、多路径发展形成传播合力等方式，不断推动地方乃至国家的对外传播的传播力和影响力。

关键词：　国际传播　国际传播基地　湖南国际频道　数字技术　媒体战略融合

＊　汤集安，湖南演艺集团有限责任公司党委委员、副总经理，主要研究方向为国际传播、视听传播；万韶光，湖南广电国际传媒有限公司（湖南国际频道）党总支委员、副总经理、副总监，主要研究方向为国际传播、视听传播；朱思萌，湖南广电国际传媒有限公司（湖南国际频道）国际业务部经理，管理学（影视方向）博士，主要研究方向为国际传播、视听传播。

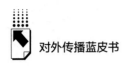
一 引言

在全球化日益加深的今天，国际传播作为国家软实力的重要组成部分，其重要性日益凸显。随着信息技术的飞速发展和全球信息流动的加速，国际传播已成为连接不同国家、不同文化的重要桥梁，对于塑造国家形象、传播文化价值、促进国际合作与交流具有不可替代的作用。

湖南国际传播中心作为湖南省级国际传播事业的龙头，积极响应国家关于加强国际传播能力建设的号召，以国际化视野和本土化策略为指导，打造多语种、多媒体、多平台的传播矩阵，通过一系列创新实践，不断探索国际传播的新路径、新模式，努力在国际舞台上展现湖南乃至中国的独特魅力和发展成就。

本文将结合具体案例，详细剖析湖南国际传播中心的核心平台——湖南国际频道在对外传播中的创新路径与成效，探讨其在市场机制运用、数字新技术应用、媒体融合战略实施等方面的探索与实践，以及这些创新举措如何助力湖南国际频道在国际传播中取得显著成效，进一步提升湖南乃至中国的国际影响力和美誉度。

二 市场机制下的品牌定位与传播策略

（一）打造加纳金芒果卫星频道，开创中非媒体合作里程碑

在第三届中国-非洲经贸博览会的盛大舞台上，湖南国际频道携手西非黄金数字电视台，共同开创了一个全新的媒体合作里程碑——加纳金芒果卫星频道（以下简称金芒果卫星频道）。这一频道的创立，标志着中国媒体在西非地区实现了前所未有的本土化运营，成为首家以西非为基地、以中国元素为核心内容的英文卫星频道。其信号覆盖中非与西非的广阔区域，惠及23个国家，近5亿人口，影响力深远。金芒果卫星频道自开播以来，便在

西非地区引起了巨大反响，特别是在加纳，其在全国 12 家主要电视台的黄金时段收视统计中表现尤为突出，收看该频道中国节目的电视机开机占比最高时达到了 35%[1]，充分显示了其在当地受众中的受欢迎程度和高度的市场渗透力。这一成就不仅证明了频道内容的吸引力，也体现了中国媒体在国际传播中的创新能力和适应能力。

（二）播出中国元素为主节目，增强中非文化交流与互鉴

金芒果卫星频道播出的内容丰富多彩，不仅涵盖了新闻、文化、教育等多个领域，还特别注重展示"一带一路"倡议十周年来的丰硕发展成果，生动讲述了中非友好合作的故事，加深了非洲人民对中国文化和社会发展的理解与认知。

华语影视剧节目作为全天的主线，构建了"中国剧场 2+3"模式，即在黄金时段固定播出两部精彩电影和三集电视剧，收获了良好的收视反馈。综艺与音乐节目带则着力打造一档特色节目《音乐天堂》，每天中午播放中国经典歌曲及流行音乐 MV，展现中国音乐与艺术的魅力。同时，《真人秀场》节目播出了由湖南广电提供的《摇啊笑啊桥》《再见爱人》等综艺节目，深受非洲观众喜爱，彰显了湖南文化娱乐在非洲的魅力。新闻资讯节目带作为中非信息宣传的窗口，搭建起中非文化交流的桥梁，致力于宣传推介中国的国际形象，传播经贸项目合作信息。重点打造的《看中国》节目已播出《东方医学》、中非中阿农业节目等译制自国家广电资源库的纪录影片十余部，内容以中国纪录片及各城市宣传片为主，极大地增强了非洲民众对中国科技、文化、医学、教育等领域的了解。[2]

2023 年 11 月，湖南国际频道组织了一支由企业家、艺术家、中医专家等 25 人组成的队伍前往非洲科特迪瓦，录制了《行走的温暖》"一带一路"

---

① 《湘非合作"金芒果"频道入选第三届"一带一路"高峰论坛务实合作成果清单》，http://gbdsj. hunan. gov. cn/xxgk/gzdt/sjxx/202310/t20231024_ 31717004. html，2023 年 10 月 24 日。

② 汤集安、万韶光、朱思萌：《主流外宣媒体着力加强国际传播能力建设的实践探索——以湖南广播电视台国际频道实践为例》，《广播电视信息》2024 年第 4 期。

非洲公益行纪录片，该纪录片于 2024 年春节期间在全球多个平台播放，为中非文明交流开辟了新途径。通过这些精心编排的节目，金芒果卫星频道成为中非人民情感交流的桥梁，促进了双方文化的互鉴与交流，进一步巩固并提升了中非之间的友好关系。

（三）市场机制有效运作，增进国际社会对中国了解和认知

鉴于金芒果卫星频道在推动中非文化交流与合作方面的显著贡献，该项目成功入选了"第三届'一带一路'国际合作高峰论坛务实合作项目清单"，并荣获国家广电总局"丝路工程"的认可，这不仅是对项目团队辛勤努力的肯定，也是对中国媒体国际化战略的重要成果展示。这一系列的荣誉与成就，无疑为中国媒体在全球范围内的进一步拓展树立了新的标杆，也为深化中非媒体合作、共谋发展新篇章奠定了坚实的基础。

学者刘文、朱翌冉在其研究中提到，央视纪录频道始终以全球化的市场思维构建中国纪录片的国际品牌，探索中形成了以"节目品质国际化，传播路径市场化"为特点的纪录片有效传播模式[①]，其核心正是强调以全球市场化思维，构建中国纪录片国际频道，进行对外传播的有效性。通过市场机制的有效运作，湖南国际频道不仅成功实现了文化产品的海外落地，还进一步实现了本土化运营，这一成就极大地提升了中国文化的国际影响力。这一实践充分证明了，在全球化的大背景下，地方媒体在国际传播中同样可以发挥重要作用。为了实现更广泛的文化传播和更深入的文化交流，地方媒体应积极探索市场化路径，充分利用市场资源，灵活应对国际市场的变化和需求。

同时，加强与海外媒体和机构的合作也是至关重要的。通过合作，可以共享资源、互通有无，共同推动文化产品的海外传播，让中国文化在世界舞台上绽放更加绚丽的光彩。因此，地方媒体应勇于担当，积极作为，在国际

---

① 刘文、朱翌冉：《以全球市场化思维建构中国纪录片国际品牌——央视纪录频道国际传播能力建设的理念与路径》，《电视研究》2014 年第 6 期。

传播中展现中国文化的独特魅力和深厚底蕴,为增进国际社会对中国的了解和认知贡献力量。

三 数字技术驱动下的传播创新

(一)构建海外多平台新媒体矩阵,推动中国文化国际化传播

湖南国际频道在新媒体领域积极拓展,构建了涵盖微博、微信、抖音等国内社交平台,以及 Facebook、YouTube、Twitter、Instagram、TikTok 等国际知名社交平台在内的多平台新媒体矩阵。这一矩阵的构建,为湖南国际频道提供了广泛的传播渠道和多元化的互动平台,进一步增强了其在国内外的影响力,每周触达 1.2 亿~1.8 亿人,2024 年春节期间,国内、海外整体触达率更是达到 5 亿人。2024 年以来,湖南国际频道的海外新媒体矩阵粉丝数量不断攀升,每周最高触达人群达到了 2500 万人,单周最高海外触达近1 亿人。这一数字不仅证明了湖南国际频道在新媒体领域的成功布局和有效运营,也进一步体现了中国文化在国际舞台上的广泛吸引力和深远影响力。通过海外新媒体矩阵的持续发展和创新,湖南国际频道正不断推动中国文化的国际化传播,让更多的人了解和喜爱中国文化。

(二)打造四大特色工作室,精细精准对外传播内容

在海外社交平台,湖南国际频道特别打造了"最燃中国潮""最美中国话""最火中国味""潮玩 Z 世代"四大工作室,每个工作室都以其独特的定位和精细化的创作内容,吸引了大量海外粉丝的关注。这四大工作室不仅展示了中国文化的多样性和魅力,还通过创新的方式让海外观众更容易理解和接受中国文化。

1. "最燃中国潮"关注时政和华流,发出中国最强音

"最燃中国潮"工作室在 2023 年度展现出了强劲的传播实力和广泛的影响力。这一年里,工作室共计发布了超过 1400 条帖子,内容丰富多彩,

吸引了大量海外受众的关注。这些帖子的视频总播放量更是突破了324万次大关，展现了中国潮流文化的独特魅力和海外受众的热烈响应。同时，这些视频也引发了广泛的互动，总互动量超过了30万次，进一步证明了"最燃中国潮"工作室在海外新媒体领域的成功布局和有效运营。其中，TikTok时政账号作为工作室的重要组成部分，也在2023年度取得了显著的成绩。该账号发布了27条关于中国两会的宣传报道，以生动的画面和贴近海外受众的表达方式，成功传达了中国政治生活的重要信息。这些报道的视频总播放量超过了70万次，总互动量也达到了8000次以上。其中，单条视频的播放量更是突破了51万次，视频互动量也达到了3427次，充分展示了TikTok时政账号在海外传播中的独特优势和影响力。

除了时政内容外，"最燃中国潮"工作室还积极关注并传播中国大陆地区收视率较高的湖南卫视和芒果TV的娱乐型节目，以及国际频道自制栏目。这些内容以海外知名度较高的中国籍优质艺人为传播载体，通过他们的影响力和粉丝基础，进一步扩大了中国潮流文化的海外影响力。在2023年度，工作室共发布了1023条相关帖子，视频总播放量更是惊人地超过了7500万次，总互动量也达到了63万次以上。这些视频的总展示次数更是达到了6.3亿次，充分证明了"最燃中国潮"工作室在海外新媒体领域的广泛覆盖和深远影响。

2."最美中国话"关注沉浸式汉语言教学，对外展示传统民俗文化

"最美中国话"工作室在2023年新年期间，精心策划并向海外推送了《新春走基层》系列原创帖子，共计48条。这一系列帖子以独特的视角和生动的画面，呈现了中国农村庆祝新年的丰富多彩的场景，让全球民众有机会通过镜头感受到浓厚的节日氛围，并深入体验地道的中国传统民俗。帖子内容涵盖了炭花舞、滩头年画等当地特色的非物质文化遗产，这些珍贵的文化遗产通过镜头得以生动展现，让海外观众领略到中国传统文化的独特魅力。同时，帖子还展示了刨甘蔗、农村墙画、乡村足球赛等村容村貌和农村生活的真实场景，让观众感受到中国农村的活力和变化。这一系列帖子不仅吸引了大量海外观众的关注，还成功地用文化感召了更多的华

人二代和三代，让他们更加了解和热爱自己的文化根源。同时，也让外国朋友有机会了解中国春节的年俗，感受中国人对于新年的独特情感和庆祝方式。

在传播效果方面，《新春走基层》系列帖子取得了显著的成绩。视频总播放量超过了 44 万次，总互动量（包括转发、评论和点赞）也超过了 4 万次。其中，《炭花舞》视频单条播放量更是突破了 12 万次，点赞量也超过了 2200 次，充分展示了该视频在海外观众中的受欢迎程度。另外，年画篇和乡村足球赛篇的观看次数也都超过了 3 万次，进一步证明了这一系列帖子在海外传播中的广泛影响力和受欢迎程度。

3. "最火中国味"关注少数民族文化，多元内容传播中国韵味

"最火中国味"工作室在 2023 年度积极发掘并推广中国丰富的少数民族民俗文化，通过发布一系列相关视频，成功吸引了大量海外观众的关注。这一年里，工作室共计发布了 783 条关于土家族舍巴节、苗族六月六、湘西苗鱼、大碗饭、血粑鸭、苗绣、竹刷把、土家族布鞋、坐高铁回湘西等少数民族民俗文化的视频，总播放量达到了 70 万次，总互动量也达到了 1.5 万次，充分展示了海外观众对中国少数民族民俗文化的浓厚兴趣和热烈响应。为了更深入地展现中国少数民族的特色民俗，并体现湖南日新月异的变化以及中国式现代化的幸福生活，"最火中国味"工作室与地方宣传部门进行了紧密合作。他们共同推出了稻花鱼、墨戎苗寨等原创视频，并通过新华网等渠道进行同步分发，播放量超过了 100 万次。这些视频不仅展示了少数民族的独特文化和传统，还通过现代化的视角和叙事方式，呈现了湖南地区的快速发展和人民生活的幸福美好。

除关注少数民族民俗文化外，"最火中国味"工作室还积极向海外观众介绍中国特色的美食文化，内容涵盖了中国街头小吃、美食探店以及各地特色食物等。这些视频以生动的画面和详细的解说，让海外观众有机会深入了解并品尝到中国美食的独特魅力。这些视频的总播放量也超过了 3.6 万次，进一步证明了"最火中国味"工作室在海外传播中国美食文化方面的成功和影响力。

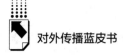

4. "潮玩 Z 世代"关注文旅新消费，传递中国青年时尚潮生活

近年来，随着互联网技术的飞速进步，尤其是社交媒体的蓬勃兴起，作为网络"原住民"的"Z 世代"群体在国际舆论场上的参与度显著提升，是国际传播的重要参与者，是信息时代塑造国际舆论格局的重要力量，其社会影响力也日益凸显①。这一代人以其独特的网络行为模式和广泛的社交影响力，成为国际传播中不可忽视的重要力量。因此，面向海外的"Z 世代"群体，做好国际传播工作，成为我国主流媒体的一项紧迫且重要的任务。

在这一背景下，"潮玩世代"工作室应运而生，并在 2023 年积极分享了关于长沙网红美食、城市夜经济、文旅新消费等多方面的内容，共计发布了 100 多条精彩纷呈的视频。这些视频以其独特的视角和生动的内容，成功吸引了大量海外观众的关注，累计总播放量达到了 270 万次，总互动量（包括转发、评论和点赞）更是超过了 13 万次。其中，关于上海与苏州的城市推介视频更是取得了显著的成绩，单条播放量超过了 88 万次，充分展示了这两座城市的独特魅力和无限可能。同时，关于长沙五一商圈的介绍以及长沙网红美食文旅地标——文和友的打卡视频也备受欢迎，播放量均超过了 15 万次。

这些视频账号不仅在不同程度上获得了多国网友的高度关注和热烈反响，还引发了对中国的一致好评和美好向往。它们以生动、真实、有趣的方式展示了中国的城市风貌、美食文化和旅游资源，成功打破了地域和文化的界限，让海外观众更加直观地了解和感受中国的魅力。更重要的是，"潮玩世代"工作室的这些视频在加强代际沟通方面也发挥了重要作用。它们通过贴近"Z 世代"群体的网络语言和表达方式，成功搭建起了一座沟通中外、连接不同年代的桥梁，让海外观众尤其是年轻一代能够更加深入地了解中国、感知中国、爱上中国。

---

① 李想：《面向 Z 世代的国际传播策略和实践》，《新闻战线》2024 年第 6 期。

（三）数字技术广泛运用，国际传播效果大大优化

技术突飞猛进既是百年变局的重要内容，也是导致百年变局的推动力量。[①] 数字技术的应用为湖南国际频道的传播带来了前所未有的机遇和变革，极大地拓宽了湖南国际频道的传播渠道，使其不再局限于传统的电视、广播等媒介，而是可以通过互联网、社交媒体、移动应用等多种新兴平台，实现更广泛、更迅速的信息传播。

同时，数字技术也显著扩大了湖南国际频道的受众范围，使其能够跨越地域、语言、文化的界限，触达全球各地的观众，尤其是年轻一代和数字化"原住民"。这种技术的应用不仅提升了湖南国际频道的传播效能，还使其在国际传播中占据了更为重要的位置。通过数字技术，湖南国际频道能够更精准地定位受众，提供个性化的内容和服务，从而增强观众的黏性和忠诚度。此外，数字技术还使湖南国际频道能够实时跟踪和分析传播效果，及时调整传播策略和手段，以实现更优化的传播效果。

这表明，地方媒体在国际传播中应充分认识和利用新媒体技术和平台优势，不断创新传播手段和方式。地方媒体应积极探索与新媒体技术的融合路径，开发适应新时代需求的传播产品和服务。同时，地方媒体还应注重提高传播效果和用户体验，通过优化内容、提升互动性、增强沉浸感等手段，吸引和留住更多的国际受众。只有这样，地方媒体才能在国际传播中发挥更大的作用，为提升国家文化软实力和构建人类命运共同体作出贡献。

四 媒体融合战略下的国际传播能力建设

（一）服务国家外交，文化交流传递中国价值

湖南国际频道多年来积极响应国家外交战略，为各类国字号外事盛会提

---

① 张宇燕：《理解百年未有之大变局》，《国际经济评论》2019 年第 5 期。

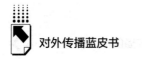
供高质量的服务。通过精心策划和制作专题报道、特别节目等形式，频道成功地将中国的文化、价值观以及国家形象传播到世界各地。这些盛会包括但不限于重要的国际会议、文化交流活动、国际体育赛事等，湖南国际频道以其独特的视角和专业的制作水平，向世界展示了中国的风采和魅力。在服务国家外交的过程中，湖南国际频道不仅注重传递中国的硬实力，如经济发展、科技创新等，更着力于展现中国的软实力，即丰富的文化底蕴和独特的价值观。通过深入挖掘和报道中国传统文化、民间艺术、非物质文化遗产等，频道成功地让世界了解了中国的历史渊源和文化内涵。同时，湖南国际频道还积极利用新媒体技术和平台优势，创新传播手段和方式，提高传播效果和用户体验。通过多语种、多平台的传播策略，频道成功打破了语言和地域的障碍，让更多的人能够了解和感受到中国的魅力和价值。

（二）以文化交流为载体，打造大型外事活动展现中国魅力

湖南国际频道已连续五年为中国-东盟博览会、中国-东盟商务与投资峰会开幕大会提供策划、设计、搭建服务，成功打造了高水平的展示舞台和对话平台，展现了中国与东盟各国的深厚友谊和紧密合作。在澳门回归25周年之际，湖南国际频道与澳门中联办紧密合作，共同举办了"澳门青年新春走基层活动"。近30位澳门青年通过这一活动深入洪江，亲身体验当地丰富的文化，活动全程被精心记录并制作成节目。该节目在网络上获得了极高的关注度，全网阅读量达到了3.5亿次。春节期间，这一活动的成功举办还为洪江带来了200万游客，旅游收入高达1.2亿元，充分展示了文化交流在促进地方经济发展方面的巨大潜力。在频道的积极推动下，2022年7月，时任国务委员兼外长王毅在吉隆坡同马来西亚外长赛夫丁会谈后，见证了湖南广播影视集团和马来西亚首要媒体集团达成的战略合作成果。这一合作不仅加深了中马两国在媒体领域的交流与合作，也为两国文化的相互传播提供了更广阔的平台。此前，湖南国际频道和马来西亚首要媒体集团共同制作的音乐类节目《茜拉音乐汇》在播出后创下了马来西亚本土收视的新高，进一步证明了中国文化在国外的广泛吸引力和影响力。

此外，2020 年 1 月，湖南国际频道还在挪威奥斯陆成功承办了"文化中国·中挪同春 2020 挪威华人春节联欢晚会"。这是自中挪建交以来，国内媒体在挪威举办的最大规模的文化交流活动。晚会的成功举办受到了中国侨胞以及挪威各界的一致好评，取得了良好的社会和政治效果。中国驻挪威大使馆也对晚会的成功举办给予了高度评价，称赞其"受到我侨胞及挪各界一致赞誉"。湖南国际频道在服务国家外交、文化交流传递中国价值方面做出了显著的贡献，通过不断创新传播手段和方式，提高传播效果和用户体验，成功地让世界了解了中国的风采和魅力，成为媒体融合战略下国际传播能力建设的重要力量。

（三）以特色节目为窗口，展示中国文化多样性传递中国声音

湖南国际频道在助力国家外交、推动文化交流方面，不仅通过策划和承办各类大型外事活动展现中国魅力，还积极独立制作、合作制作了大量的海外交流节目，将中国的声音和文化传递到世界的每一个角落。其中，中国驻希腊大使馆联合希腊国家旅游局主办的"光之变奏曲"音乐会，通过音乐的纽带，让希腊观众领略了中国文化的独特韵味。而中国驻比利时大使馆主办的中比建交 50 周年文化交流活动，则通过丰富多彩的文化展示，庆祝了中比两国之间的深厚友谊和长久合作。在青少年文化交流方面，湖南国际频道也作出了积极贡献。中马青少年文化交流活动《四海同乐·元宵晚会》为马来西亚的青少年提供了一个了解中国文化的窗口，通过欢乐的元宵晚会形式，让他们亲身体验了中国传统节日的魅力。而澳门回归 20 周年系列纪实访谈类节目《中国澳骄》，则通过深入访谈和纪实拍摄，展现了澳门回归以来的繁荣发展和文化特色。

此外，湖南国际频道还与挪威国家电视台合作制作了纪录片《挪威企业在中国》，通过记录挪威企业在中国的投资和经营情况，展现了中国市场的巨大潜力和中挪两国之间的经贸合作。科特迪瓦公益纪录片《行走的温暖》则关注了中国在科特迪瓦的公益行动，传递了中国人民的友好情谊和温暖关怀。在青少年教育方面，湖南国际频道也推出了多项创新节目。青少

年双向国际文化交流活动"芒果小大使"通过选拔和培训青少年大使，让他们成为文化传播的小使者，为增进国家间理解和友谊做出了贡献。传递孝心纪录片《我带爸妈看世界》则通过记录孩子们带着父母一同旅行的过程，展现了家庭亲情和中国传统文化的魅力。而青少年户外挑战素质教育《雄鹰少年队》则通过户外挑战和团队合作的形式，培养了青少年的综合素质和国际视野。这些节目的足迹遍布全球，不仅展示了中国文化的多样性和魅力，也促进了国际文化交流和理解。湖南国际频道通过这些节目的制作和播出，成功地将中国的声音和文化传递到了世界的每一个角落，为构建人类命运共同体作出了积极的贡献。

（四）媒体多路径融合发展，形成传播合力提升传播效能

在媒体融合背景下，讲好中国故事，传播好中国声音，树立良好的国际形象，提升国际传播能力建设，是我国对外传播的一项非常重要的研究课题。[①] 湖南国际频道在助力国家外交、推动文化交流方面，不仅通过策划和承办各类大型外事活动展现中国魅力，还积极独立制作、合作制作了大量的海外交流节目，将中国的声音和文化传递到世界的每一个角落。通过媒体融合战略的实施，湖南国际频道在国际大型活动中展现了强大的策划和服务能力，不仅提升了湖南的国际形象，也进一步增强了中国的国际影响力。在实施媒体融合战略的过程中，湖南国际频道注重整合传统媒体和新媒体资源，形成传播合力。他们充分利用电视、网络、移动客户端等多种媒体平台，实现跨媒体、跨平台、跨终端的传播，使中国的声音和文化能够更加广泛、深入地传播到国际社会。同时，他们还积极与国际媒体进行合作，共同制作和播出具有中国特色的文化节目，进一步扩大了中国文化在国际上的影响力和认知度。

湖南国际频道的成功经验表明，地方媒体在国际传播中应注重媒体融合

① 于仰飞：《媒体融合背景下加强我国国际传播能力建设策略研究》，《广播电视信息》2023年第11期。

发展。通过整合传统媒体和新媒体资源，地方媒体可以形成更加强大的传播合力，提升国际传播能力，更好地展示地方乃至国家的形象和文化。这不仅有助于增进国际社会对地方的了解和认知，也有助于提升地方在国际舞台上的地位和影响力。因此，地方媒体应积极探索媒体融合发展的新路径，不断创新传播方式和手段，为推动地方乃至国家的国际传播能力建设做出更大的贡献。

五 启示与展望

2016 年 2 月，习近平总书记在党的新闻舆论工作座谈会上明确提出，中国在世界上的形象很大程度上仍是"他塑"而非"自塑"，存在信息流进流出的"逆差"、中国真实形象和西方主观印象的"反差"、软实力和硬实力的"落差"。要下大气力加强国际传播能力建设，加快提升中国话语的国际影响力，让全世界都能听到并听清中国声音。[①] 2023 年 10 月 7~8 日召开的全国宣传思想文化工作会议，首次提出习近平文化思想，这一思想开创了新时代宣传思想文化工作的新局面，尤其是"七个着力"新要求里面的第七个：着力加强国际传播能力建设、促进文明交流互鉴，为做好新时代国际传播工作，提出了根本指引和明确要求。[②]

在未来的国际传播领域，地方媒体的角色愈发显得重要。为了更有效地在国际舞台上发声，地方媒体需明确自身定位，精心塑造具有独特魅力和地方特色的品牌形象，以此吸引海外受众的关注与喜爱。这不仅要求地方媒体深入了解自身文化优势与资源，还需要对国际市场进行深入研究，确保品牌形象和内容能够跨越文化差异，实现有效沟通。

市场机制的有效运作是提升国际传播效果的关键。为了实现更广泛的文化传播和更深入的文化交流，地方媒体应积极探索市场化路径，充

---

① 学而时习：《加强国际传播能力建设，总书记要求下大气力》，http：//www.qstheory.cn/zhuanqu/2021-06/02/c_ 1127522717. htm，2021 年 6 月 2 日。
② 曾祥敏、杨丽萍：《习近平文化思想的理论创新与实践引领》，《青年记者》2024 年第 1 期。

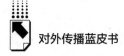

分利用市场资源，灵活应对国际市场的变化和需求。同时，加强与海外媒体和机构的合作也是至关重要的。通过合作，可以共享资源、互通有无，共同推动文化产品的海外传播，让中国文化在世界舞台上绽放更加绚丽的光彩。

数字技术的应用为国际传播带来了新的机遇。地方媒体应充分利用大数据、人工智能等先进技术，实现精准传播和智能化生产分发。通过数据分析，更准确地了解受众需求和兴趣，从而定制更符合市场需求的传播内容。同时，智能化生产分发能够提升传播效率，确保内容在最佳时机以最优方式呈现给受众。媒体融合发展是地方媒体提升国际传播能力的必由之路。

加强传统媒体与新媒体的融合发展，构建适应全球化传播需求的新型主流媒体体系，是实现国际传播目标的重要支撑。通过融合发展，地方媒体可以整合不同媒体平台的优势资源，形成更强大的传播合力，提升在国际舞台上的竞争力和影响力。

展望未来，湖南国际传播中心将继续秉承"联接中外、沟通世界"的使命担当，不断创新国际传播理念和实践路径。致力于推动全球文明的交流互鉴与繁荣发展，通过精准定位、多元化传播、数字技术应用和媒体融合发展等策略，不断提升国际传播能力和效果，助力中国在国际舞台上发出更强劲的声音。

参考文献

汤集安、万韶光、朱思萌：《主流外宣媒体着力加强国际传播能力建设的实践探索——以湖南广播电视台国际频道实践为例》，《广播电视信息》2024年第4期。

刘文、朱翌冉：《以全球市场化思维建构中国纪录片国际品牌——央视纪录频道国际传播能力建设的理念与路径》，《电视研究》2014年第6期。

李想：《面向Z世代的国际传播策略和实践》，《新闻战线》2024年第6期。

张宇燕：《理解百年未有之大变局》，《国际经济评论》2019年第5期。

于仰飞：《媒体融合背景下加强我国国际传播能力建设策略研究》，《广播电视信息》2023 年第 11 期。

曾祥敏、杨丽萍：《习近平文化思想的理论创新与实践引领》，《青年记者》2024 年第 1 期。

余清楚、郭迎春：《中华文化主流价值国际传播路径研究》，《中国出版》2024 年第 17 期。

施懿、吴瑛：《地方国际传播中心建设：现状、问题与展望》，《青年记者》2024 年第 9 期。

沈正赋：《国际传播视域下中国话语与中国叙事体系构建——以新闻驯化与新闻反驯化关系为中心的考察》，《内蒙古社会科学》2023 年第 3 期。

殷之光：《塑造"新路"——从共同经历出发的国际传播与构建共识的另一种可能》，《全球传媒学刊》2023 年第 2 期。

B.11
湖北广播电视台对外传播的
创新实践与启示

曹曦晴　赵　欢　邹　静*

摘　要： 本报告以湖北广播电视台的对外传播创新实践为研究对象，重点梳理和分析了 2023 年湖北国际传播中心成立以来的实践经验与做法。研究发现：湖北国际传播中心已形成了国际传播联席工作机制、内容创新"揭榜挂帅"机制、重大项目的"融媒大脑"生产管理机制等特色工作机制。此外，通过渠道搭建、做强联盟、做精产品、文旅融合及理念创新五大发展战略，以及立足本土、主动发声、他者视角、对话青年、技术赋能五大传播策略，湖北国际传播中心不仅向国际社会呈现了一个真实丰富的湖北，更让国际社会了解到了一个全面立体的中国。

关键词： 创新体制机制　国际传播体系　传播策略　传播效能

一　引言

面对"两个大局"的深刻演变，以习近平同志为核心的党中央极为重视国际传播能力建设，为新时代做好国际传播提出一系列新理念、新思想、新战略。2021 年 5 月 31 日，习近平总书记在主持中共中央政治局第三十次集体学习时强调，"讲好中国故事，传播好中国声音，展示真实、立体、全

---

* 曹曦晴，湖北广播电视台总编室主任，主要研究方向为国际传播、视听传播；赵欢，湖北广播电视台总编室宣传科主管，主要研究方向为国际传播、视听传播；邹静，湖北广播电视台总编室监播评议中心主管，主要研究方向为国际传播、视听传播。

面的中国，是加强我国国际传播能力建设的重要任务"。2022 年 10 月 16 日，党的二十大报告对"增强中华文明传播力影响力"作出重要部署，提出要"加强国际传播能力建设，全面提升国际传播效能，形成同我国综合国力和国际地位相匹配的国际话语权"。2024 年，党的二十届三中全会《决定》强调"构建更有效力的国际传播体系。推进国际传播格局重构，深化主流媒体国际传播机制改革创新，加快构建多渠道、立体式对外传播格局"。做好高质量的国际传播已被提升至关系党和国家发展全局的战略高度。

近年来，湖北广播电视台认真贯彻落实习近平总书记重要讲话精神，在国际传播方面持续发力，立足国家站位、坚持国际视野、突出湖北特色，创新话语表达方式、搭建海外传播矩阵、拓展国际合作，不断取得新突破。2023 年 5 月 20 日，湖北国际传播中心（HICC）重磅挂牌。以湖北国际传播中心成立为新起点，湖北广播电视台内外宣协同发力，围绕中心服务大局，打造湖北国际传播龙头平台；强化媒体融合，提升资源整合能力，把湖北的文化优势转化为国际传播的竞争优势，让更多直击人心的精品内容在海外出圈，在世界舞台上讲好湖北故事。

本文结合具体案例，归纳湖北广播电视台国际传播工作的创新实践和取得的成效，进一步明晰未来做好国际传播工作的策略导向及路径，增强中华文化在海外的影响力与吸引力，提升我国在国际社会的话语权。

二 "一盘棋"整合资源，国际传播能力不断提升

新时代加强国际传播能力建设，成为摆在地方主流媒体面前的一大重要课题。为抓住"湖北是全球抗疫中举世瞩目的英雄之地"的宣传窗口期，充分发挥湖北的文化资源优势，擦亮湖北国际传播的金字招牌，经过多番调研与论证，2023 年，湖北广播电视台以"体制机制创新"为抓手，成立湖北国际传播中心。该中心承担台（集团）国际传播内容生产制作、活动策划执行、海外大号运营管理、对外沟通联络等职责，下设平台运维部、视听创作部、国际拓展部、品牌运营部、综合事务部等 5 个内设机构和 3 个工作

室，截至 2024 年，有工作人员 26 人。湖北国际传播中心是由省委宣传部和省委编办批复成立的湖北广播电视台台属机构，也是湖北省唯一的省级国际传播工作机构，由省委宣传部指导工作，作为省级国际传播事业龙头打造，联动湖北省相关政府部门、企事业单位和 17 个市州的本土国际传播资源。

鲁迅先生说过："什么是路？就是从没路的地方践踏出来的，从只有荆棘的地方开辟出来的。"为充分发挥地方国际传播主体作用，向世界讲好湖北故事、传播好湖北声音，湖北广播电视台从顶层设计入手，创新体制机制，进行了一系列改革探索。

一是建立湖北广播电视台"国际传播联席工作机制"。台领导总负责，台编委会、台总编室总指导，国传中心总召集，横向联动全台事业部，纵向延伸到市州、区县台，统筹台内资源，聚拢外部资源，及时、有效、立体地进行国际传播议题设置和报道策划。同时，连续两年单列专项资金奖励国际传播联席工作机制中的先进单位和个人，鼓励好作品出海。二是完善内容创新"揭榜挂帅"机制。在这项机制原有的新闻行动、纪录片、短视频、广播剧等多元赛道基础之上，特别增设国际传播赛道，对出类拔萃的好创意、好项目给予资金扶持，让创意变成现实，实现内容生产的跨界突破与影响力提升。三是在重大项目中贯彻"融媒大脑"生产管理机制。采用项目化管理模式，促进跨部门紧密合作与高效协同，以优质创意产品为核心产生集群效应，以全方位的传播矩阵掀起传播热潮，以大数据分析及算法技术进行传播效果评估，以奖励机制激发全员创造力与积极性。

2023 年 5 月 30 日，在武汉举行的"中国共产党的故事——习近平新时代中国特色社会主义思想在湖北的实践"专题对外宣介会上，湖北广播电视台采用融媒大脑生产管理机制，精心谋划，集全台之力组织精锐团队出战，精心打磨创作主题大片，实施国内国外双轮驱动的传播策略，统筹全台宣推力量，并联合国内外主流媒体，做好全域传播。此次推介会中，湖北广播电视台累计创作全媒体重点稿件、视频 400 多条（件），向全网各端发布产品 6000 多条（次），全平台总阅读量超 24 亿次，海外覆盖人群超 40 亿人，其中多个湖北广电原创的外文报道和宣推产品被美联社、雅虎财经频道、美国福克斯新闻台等 300 多家海外媒体转发。此次传播实现多个"第一"。全网置顶作品实现两个第一。3 件作品全网置顶，2 件作品全网推介，在省级媒体中数量第一；同一次大会 3 件作品置顶，开创先河。第一时间在央视《新闻联播》刊播。大会 18 点结束，19 点 17 分就登上当晚央视《新闻联播》，单条新闻时长 1 分 20 秒。第一次登录西方主流媒体。《老人与江豚》等多部定制化创意作品登录美联社官网、下属媒体（平台）及 20 多个关联平台（频道），美国全国广播公司（NBC）、美国广播公司、华盛顿每日新闻纷纷转发，阅读量超过 6.5 亿次。湖北广播电视台海外账号"Open Hubei"成为中联部唯一授权海外直播的地方媒体，实现宣介会直播曝光量超过 2000 万人次。第一次将定制文创与国际盛会嫁接。以故事分享里的金丝猴为原型，湖北广电定制的同款"猴蹲蹲"玩偶在大会期间火出圈，激起与会嘉宾对神农架的向往，带走对湖北之行的纪念，用温情方式延续关于此次盛会的宣介。第一次登录联合国新闻官网。杨河与江豚的故事于 2023 年 6 月 5 日世界环境日登录联合国新闻官网，得到国际社会的共同关注。

三 布局五大发展战略，构建湖北特色的国际传播体系

（一）搭建渠道，做大湖北国际传播矩阵

随着通信技术的飞速发展，信息分散化传播成为常态，电脑、电视、手机端口以及社交媒体分流了用户。近年来，主流媒体越来越多地使用矩阵化传播，对同一事件进行全链条报道和精准投放，这契合用户媒介使用习惯的改变，传播效果更好。

湖北国际传播中心成立以来，以打造湖北国际传播事业的龙头为己任，以政务新媒体"湖北发布"和全新出海的境外新矩阵"Open Hubei"两大传播场域为双轮驱动，积极创新视听内容生产、海外账号运营、活动策划执行和海外营销推广四大产品线，吸引更多国际友人"打开湖北，洞见中国"，实现从信息传播到文化传播再到价值传播的层层递进。"Open Hubei"

已入驻 X（原 Twitter）、Facebook、Instagram、YouTube、Threads、TikTok、KWAI 七大海外平台，构建内宣外宣联动的六大传播矩阵，以及省、市、县三级联通的湖北国际传播网络体系。目前，Open Hubei 海外社交媒体主矩阵用户数为 60 万，同时建有"I'm CHU"和"Visit Right Now"等垂类账号，分别聚焦湖北的楚文化、文旅等领域。

湖北国际传播中心已建成包括美联社、路透社、法新社、合众国际社西方四大通讯社在内，覆盖 1000 多家欧美主流新闻机构和海外华文媒体的国际传播矩阵；还借力《人民日报》、新华社、中央广播电视总台、《中国日报》等央媒的国家级海外传播矩阵，借船出海；联动各兄弟省份国际传播中心的省级海外传播矩阵，抱团出海。在 2023 年中国新媒体大会上，湖北广播电视台作为全国 21 家国际传播机构代表之一，联合发布新时代国际传播《马栏山倡议》。2023 年第 50 个世界环境日，湖北国际传播中心联合济南国际传播中心等 10 家媒体共同推出"美丽中国连连看"联动报道，通过各媒体海外账号平台，向世界展示美丽中国建设的生动场景，讲述中国生态环境保护的鲜活故事。[①]

（二）携手共进，做强国际传播联盟

在媒介环境和传播生态发生巨变的今天，国际传播的主体呈现多样化趋势，传播效果的优劣往往由多元主体形成的合力决定。湖北广播电视台通过做强国际传播联盟，整合优势资源，产生协同效应，构建共生与互构的传播场域。

一是建立国际传播高校联盟。2023 年 10 月，湖北国际传播中心成立"湖北国际传播高校联盟"。该联盟由省委宣传部、省外办指导，由湖北国际传播中心发起，武汉大学、华中科技大学等 11 所在鄂高校积极响应参与。湖北国际传播中心成为这 11 所高校的"国际学生实践基地"。湖北国际传

---

① 曹曦晴：《发挥广电视听优势 打造国际传播共创模式——湖北广播电视台国际传播工作机制创新与实践》，《现代视听》2023 年第 8 期。

播高校联盟的建立，有助于推动国际传播学术研究与实践的有效衔接，培养国际传播后备人才。

二是探索省市共建模式，打造湖北国际传播舰队。湖北国际传播中心以战略传播思维统筹各方力量，发挥全省国际传播龙头作用，探索市州级国际传播中心建设的新模式。2024 年 5 月底，鄂州国际传播中心正式揭牌，该中心在湖北省委宣传部和鄂州市委宣传部的支持下，由湖北国际传播中心与湖北广播电视台鄂州记者站联合组建，依托记者站的信息发掘和新闻采编力量，结合湖北国际传播中心海外平台运营能力与渠道优势，制订年度、季度、月度国际传播计划，做到天天有信息、月月有亮点，在降低市州国际传播中心运营成本的同时，提高了市州国际传播事业的传播效能。这种省市共建模式得到湖北省委宣传部的高度认可，正加大力度向全省推广，加快构建湖北国际传播舰队。

三是建立湖北国际传播交流合作联盟。湖北国际传播中心不断向海外延展信息触角，建设"湖北国际传播交流合作联盟"，已在莫桑比克、泰国、印度尼西亚等"一带一路"共建国家的相关企业和机构挂牌"交流合作基地"，开展海外文化交流项目，做好湖北故事的"在地化"传播，使文化产品更易被当地人接受和认同。

四是着手建设湖北民间外交联盟。国际传播中心虽然建在媒体中，但不能仅凭媒体一家之力。一些外向型企业和社会团体，本身就有国际传播的需要，也具备国际传播的条件。因此，湖北国际传播中心正着手建设"湖北民间外交联盟"，汇集企事业单位的民间外交力量，如华新水泥、中交二航局等，与官方力量形成密切配合，增强国际传播效果。

（三）文化为媒，做精国际传播视听产品

连续几年的《中国国家形象全球调查报告》显示，在海外受访者眼中，中餐、中医药和武术是最能代表中国文化的三大元素，且享有较高的海外美誉度。B 站 UP 主（上传者）、留学生"碰碰彭碰彭"在法国街头身着汉服弹奏古筝，中国古典音乐的魅力吸引了大批粉丝。峨眉派武术学习者凌云，

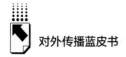

借助短视频让中国功夫火遍全球。无论是学术研究的调查结果，还是具体个案的传播实效，都说明中华传统文化的精髓能迸发出强大的吸引力，以中国文化为标签，更易引起国外受众的兴趣。①

湖北广播电视台立足湖北本土的人文、非遗、旅游、美食、大基建、科技等资源，深入挖掘独具特色的文化符号。湖北在武当太极武术文化、三国文化、中医药文化、屈原文化、湖北美食、非遗技艺等方面具有独特魅力，深入探索传统文化的国际化表达和 IP 打造，能让海外民众在审美过程中获得愉悦、感受中华文化魅力。

2024 年，湖北广播电视台推出的人文纪录片《龙舟》，站在全人类共同价值、人类命运共同体的高度深入开掘，以龙舟这个世界符号提炼中华优秀传统文化元素，展开感知中华文化的全新探索；以多维视角探寻龙舟独特的精神内核，讨论它对整个人类文明进程的借鉴意义；用国际化语言讲述中国故事，传递人类共通的情感和价值，向全球传递底蕴深厚的中国智慧。《龙舟》于 2024 年端午节期间相继登陆央视科教频道和湖北卫视晚间黄金档，该片播出后反响热烈，赢得一致好评。人民网、光明网、新华网、"学习强国"等各大新媒体平台刊播，引发微博、抖音、今日头条、百度等多平台网友热议，全网总阅读量超 2.5 亿人次。美兰德蓝鹰融合影响力电视榜和全网榜单上单日排名位居第一，7 日排名位居第二。海外方面，新西兰、意大利、阿联酋等国家的多个文化机构、旅游机构和媒体纷纷对节目进行宣传推广，积极促进中华文化的海外传播与交流。宣传片《端午·龙舟》在人民日报社全媒体矩阵首发后，两天内经中央网信办两次全网置顶推送，短片国内网络播放量超过 4.5 亿次。英文版在海外网络覆盖超过 2000 万人，掀起一场席卷全球的"龙旋风"。

（四）文旅融合，做响国际传播品牌活动

湖北广播电视台以重大活动促进文化交流，探索"国际活动请进来"，

---

① 邹静、曹曦晴、赵欢：《地方主流媒体开展国际传播的策略分析》，《当代电视》2022 年第 5 期。

让外国友人亲临湖北，通过参加衍生的系列探访活动，沉浸式感受、互鉴式交流、有感式表达、自发式传播，提升湖北影响力，走出一条文旅融合、带动消费的新路子。

2023 年 11 月，湖北国际传播中心承办"2023 世界超级球星足球赛暨湖北行"系列活动，邀请涉及 13 个国家和地区的 36 位球星，并匠心独运、巧妙设计，以足球赛为主，衍生出球迷见面、文旅打卡、品鉴楚菜、足球交流、探访企业等 13 个系列活动，打造出全新赛事活动 IP。参赛球星纷纷在海外社交平台发文记录自己的武汉之旅，引发众多世界球星的互动点赞和全球网友对湖北及武汉的向往。其中，球星卡卡在 ins 发布的单条信息点赞就超过 21 万次。赛事的 30 秒宣传片更登陆意甲联赛，让世界看到武汉、爱上武汉、向往武汉。湖北国际传播中心在湖北发布、湖北文旅、武汉文旅等湖北官方新媒体发布旅游经典线路，各地球迷按图索骥打卡武汉，还在小红书、抖音、微博等社交平台留下数以万计的热帖，记录他们对武汉的"宜游"印象。球迷的"追星"过程成为湖北文旅的宣传过程，系列活动创造了全新的消费场景，有效地将赛事流量转化为消费增量，带动片区消费飙升。借助球赛系列活动，世界球星纷纷探厂、探店、打卡，吸引球迷闻讯而至，带火了武汉的旅游、餐饮、住宿等一系列消费增长。

国际传播品牌项目"世界因你而来——外媒记者湖北行"活动 2024 年举办了第四季，湖北国际传播中心邀请来自拉美和加勒比地区 17 国的 19 位主流媒体记者，参访湖北各地的代表性点位，借助各国主流新闻媒体平台在海外传播中国式现代化的湖北实践；通过海外媒体矩阵精准推送给海外网友，实现"一次活动、全方位分发、三管齐下、全面开花"的传播效果。海外平台实时发布帖文 84 条，曝光量突破 1039.2 万人次，互动量突破 10.7 万人次。外交部副部长华春莹也连连转发并评论。这 17 个国家的 19 家媒体更是在所在官媒和个人社交平台上发表上百篇报道，他们不仅是活动参与者，更是国际传播中的"高质量传播者"与海外"传播终端"，全方位提升湖北国际传播的触达率。

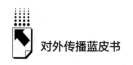

（五）创新理念，做优国际传播服务平台

湖北国际传播中心在运营过程中，不断创新理念，拓展服务领域，除了信息传播外，还着力搭建综合性服务平台，提供文化、旅游、培训、商务等多领域的信息与服务。一是助推湖北品牌出海，为出海的湖北企业、品牌、产品提供精准的国际传播服务，实现推广营销；二是服务湖北外事活动，为湖北省主要领导、政企事业单位、市州县的出访和经贸洽谈活动提供外事培训；三是打造湖北国际社区，以政务服务等为入口，为在鄂留学生和外籍人士做好公共服务；四是培养国际传播骨干人才，为湖北打造一支能征善战的高水平国际传播人才队伍。

2024年6月，湖北国际传播中心成功举办2024湖北省国际传播骨干人才培训班，来自省直有关单位、市州党委宣传部、国际传播中心的负责同志参加培训。培训采取"理论+实战"的模式，开设"实战训练营"，生产的相关视听产品通过国家、省级、市州、外籍网红等多渠道海外社交账号联动向全球推送，海内外总传播量突破300万人次，实现了小培训产生大效果、小队伍发挥大作用。这次培训得到省委宣传部的高度认可，计划连办三年，将其打造成湖北国际传播的"人才库""孵化器"。

四　实施五大传播策略，全面提升湖北国际传播效能

2023年以来，地方国际传播中心蓬勃发展，作为国家战略的国际传播得到自上而下的高度重视，但传播最终要靠效果说话，面对"如何提升传播效能"这道必答题，湖北广播电视台制定并实施五大传播策略，面向海外输出优质视听内容产品，以此实现更有效力的国际传播。

（一）立足本土，讲好湖北故事，唤起情感认同

习近平总书记多次指出："讲故事，是国际传播的最佳方式。"作为地方国际传播中心，中国故事怎么讲，才能说服人、打动人、感染人、影响

人？立足本土，用鲜活的事例和生动的实践，回应世界对于中国的猜想与误解，向世界展示当代中国的真实面貌，唤起情感共振及价值认同，是湖北广播电视台的主要对外传播策略。

在"中国共产党的故事——习近平新时代中国特色社会主义思想在湖北的实践"专题宣介会的宣传报道中，为了让宏观的治国理念具体可感，湖北国际传播中心从人类共同关心的环保议题入手，以宜昌摄影爱好者杨河与江豚之间的感人故事为叙事主线，以近年来长江湖北段生态保护取得的成就数据为佐证辅线，创作出沙画创意短视频《老人与江豚》等多个特色化产品。这些产品以故事为要，饱含真挚情感，承载着对全球共同命运的高度关切，一经发布，迅速引发共鸣。美联社、路透社、NBC、西班牙埃菲通讯社等 80 余个国家和地区的近 600 家媒体转发相关内容，海外阅读量超过6.5 亿人次。宏大的报道规模和良好的传播效果还引起联合国的关注，联合国全球传播部联系湖北国际传播中心，共同延展策划，又于 2023 年 6 月 5日世界环境日，在联合国新闻官网头条刊发《"江豚又回来了"：一名摄影爱好者眼中的"长江大保护"》，并在联合国全矩阵账号转发，使"长江大保护"的湖北故事走向世界，也使故事背后潜在的习近平生态文明思想得到认可、令人信服。

好故事胜过千言万语的道理陈述，地方媒体以小切口讲述地域性的文化故事、生活故事、生态故事等，依靠情感认同，展现可信、可爱、可敬的中国形象，讲清中国治理的经验与智慧，这是增强国际传播效能的有效方式。

（二）主动发声，服务国家外交，抢占国际话语权

当今中国取得了举世瞩目的发展成就，在全球治理方面提出的一系列主张和倡议，让诸多国家受益。国际社会对中国给予空前关注，不仅希望了解中国在涉及自身事务上的态度，也渴望知晓中国在国际热议话题上的立场。基于这一背景，湖北广播电视台依托品牌时事评论栏目《长江新闻号》主动发声，服务国家外交，评析国际热点，积极抢占国际话语权，提升国际舆论引导实效。

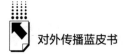
《长江新闻号》已与中宣部、外交部、国防部等建立常态化联络机制，在国家公共外交的重要节点，如习近平主席访美、访英等系列出访，以及历届博鳌亚洲论坛、北京 APEC 会议、G20 会议等多个中国主场外交活动中，阐释中国的外交理念，展现大国的情怀与担当。2024 年全国两会期间，针对海外受众关心的中国内政外交热点，《长江新闻号》通过 YouTube、X、Facebook、华视传媒等海外媒体和社交平台，实时发布两会新闻，让中国声音、湖北声音传播海外，覆盖全球 160 多个国家和地区。在 2024 年中非合作论坛北京峰会举行期间，《长江新闻号》在 YouTube 上发布《王毅：中国和 53 个非洲战略伙伴并肩站在一起》《于佳：中非引领"全球南方"现代化大有可为》等短视频，鲜明表达中国主张；在"X"上发布《非洲咖啡在中国找到市场》《第八届中非企业家大会讨论关键议题：推进产业链和供应链一体化，促进新兴产业发展》等帖文，如实反映中国带给世界的积极影响。

《长江新闻号》自创办之初就致力于"观点制胜"，强调对重大国际问题的专业化解读。栏目建立了包含 100 多位国际问题时事评论员的专家库，及时介入热点议题，在有理有据有节地讨论、分析中，有效引导国内舆论、影响国际舆论。其中，对中美关系走向展开深入剖析，对日本排放核污水进行有力批驳，对推动巴以和谈提供"中国方案"等，均体现抢占国际舆论话语权的积极作为。

（三）他者视角，强化好感传播，促进民心相通

国际舆论场复杂多变，国际传播需要主动发声抢占话语权，但仅有单一的自我陈述，难以达到传播预期。邀请国外人士，以他者视角，借由好感传播，实现民心相通，成为提升国际传播效能的共识。

他者视角，即用"外眼"去看、"外嘴"去说。国外人士的身份标签，可以赢得海外受众的信任；国外人士的思考角度及表达习惯，还能最大程度地降低"文化折扣"。2023 年，共建"一带一路"倡议提出十周年，站在这一重要历史时刻，湖北国际传播中心推出特别策划《一路相连》，选取莫

桑比克、印度尼西亚、巴基斯坦、泰国、俄罗斯等"一带一路"共建国家的在鄂留学生，以第一人称视角的个性化叙事方式，讲述农业合作、经贸交流、科技创新、学术交流、人才培训等领域，在武汉与留学生家乡两个城市之间展开的交流交融的故事，凸显"'一带一路'倡议源于中国，但机会和成果属于世界"的主题。该系列产品在湖北国际传播中心海外社交账号 Open Hubei 矩阵、印尼《国际时报》、泰国《星暹日报》、马来西亚《大马之声》等百余家"一带一路"共建国家官方媒体，以及美国《时代》周刊等欧美媒体转发。留学生亲述的鲜活故事见证了中国担当与中国贡献，为中国在国际社会实现"民相亲、心相通"的好感传播，建立起具有可亲性和感召力的中国话语空间。

（四）紧盯时代，平等交流，搭建世界青年对话平台

国外权威机构发布的《大西洋两岸趋势》民意调查报告显示，年轻受访者对中国的看法更加积极，中国的正面形象在 18～24 岁年龄段的受访者中占主导地位。[①] 该结论说明，青年是国际传播中容易唤起好感的传播对象。如何在这一群体实现更有效力的国际传播？湖北广播电视台以全球文化访谈类节目《非正式会谈》为平台，提供了一个自由交流、平等对话的场域，让各国青年围绕时代话题展开多元、包容的思想碰撞与言语交锋，进而开阔视野、启发新思，让中国认知世界，也让世界了解中国。

2023 年，《非正式会谈》第八季在国内、海外平台同步上线传播。节目邀请来自俄罗斯、意大利、阿根廷、伊朗等不同国家的青年代表，围绕如何应对扫兴式父母、各国独特的育儿经、离婚是否需要仪式感、开学职场那些事儿等十个时代热点、痛点或难点议题，展开有意义、有意思的探讨，进而展示世界各国不同文化、文明间的差异之处和共通之点，让中国的主流价值观在交流对话中实现润物无声地传播。《非正式会谈》第八季 B 站播放量达

[①] 《调查显示：西方年轻人对中国看法更积极》，https://baijiahao.baidu.com/s?id=1702152490183689971&wfr=spider&for=pc，2021 年 6 月 10 日。

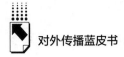

3254 万次，位居综艺榜单第一名，相关话题阅读量破 7 亿次。目前，《非正式会谈》第九季正在筹划之中，通过时新话题的思辨，中国青年同其他国家的青年群体将持续建立情感链接与价值认同，确保国际传播的精准性和持久性。

（五）技术赋能，让创意更"炫"，让表达更"活"

新媒体时代，移动化、社交化、可视化成为国际传播的主要形态，虚拟现实（VR）、增强现实（AR）、裸眼 3D、智能交互等新技术被广泛应用于国际传播领域。湖北广播电视台也积极拥抱各类新技术，以技术赋能产品，提高用户体验，使创意更具时代感，视觉呈现更具吸引力。

2023 年，湖北国际传播中心借助裸眼 3D 技术推出视频产品《瞧瞧湖北的"桥"实力》，讲述湖北造桥"梦之队"在全球 20 多个国家和地区总共建成 4000 多座大桥、总里程数连起来可绕月球半圈的硬核实力。裸眼 3D 技术可使人眼直接获得具有空间、深度的逼真立体影像，其营造出的视觉效果充分凸显湖北处于世界一流的造桥水准。该产品被西班牙埃菲通讯社、雅虎巴西、阿根廷共和国杂志、秘鲁新闻、厄瓜多尔新闻、México Times 等 22 个国家的 176 家主流媒体转载，共建"一带一路"国家不少网友留言表示，自己家乡的桥就是中国造，感谢中国工程队改善了当地的交通乃至生活。技术赋能之下的国际传播、流量与口碑兼得。

随着 AIGC 技术的崛起，以新技术赋能传统文化，潜移默化地将中国文化传播到海外，为我国的国际传播叙事提供了新思路，也为更多年轻人了解博大精深的中华文化带来了新的打开方式。目前湖北广播电视台已经将 AIGC 技术应用到短视频生产中，结合时令节点推出了《AI 湖北，想象的世界近在眼前》《父亲节快乐，陪你一起慢慢长大》《瞬息黄鹤楼》等短视频，打造了一批具有前瞻性的文化产品，下一步还将深耕中华传统文化与 AIGC 技术的巧妙结合，力求产品风格既有中国特色，又丰富灵动受全球观众喜欢，为跨文化交流开辟更广阔的空间。

五　思考与展望

地方媒体在国际传播新格局中扮演着极其重要的角色，对于丰富国际传播的内容与形式，增强中国在国际舞台上的话语权和影响力，具有不可替代的作用。但复杂多变的国际舆论环境以及媒体自身面临的发展困境，使国际传播实效仍有较大提升空间。以湖北国际传播中心为例，其运营一年有余，在海媒矩阵上开疆拓土，共积累 60 万粉丝，国际传播声量有限，存在账号特色不够鲜明、账号"Open Hubei"地域标签明显易被平台判定为官媒削弱其传播力、在地化传播针对性不强等问题。为进一步实现更有效力的传播，结合国际传播的发展趋势，还需从以下几方面着手施策。

一是地方媒体需要整合资源，突出地方特色，打造垂类账号。目前，地方媒体海外账号名称较单一，账号内容与风格同质化严重，今后，在运营策略上，应加大地方化、个性化、垂直化比重。其一，主账号要深入挖掘地方特色题材，强调独特的地域性，将自身打造成向海外用户展示形象的窗口。其二，还需结合本土资源，设立更具个性化的垂类账号，细耕垂类领域，增加目标用户黏性，同时协同主账号，在必要时形成海外舆论联动，扩大国际传播声量。

二是地方媒体需要搭建更为多元的合作体系。当前的外宣格局，媒体绝非对外传播的唯一主体，搭建更为开放、包容的国际传播合作体系，显得尤为重要。一方面，地方媒体可主动联动海外各类媒体，积极拓展"朋友圈"；充分调动社会力量，吸引"网红"、留学生、国外友华人士等海内外民间群体参与，切实发挥社媒传播优势。另一方面，省、市、区共建国际传播中心不失为一种有益探索。省一级国际传播中心资源聚集能力相对较强，但延伸至各地的信息触角灵敏性偏弱；各地的信息触角灵敏，但国际传播的人才、渠道、作品等传播要素不足，单打独"建"成本高、传播效力弱。探索省、市、区三级共建模式，取长补短，能降低成本，提高效能，抱团出海。

三是地方媒体还需善用新技术，为国际传播赋能增效。运用 5G、大数据、云计算等先进技术，对不同国家和地区的受众进行精准画像，确保国际传播的到达率与有效性；借助人工智能技术推动多语种译制，消除国际传播的语言壁垒，提升传播效能；应用虚拟现实（VR）、增强现实（AR）、智能交互等新技术，打造沉浸式、体验式、场景化国际传播精品，便于海外受众更直观地理解所输出的中国文化与理念。

四是结合当下国际旅游市场上的中国旅游热潮，策划"请进来"的优质活动，大力开发营销文旅产品。俗话说，百闻不如一见，针对海外不少国家对中国歪曲报道导致民众不明真相的现象，以"请进来"为外宣切入点，积极搭建桥梁，让更多外国人亲身踏入中国这片古老而充满活力的土地，深入体验中国独特的风土人情，了解中国，进而传播中国。此外，也要主动"走出去"，寻找更多合作机会，拓宽文化传播的边界。

风物长宜放眼量。做好国际传播工作绝非一朝一夕之间，需要久久为功。新征程上，湖北广播电视台将站位全局、立足本土，充分地向内挖潜、向外借力，以开放包容的心态，用心传播博大精深的荆楚文化，用情讲述亲切可信的时代故事，向国际社会呈现真实丰富的湖北，让国际社会了解全面立体的中国，在国际文化激荡中壮大自身影响力。

参考文献

曹曦晴：《发挥广电视听优势，打造国际传播共创模式》，《现代视听》2023年第8期。

邹静、曹曦晴、赵欢：《地方主流媒体开展国际传播的策略分析》，《当代电视》2022年第5期。

彭翠、刘洋：《"研究中国""讲好中国"：中国式现代化视域下国际传播话语体系建构》，《中国出版》2024年第16期。

夏盈悦：《如何借"外眼""外嘴""外媒"讲好中国故事——浙江国际频道的国际传播与创新实践》，《传媒》2024年第15期。

毛倩倩：《加强国际传播能力与体系建设的实践进路》，《人民论坛》2024年第14期。

张立伟、曲锋：《国际传播视域下中国话语的中国化表征与全球化表达》，《河南师范大学学报》（哲学社会科学版）2024 年第 4 期。

冯月季：《东风西渐：中国文化符号国际传播的历史、现状与未来》，《内蒙古社会科学》2024 年第 4 期。

顾洁：《全球文明倡议的时代意涵与国际传播》，《当代世界》2024 年第 7 期。

陈宣霖、黄瑛：《新媒体时代广西主流媒体面向东盟传播的经验与进路》，《传媒》2024 年第 12 期。

周敏、郅慧：《理解"韧性"：中华文明国际传播的现实取向、要素耦合与逻辑理路》，《中国编辑》2024 年第 6 期。

案例篇 ⟫

B.12
杭州亚运会对外传播的文化理念、
创新实践与经验启示

郭涵钰　王茹月*

摘　要：　杭州亚运会的成功举办为展现真实、立体、全面的中国形象，加快构建中国话语和中国叙事体系开启了新的动人篇章，也为研究人员和相关决策者增进对体育赛事对外传播的逻辑、体系、经验与规律的理解提供了重要启示。本报告以杭州亚运会为案例，分别从文化理念、创新实践、经验启示三方面对杭州亚运会的对外传播范式进行研究分析。研究认为，杭州亚运会的办赛理念折射着丰富的对外传播文化理念，并深刻体现于"人文亚运""绿色亚运""城市亚运""智能亚运"四个方面；其在东方美学建构、数实结合运用、智能技术赋能、情感策略施行、多元主体触达、域牌形象传播等方面践行着独特的对外传播创新实践；在开放性、交互性、移动化、情感化为特征的对外传播语境下，杭州亚运会的成功举办为用好数字公共外交的

---
*　郭涵钰，中国传媒大学新闻学院博士生，主要研究方向为视听传播、跨文化传播；王茹月，暨南大学新闻与传播学院博士生，主要研究方向为视听传播、跨文化传播。

主场契机、坚持共情实践、创新整合传播、探索社交化传播中的新对话范式提供了重要借鉴。

关键词： 杭州亚运会 对外传播 中国话语体系 中国叙事体系

2023 年 9 月 23 日至 10 月 8 日，第 19 届亚洲运动会（以下简称杭州亚运会）在杭州举办。杭州亚运会以"中国新时代·杭州新亚运"为定位，秉持"绿色、智能、节俭、文明"理念，为亚洲乃至世界呈现了一届"中国特色、亚洲风采、精彩纷呈"的体育盛会。作为党的二十大胜利召开之后我国举办的规模最大、水平最高的国际综合性体育赛事，杭州亚运会也是历史上参赛人数最多、比赛项目最多的一届亚运会[①]。杭州亚运会不仅为世界充分领略中国式现代化新图景、中华民族精神风貌提供了重要舞台，还为深化体育和文明交流互鉴、增进国家间相互了解提供了重要平台。本报告以杭州亚运会为案例，通过梳理和总结杭州亚运会期间各级主流媒体与互联网公司对外传播成效的公开资料，分别从文化理念、创新实践、经验启示三方面对杭州亚运会的对外传播范式进行研究分析，为充分把握对外传播时代新要求、答好对外传播时代新考卷，增强中华文明传播力、影响力，提供理念、实践、经验等方面的参考价值。

一 杭州亚运会对外传播的文化理念

杭州亚运会是中国式现代化发展迈上新台阶、开启全面建设社会主义现代化国家新征程、向第二个百年奋斗目标进军的关键时期举办的一次重大国际性综合体育赛事。透过"亚运之窗"，借助"杭州之城"，杭州亚运会的

---

① 《人民日报社论：共绘亚运新的画卷 共创亚洲美好未来》，https://mp.weixin.qq.com/s/cdyzD3kcGXn6P 7stfHmiGQ，2023 年 9 月 23 日。

成功举办注下了"中国之治""时代之变"的生动注脚，让亚洲和世界看到了中国式现代化的美好未来。主场举办亚运会意味着能够充分发挥传播的主体性和能动性，利用好这一对外传播机会，是现阶段我国讲好中国故事、传播好中国声音，展现可信、可爱、可敬的中国形象的内在需要，同样也是新时代我国国际传播能力的重要检验。亚运会不仅能够向世界传递中国的和平发展理念与合作主张，还能为世界提供"中国方案""亚洲平台"，在维护地区稳定、推动共建"一带一路"、构建人类命运共同体等方面发挥积极作用。

在此背景下，杭州亚运会以"绿色、智能、节俭、文明"为办赛理念，以"心心相融，@未来"为口号，生动践行着"杭州为主、全省共享"的办赛原则。可以说，杭州亚运会的办会理念折射出了丰富的对外传播文化理念，并深刻体现于"人文亚运""绿色亚运""城市亚运""智能亚运"四个方面。

在"人文亚运"理念指导下，践行"以人为本"，积极响应全球文明倡议。2023 年 3 月，习近平总书记在中国共产党与世界政党高层对话会上回答"现代化之问"，首次提出"共同倡导尊重世界文明多样性，共同倡导弘扬全人类共同价值，共同倡导重视文明传承和创新，共同倡导加强国际人文交流合作"的全球文明倡议。在全球文明倡议的影响下，杭州亚运会具象化地呈现了中华文化的深厚底色、以文兴会的办赛特色、诗画江南的城市景色、体育与人文深度融合的人文本色，并融合展示亚洲各国文明文化，积极促成合作交流与文明互鉴，充分诠释中华文明的突出特性。

在"绿色亚运"理念指导下，展示生态文明，践行环保理念，坚持可持续使用。"绿色"是杭州亚运会办赛的核心理念之一，更是契合人类文明发展要求的共同价值。作为首届碳中和亚运会，杭州亚运会在传播活动中深度应用"绿"的理念，探索传播内容中的"绿"，使用绿电、环保材料，展示生态文明建设成果；探索传播形式上的"绿"，开辟数字点火、数字烟花等全新表达；探索传播渠道里的"绿"，推出大型活动碳中和管理平台；探索传播价值上的"绿"，为中国的国际形象增添一抹新鲜绿色，充分展示出推行环保、可持续发展的大国担当。

在"城市亚运"理念指导下，建设全民亚运的体育强国，注重"域牌"形象的国际传播。杭州亚运会向着"办好一个会、提升一座城"的目标进发，一方面，关注在城市中传播亚运，加快实现城市品质与治理的跃迁，促进体育文化与亚运精神的城市传播；另一方面，关注亚运传播中的城市，充分挖掘并展示城市历史文化和现代实力，提升以杭州为中心的"域牌"知名度，创新中国形象的特色化、立体化呈现。

在"智能亚运"理念指导下，展现科技实力，让智能技术赋能亚运传播。在城市建设和文化叙事中应用数智技术，书写杭州作为中国智慧城市建设的典范；在办赛中应用数智技术，提升场馆、翻译、观赛等方面的运作效率与效果；在传播中应用智能技术，提升新闻报道的时效性和亚运传播的参与度与沉浸感，向世界传播了中国的创新精神和开放态度。党的二十大报告提出，"增强中华文明传播力影响力。坚守中华文化立场，提炼展示中华文明的精神标识和文化精髓，加快构建中国话语和中国叙事体系，讲好中国故事、传播好中国声音，展现可信、可爱、可敬的中国形象。"① 杭州亚运会在人文、绿色、智能等理念下，传递"更高、更快、更强、更团结"的当代奥林匹克精神，进行多重对外传播的创新实践，致力于加强国际传播能力建设，提升深化文明交流互鉴，推动中华文化更好走向世界。

二 杭州亚运会对外传播的创新实践

（一）以东方美学丰富中国叙事

杭州亚运会以东方美学丰富中国叙事体系构建、创新全球叙事表达，集中体现在开闭幕式的庆典仪式。开幕式从主题理念、文化元素、故事设计和

---

① 习近平：《高举中国特色社会主义伟大旗帜　为全面建设社会主义现代化国家而团结奋斗——在中国共产党第二十次全国代表大会上的报告》，《党建》2022年第11期。

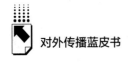
视觉呈现等方面丰富中国叙事，并在和平叙事、发展叙事、文化叙事等方面展开全球化表达。

在主题设计方面，杭州亚运会开幕式总主题为"潮起亚细亚"，以"水"贯穿始终，展现良渚古城五千年水利系统的中国智慧，同时也寓意着中国和亚洲各国山水相依；展现"潮"的变化与奔腾，表现国风国潮、自然之潮、科技之潮、体育之潮和时代浪潮的碰撞；最后进行理念升维，传达出亚运会始终秉持的"共同前进"理念和对亚洲各国携手发展的期许。在文化元素选择方面，用秋分节气、《富春山居图》、西湖美景、拱宸桥等传统文化和历史古迹，传递出诗画江南的独特韵味和中华文化的深厚底蕴；展现抚琴、斗茶、书画等淡雅生活方式，描绘出风雅处处是平常的生活美学；对泰姬陵、鱼尾狮、双子塔等亚洲各个国家和地区的地标性建筑共同呈现，构成美美与共、互学互鉴的亚洲文明画卷。在故事讲述方面，杭州亚运会开幕式以诗性叙事贯穿始终，通篇以古典诗词为引，传达"相知无远近，万里尚为邻"的开放包容，体现出诗意的审美特性和含蓄的抒情传统，用中国东方美学独特魅力讲述世界价值。在视觉呈现方面，杭州亚运会开幕式充分发挥中国美学美在意象审美风格，用地屏呈现裸眼 3D 的效果替代实物造景的使用，用数字烟花替代实际烟火，中国美学简约典雅的内核与亚运简洁环保的理念不谋而合。同时，开幕式也为观众留下了诸多想象空间，亚运会开幕式总撰稿人提到，开幕式中蕴藏了很多与西湖、钱塘有关的诗词，但点到不说破，进行一种文化上的留白，让观众用自己对于诗词的理解去欣赏开幕式之美。

此外，源于钱江潮的"潮涌"会徽、展现杭州湖山景观的"湖山"奖牌、集结江南风韵的"江南忆"吉祥物以及"大莲花""杭州伞"等场馆造型等视觉形象，也呈现出江南文化中精致、典雅、精美的特性，提炼出了优秀传统文化的精神标识，并与亚运盛会和体育精神契合，展现优秀传统文化的当代价值、世界意义。

（二）以数实结合引领亚运风潮

杭州亚运会在开闭幕式、赛事报道与转播、新媒体传播、赛场与城市服务等方面应用数字技术、进行数实结合具体实践，全面采用云计算替代传统数据中心，实现核心系统和应用服务的云上打通，在进行科技亚运及其美学表达的同时，形成了独特的智能、绿色、简约等亚运风潮。

第一，在赛事组织和赛场管理上，本次亚运会创新使用云上管理系统，擦亮杭州数字化发展名片。杭州亚组委与钉钉公司合作打造了智能办赛平台"亚运钉"，接入涵盖行政审批、文件传输、医疗服务等 293 个应用，实现了 10 万办赛人员跨地区、跨部门、跨层级的"组织在线、沟通在线、业务在线"大协同①；接入了支持知识性问答和 13 种语言自动翻译的阿里 AI，便于高效获取信息和多语种沟通。同时，参赛选手的健康监测、行程安排和身份验证也都能在机会平台进行细致管理。此外，观众也可以通过数字导览系统高效了解赛会相关信息。全新多样的数字化体验，向各国运动员、工作人员和观众亮出杭州的数字化城市名片和中国的数字化管理实力。

第二，在体育赛事转播方面，杭州亚运会是历史上首次采用了云计算技术来支持赛事核心系统和赛事转播的亚运会，是首届真正意义上的"云上亚运"。赛事现场不再需要转播机房，而是通过阿里云全球基础设施向全球观众实时转播，实现核心系统 100% 上云。

第三，在文化艺术表达上，"数实结合"理念引领亚运开闭幕式：AR技术让亿万星光汇聚成虚拟火炬手，跨越钱塘江与运动员共同点燃主火炬；3D 双威亚技术让空中演员与浪潮互动，形成弄潮而舞的壮丽画面；现场超高清地屏与立体透视网络幕配合虚拟影像，打造出潮水奇观的"裸眼 3D"效果；用"数字烟花"替代实体烟花，既环保又美观，还能让线上线下观众都能收获良好观赏体验。开闭幕式将虚拟效果与现实环境相结合，将文化艺术与科技形式相结合，构建起专属亚运会的叙事时空和技术话语，实现技术与艺术的双向奔赴，更传递出人与自然和谐共生、高质量可持续发展的理念主张，体现大国责任与担当。

---

① 《大协同全智能"亚运钉"全面赋能"智能亚运"》，https://baijiahao.baidu.com/s? id = 1779373629412521000&wfr=spider&for=pc，2023 年 10 月 10 日。

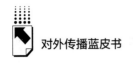

（三）以智能技术赋能全民参与

杭州亚运会以网络技术打通全民参与的渠道，以媒介仪式凝聚全民参与的精神，以沉浸设计提升全民参与的体验，以体育竞技唤起全民参与的热情，从认知、情感、行动等多方面搭建起一个全亚洲乃至全世界人民参与的"全民亚运"，让人们在参与和体验中认识中国的"智慧力量"、感受多彩的亚洲文明。

杭州亚运会创新数字点火仪式，让不同空间的观众都能参与点火仪式并获得"我在"的参与感。云端上亿用户作为数字火炬手化为点点星火最终汇聚成数字火炬人，现场观众也能在支付宝团队自研的 Web3D 互动引擎 Galacean engine 和 AI 数字人、云服务等多种技术的结合下，看到数字火炬手踏浪而来，还可以在手机端放飞虚拟孔明灯。亚组委推出了定制数字火炬手数字形象的功能，让人们在数字孪生技术下获得"我是"的身份感；开发的 58 个捏脸控制器，可提供 2 万亿种形象的定制需求。同时，杭州亚运会在线上线下丰富互动体验，让观众获得"我享"的幸福感。线下，富阳水上运动中心的 VR 体验区，访客能以运动员视角体验皮划艇赛事的激情；线上，依托 AI 智能、云服务和区块链技术的"亚运元宇宙平台"，用户能以虚拟身份畅游亚运场馆、城市文旅、个人藏馆等创意空间；此外，咪咕视频等新媒体平台设置多路直播界面和多个观赛场景，观众可以自己当"导播"随时自主切换直播线路和机位，并在"狂欢 YEAH"场景中创建数智人分身、加入战队，与其他用户一起参与互动，获得前所未有的互动观看体验。

（四）以情感策略实现共通目标

在当前国际传播中，人类共通的情感是一项重要课题，"以情动人"的重要性日益凸显。有学者认为，诉诸情感共鸣的跨文化传播可成为国家形象建设的破局之道①。利用情感传播策略，在共通情感的作用下迅速拉近与受

---

① 钟新、蒋贤成、王雅墨：《国家形象的跨文化共情传播：北京冬奥会国际传播策略及效果分析》，《新闻与写作》2022 年第 5 期。

众的距离，有助于消除误解，增进理解，实现更深层次的国际交流。

传播主体上，具有人格特性的"忆江南"吉祥物是开展情感传播策略的重要主体。作为拟人化的传播主体，吉祥物以软性方式表征文化底蕴和亚运理念，形象以亲和力传达真善美的普适性价值，以全球范围内广受认可的"萌"文化消解跨文化传播中由高低语境而产生的文化折扣，具有淡化意识形态色彩、拉近观众心理距离的效果。传播内容上，亚运报道不仅讲述中国人的故事，也将视野向外展开，如亚运会官方对来自"一带一路"国家乌兹别克斯坦的志愿者李辰阳、在杭州做足球俱乐部教练的六旬意大利人笨笨等人物进行了专访报道，用外国人来到中国、爱上中国的故事，增强有相似文化背景的人的理解意愿。叙事话语上，从情感角度切入的话语也频频出现，如《人民日报》讲述"陪伴是最长情的告白"的亲情、"功勋章上有你的一半"的爱情和"为生命勇敢走下去"的友情三个故事，抓住竞技体育"残酷"背后的温情，传递亚运中的感人时刻，打动了许多中外观众。叙事形式上，视听结合的媒介内容更容易为受众理解，亚运会中以共情为导向的传播形式主要体现在两方面——艺术与审美层次上的叙事、技术手段下的数字化叙事。如总台推出的《当国风亚运遇上西湖十景》《AI修复49年前中国亚运首金画面》等短视频，以动漫、古画、AI等方式向世界讲述亚运历史、传递城市气韵、展现运动魅力。可以说，杭州亚运会以共情为策略，以共通为目标。其对外传播实践的情感策略诉诸"共通的意义空间"，即使用共同的文本、符号和易于理解的视听形式，唤起共同的体育记忆、中国记忆和亚运记忆，来实现从"我"到"我们"的话语转变。

（五）以多元主体触达圈层用户

在杭州亚运会对外传播实践中，特别地关注到了传播主体和对象的多样性，并通过赛事设置丰富化、报道主体多元化、话语语态多样化，从文化、故事和情感等维度将中国叙事触达不同群体，增强亚运会传播的影响力和影响范围。多元传播主体在亚运会国际传播中发挥着重要作用。

第一，充分布局国内媒体的海外传播矩阵，调动海外新兴媒体平台

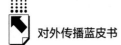

力量，杭州亚运会官方的脸书（Facebook）、Instagram 等平台上，每日都有高密度的相关信息发布，同时与雅加达亚运会、名古屋亚运会官方账号互相关注并进行联动；CGTN 多语种网红主播在海外社交媒体平台发起"挑战传奇"网络互动活动，总阅览量超 35 亿人次，用挑战激发网友关注亚运的积极性。

第二，发挥海外媒体和个人的传播力量。一方面，与海外主流媒体的合作，如中央广播电视总台首次把外媒定制化报道与合作传播相结合，与日本、印度等近 30 家亚非国家电视台联合制播《数说亚运 相约杭州》等专题节目，合作推出《活力亚洲》等特别节目，覆盖海外受众约 16.2 亿人①；另一方面，发挥留学生、海外友人、海外友媒的传播作用，如《中国日报》（海外版）、新华社、浙江广电集团国际频道等涉外平台推出"第三只眼看浙江""外国人眼中的浙江"等栏目，吸纳和鼓励在浙在华的外国人走近亚运。

第三，将分众策略应用到传播实践中。一方面，聚焦兴趣圈层，增设藤球、卡巴迪、空手道、电竞等具有亚洲文化特色或受大众喜爱的非奥项目，激发更多群体的参与积极性。同时，杭州亚运会官方推特与多家有影响力的霹雳舞、电竞俱乐部和体育类账号互动，获得超过 40 万次阅读、121 次转发、403 次点赞，扩大亚运会影响力②，实现了以体育为媒的趣缘传播和精准传播。另外，聚焦"Z 世代"，如江苏 Now 国际传播中心推出"Z 世代看亚运"，以青年视角记录赛会点滴；主流媒体融"网感"语汇于报道中，促进亚运传播与青年兴趣对接。在传播主体和对象日益多元的趋势下，关注这种多样性让中国声音和中国表达在亚运会的传播中触达更多文化和兴趣圈层，让更多人看到亚洲文明多姿多彩、交流互鉴的友好图景，夯实共建亚洲命运共同体、人类命运共同体的人文基础。

---

① 《潮起东方 惊艳世界！总台杭州亚运会开幕式报道引发全球关注热议》，https://mp.weixin.qq.com/s/CpIen6xivf1rLnVL-Rp5dQ，2023 年 9 月 25 日。
② 《杭州亚运好故事，这样讲给世界听》，https://mp.weixin.qq.com/s/CH1KRQy_90LLaidXLMo0dA，2021 年 6 月 21 日。

（六）以整合思维传播域牌形象

杭州亚运会以"办好一个会，提升一座城"为指导，围绕杭州及其向外辐射的区域，深入挖掘区域的自然生态、历史文化、经济技术、社会人文等特色资源，并充分整合人员、媒介、渠道等优势，展开立体的传播。杭州亚运会的对外传播实践已从围绕赛事的转播与传播，转向内容多维化、叙事立体化，传播体系化的整合传播。

具体来看，内容上，杭州"域牌"围绕"江南"美学气质和"科技"领先形象，整合亚运赛事、杭州历史、文化故事，丰富域牌形象内核。既有《酷炫！乘坐 AR 智能巴士去采访》报道中的科技亚运，也有以刺绣、印章为灵感的亚运主题宣传片中的人文亚运；既有开幕式中宋韵文化的典雅美，也有四海一家的崇高美。

渠道上，杭州亚运会整合传统媒体和新兴平台、官方与民间渠道、国内外众多平台资源，形成有覆盖力的传播矩阵。如通过提炼"数字火炬手""裸眼 3D"等话题，制作短视频并投放至微博、抖音、小红书及 TikTok、Instagram 等平台，实现开闭幕式的广泛传播。同时，线下渠道如地铁广告、特许商品销售与快闪活动，也有效融入亚运氛围，让本地居民与外籍访客共襄盛举，全方位体验亚运热情。

形式上，杭州亚运会整合多样体裁与视频长度，构建传播合力。视频版本整合上，总台创新横竖屏双圈生态，满足不同屏幕尺寸需求，特别是在赛事转播中引入竖屏视角。体裁多样化，既有中国之声《决胜亚运》的新闻直播、杭州文广集团推出的《杭州 爱达未来》等慢直播节目，也有央视频和 CGTN《环球体育》栏目联合杭州市萧山区推出的《国风遇见亚运》系列短视频，还有杭州网制作的"杭州历史名人来参加亚运会"H5 小游戏。此外，动画《弄潮》、AI 绘画短片《八方凌云志，云上会英雄》等多模态影像，展现了科技与文化的融合。这一系列整合传播实践，不仅全方位呈现了杭州的自然、文化与社会风貌，也向世界展示出更立体、更鲜活的中国故事和中国形象，促进了"域牌"形象及中国精神在国际舞台上获得更多共识。

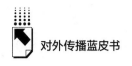

三 杭州亚运会对外传播经验启示

（一）重视体育传播，用好数字公共外交的主场契机

杭州亚运会以体育为媒开展对外传播，抓住主场优势，发挥主体性和能动性，是数字时代体育公共外交的新实践。一方面，体育赛事这一"共享仪式"能够凝聚共识、强化认同，带来民族团结；另一方面，体育作为人类文化性的存在，其"更高、更快、更强、更团结"的体育精神，能在一定程度上实现超越民族团结的人类团结。正如识者所言，在全球化时代背景下，体育赛事已成为重新点燃全球共通文化想象力和聚合全人类共抗风险信念的关键所在，体育公共外交（Sports Public Diplomacy）也成为"乌卡"时代促进人类文明交流互鉴的有效途径①。因此，可以说，在数字化浪潮席卷全球的今天，以大型国际体育赛事为媒，把握主场外交契机，对于构建国家形象、讲好中国故事、促进国际交流具有独特价值。其一，聚焦办赛本身，强化赛事服务，通过高水平国际赛事展现国家实力与大国风范。一方面，实施数字化升级和智能化转型，发挥新媒体与 AI 技术，用智能协作、元宇宙平台优化转播，增强体育传播的数字化竞争力。另一方面，创新赛事赛程设计，如杭州亚运会中的电竞项目首秀，14 场赛事视频在全媒体累计触达受众 3.31 亿人②，让电竞出海开始承载更多提升中国国际影响力、传播中国文化的使命。其二，利用主场外交优势，杭州亚运会站在构建人类命运共同体的高度，主动策划多样活动，深化议题，扩大国际影响。杭州亚运会自 2018 年"杭州 8 分钟"起便精心布局硬件与软传播，赛后更提出"后亚运时代"议题，延续城市的国际魅力。因此，利用好包括开闭幕式在内

---

① 史安斌、刘长宇：《智能传播时代的体育公共外交：历史脉络与未来走向》，《青年记者》，2022 年第 1 期。

② 汪文斌、马战英：《杭州亚运电竞赛事项目传播效果与影响研究》，《传媒》2024 年第 6 期。

的一切文化形式讲述中国故事，"瞻前顾后"将体育赛事的前、中、后变成媒介仪式，延伸体育赛事作为公共外交窗口的长尾价值。

（二）坚持共情实践，综合运用柔性传播策略

第一，以柔性叙事方式、软性传播模式开展共情实践，丰富报道的故事架构，在新闻作品中巧用情感逻辑。如用运动员对亚运村智能管理平台的认可，讲述亚运会智能应用所展示的中国科技实力；用无数中国人热情欢迎叙利亚总统及运动员的故事，展现中国"因自己淋过雨，所以总想给别人撑把伞"的善良、"和合"的文化理念、开阔包容的精神以及构建人类命运共同体的决心。另外，可以将共情叙事的视野拓展到新闻报道之外的更多传媒形式上，充分利用短视频的情感快速满足性、影视作品的强故事性，布局叙事格局。如此次亚运中，纪录片、短剧、动漫等内容也为情感传播提供了广阔的舞台。

第二，在历史文化、情感关系、体育精神、流行文化等方面寻找"通情点"，即寻找能引起不同群体产生共鸣的情感元素，并让其成为拉近传受双方心理距离的基点，沟通传受双方认知与理解的桥梁，使故事能够迅速进入异质文化受众的认知领域，唤醒稀缺的认知资源，使受众的注意力牢牢被吸引。杭州亚运会在展现各国运动员的奋斗故事、讲述团结与拼搏的体育精神、表现中国丰富历史文化遗产等方面设置了多个"通情点"，通过杭州街头"黑科技"、场馆内的灯光秀、全红婵的背包、韩国运动员的"稳定情绪"、菲律宾滑板女孩的快乐笑脸等话题内容，讲述了生动的亚运故事。

（三）借力多方声音，探索社交化传播中的新对话范式

第一，合理使用借力传播中的他塑策略，充分利用海外媒体和意见领袖的影响力，用在地化身份和表述增强信息可信度和说服力。一方面，建立各级主流媒体的海外传播矩阵，并积极与海外媒体、官方组织建立互动关系，在账号联动中布局中国故事的内容；另一方面，利用海内外社交媒

体的普及性，依托海外华人、留学生等社群实现内容的社交化扩散，并以在地经验与本土经验的比较为叙事逻辑，增进个体对"他者"文化的认知与理解。在杭州亚运会期间，不论是"亚运国际播报团"的积极参与，还是外媒对开幕式的点赞；不论是地方国际传播矩阵与国际体育组织互动频繁，还是外国运动员在社交媒体上分享亚运生活，无一不展现出媒体间、用户间、国家间在社交中对话，并在对话中实现"借船出海""借嘴说话"的传播效能。

第二，关注社交化传播中的互动与对话。有学者指出社交传播中对话的形成遵循"互动—参与—对话"路径。与各类海外媒体联动、建立社交矩阵是互动的基础，人们可以在点赞、转发等简单互动中认识中国。在此基础上，设计活动、仪式等媒介事件，让更多人参与其中，如这次杭州亚运会通过融入中国元素和亚洲文化的开闭幕式、面向全球征集的亚运吉祥物和主题歌曲，用共在感和参与感让更多人了解中国。在接纳、认识、了解的基础上，用户将会用更积极的态度来参与传播，与中国故事、文化形成平等的对话格局，以此为基础得以开展更有效自塑。同时，这种个体理解上的积极对话也为文明间交流互鉴、国家间友好往来提供了可行性方案，增进了世界对中国理念的理解。

（四）创新整合传播，立体塑造基于地方资源的中国形象

不同于北京奥运会和冬奥会从整体的、广泛的层面传播中华文化和中国形象，杭州亚运会的特殊性在于，对于地方性资源的利用和传播。因此，亚运会基于杭州的城市传播与形象塑造，也为未来对外传播逐渐地方化、特色化的传播实践打下基础。

第一，在整体上探索建设国家形象与地方形象互补的立体化国际传播格局。观念上，建立协同发展、互补互利的建设理念，让媒体充分认识到特色的地方文化可以丰富国际社会对中国形象的感知维度，成为国际交流的新抓手。行动上，鼓励各地方建设国际传播中心，形成多层级的立体传播格局，让地方文化的国际传播有具体的发力点和后备军；同时，充分调

动地方开展国际传播建设的积极性，充分利用国际会议、体育赛事、文化活动等机会，发挥主体能动性，向内挖掘本土资源特色并向外传播；以文化资源、实践经验补充和支持国家层面的国际传播，从而在整体上提升国际传播力和影响力。除此之外，本次亚运会独创的城市群会场设计也为协同塑造区域品牌形象提供成功范本，本次一个主办城市和五个协办城市的成功合作，也使城市品牌之间既互为呼应又各美其美，以晕轮效应实现省域形象的整体提升。

第二，坚持多资源、多渠道、多主体整合，来实现地方形象的立体化塑造与传播。不论是国家形象还是城市形象，都具有外部整体性与内部多维性，涵盖文化、社会、政治、经济等多个方面。如包括吉祥物、场馆设计、会徽设计在内的视觉体系，包括新媒体技术、智能场馆与科技感互动设计在内的技术应用，虽然各具特色，但其始终围绕着江南美学与数字化发展的杭州形象而展开。由此，围绕同一理念，立足自身特有的文化、经济、地理等资源，整合多主体、融合多渠道展开对外传播实践，让基于地方资源的国家形象更为丰富多彩，向世界展示真实、立体、全面的中国。

四　结语

在国际传播数字化、互动性不断加深的背景下，国际体育赛事作为体育与文化交流的平台、国家形象展示的舞台，影响力日益增强。杭州亚运会既让体育竞技与体育精神在世界璀璨绽放，又充分展现了中国的综合国力和文化自信。本报告以杭州亚运会为案例，深入剖析杭州亚运会如何通过独特叙事、智能应用、互动体验和深层次共情等实践来讲好中国故事、传播好中国声音，向世界说明中国、向世界传播亚洲。面对日益复杂多变的国际传播环境，亚运会的传播经验为日后综合性体育赛事的国际传播树立了新标杆，为共建人类命运共同体奠定了良好基础，更为中国在国际舞台上展示可信、可爱、可敬的国家形象提供了宝贵经验。

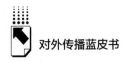
参考文献

习近平：《高举中国特色社会主义伟大旗帜　为全面建设社会主义现代化国家而团结奋斗——在中国共产党第二十次全国代表大会上的报告》，《党建》2022 年第 11 期。

钟新、蒋贤成、王雅墨：《国家形象的跨文化共情传播：北京冬奥会国际传播策略及效果分析》，《新闻与写作》2022 年第 5 期。

史安斌、刘长宇：《智能传播时代的体育公共外交：历史脉络与未来走向》，《青年记者》2022 年第 1 期。

汪文斌、马战英：《杭州亚运电竞赛事项目传播效果与影响研究》，《传媒》2024 年第 6 期。

王益莉：《杭州亚运会的国际传播创新实践及其启示》，《对外传播》2023 年第 11 期。

程曼丽：《打破西方话语垄断构建中国叙事体系》，《新闻战线》2023 年第 7 期。

杭州市体育局：《赛事塑造品牌　亚运赋能城市——以 2022 年杭州亚运会为例》，载《体育蓝皮书：中国体育产业发展报告（2021~2022）》，社会科学文献出版社，2023。

B.13
从杭州亚运到世界舞台：香港城市
形象建构与对外传播的新契机

董燕荣*

摘　要： 香港作为全球传媒重镇的角色，位于亚太地区中心，便于国际交流与合作，具备完善的通信和网络设施，为新闻业发展提供了便利条件。杭州亚运会为香港城市形象建构与对外传播提供了新契机。杭州亚运会期间，香港代表团取得辉煌成绩，通过媒体积极传播，重塑了香港"东方明珠"的形象。亚运会不仅是体育盛事，更是文化传播的平台。香港借助亚运讲述城市故事，增强了国际认知，特区政府加大宣传力度，媒体积极参与。吉祥物"坚仔"象征狮子山精神，展现了香港不屈不挠的风貌，引导青年关注国家发展，增强爱国情怀。亚运效应促进了香港经济、文化交流，提升了城市竞争力和国际地位，香港应继续抓住国际机遇，加强对外传播，提升城市竞争力和国际影响力。

关键词： 香港城市形象　对外传播　杭州亚运会　体育传播

一　传媒重镇：全球化背景下的香港城市形象定位

回顾香港的历史，它在1840年之前只是一个容纳5000人的小渔村，第二次世界大战后迎来了经济和社会迅速发展，成为世界制造业中心。尤其是

---

* 董燕荣，暨南大学新闻与传播学院博士研究生，主要研究方向为港澳传播研究、国际传播研究、新媒体研究。

20 世纪香港的变化令世人瞩目，在 70 年代成为亚洲区域强大的商业中心，随后晋升为亚洲区域的金融中心，逐渐树立起政府廉洁、法制健全、治安良好、经济体系自由的积极形象。步入 21 世纪后，香港依然是一座散发着独特魅力的城市：有自己的货币、法律、海关，拥有健全的服务业，优良的硬软件设施，良好素质的教育及发达的传媒机构和民间组织等。香港取得的成就，与其自由开放、积极进取、追求卓越、勇于创新、优质生活的核心价值密不可分。

中国香港作为国际化大都市，是全球重要的经济、金融、航运枢纽中心，从 1995 年至 2019 年持续 25 年稳居世界最自由的经济体首位，被评选为"全球最自由经济体"，于 2020 年排名第二，仅次于新加坡；2024 年 9 月 24 日，颇具影响力的《第 36 期全球金融中心指数报告（GFCI 36）》全球金融中心排名发布，香港在经历了连续四期排名落后于新加坡之后，本期重返全球金融中心第三，超越新加坡位居亚太区首位。香港作为亚洲地区商业枢纽，在"亚洲四小龙"中占有一席之地，是通往内地和亚洲其他经济体系的门户。同时，香港在影视文化、休闲娱乐等方面都拥有并坚持自己的个性特色，在全球城市竞争舞台上独领风骚，成为国际传媒重镇。

优秀的制度、经济、文化环境为香港带来了丰富的媒体资源。德国学者斯宾格勒（Oswald Spengler）认为："人类所有伟大的文化都是由城市产生的"[①]。每一座城市就是一个不断生长着的生命体，随着时间滑过慢慢形成自己独有的风采气质，也形成了独特的媒体风貌。在地理位置上，香港位于亚太地区的中心，方便与其他国家、地区进行交流与合作，这为国际新闻的报道提供了便利，香港媒体能够触达各种全球性事件，拥有广泛的国际网络和资源，有效地提升新闻报道的深度和广度。在基础设施上，香港具有完善的通信和网络设施，特别是数字平台的建设方面在世界范围领先，为媒体的运营和传播提供了技术支持。在市场环境上，"一国两制"

---

① 〔美〕R.E. 帕克、E.N. 伯吉斯、R.D. 麦肯齐：《城市社会学》，宋俊岭、吴建华、王登斌译，华夏出版社，1987，第 2~3 页。

为媒体机构提供了开放的市场环境，吸引了多家国际媒体进驻，提高了本地媒体的竞争力和创新能力，促进了媒体人才的培养，使其在新闻报道、编辑、制作和传播等领域具备高水平的技能和知识。在文化资源上，作为东西方文化的交汇点，香港媒体具有丰富的文化资本，为媒体的内容生产提供了多样性和深度的素材。在市场力量、文化氛围和制度优势的结合下，香港的媒体生态呈现出多元化的特征，报纸、杂志、电视台、广播电台和数字媒体等都具有大量的受众。在这些因素的共同作用下，香港在全球媒体格局中占据重要地位。

二　杭州亚运会：香港全球形象建构的新契机

九七回归之后，香港特区政府将城市形象品牌定位于"亚洲国际都会"，设计了城市品牌新标志——"飞龙"，代表着香港人勇于冒险创新、积极进取的精神，以及不达目标绝不放弃的坚毅意志。香港正是一座有着独特气质的城市，它新旧交融、中西荟萃，多元文化和自由贸易吸引着来自不同文化背景的人们在此和谐共融，因而享有"东方明珠"的美誉，除此之外，人们还形象地称之为"魅力香港""万象之都""购物天堂""动感之都"等。各类文化、娱乐活动等吸引着人们如潮水般涌到这里。

从数据上看，20 世纪 80 年代以来，香港一直是吸引全球游客最多的旅游目的地城市之一。据香港旅业网（PartnerNet）统计数据，2013~2023 年访港人次年平均达 4080.9 万，在 2013~2019 年这 7 年间，全年访港旅客人次较为均衡，处于 5000 万~6600 万人次区间，其中 2018 年达到峰值，为6514.8 万人次。2019 年作为拐点，访港旅客人次开始呈现下降的趋势，当年 8 月访港人次猛跌 31%，全年访港共 5591 万人次，较上年同比下降14.2%。2020 年开始，全年访港旅客人次数据开始陷入三年的低谷期，三年访港旅客人次分别为 356.9 万、9.1 万、60.5 万，香港旅游行业处于停滞期。为了重振旅游业，2023 年中秋节特区政府启动了"香港夜缤纷"等活动，旅游业开始出现复苏的迹象。

在对亚运会的报道中，香港媒体的报道往往是从运动员的个体切入，呈现的是运动员个体的鲜活形象，但"运动员聚合起来，体现出的则是这个群体的整体形象"①。香港运动员在杭州亚运会的赛艇、击剑、游泳、橄榄球、高尔夫球、单车及桥牌项目均夺得了金牌，而香港男子足球代表队亦历史性杀入亚运四强，令香港球迷雀跃不已。香港运动员的精彩表现起到了振奋人心的鼓舞作用，显示了香港竞技体育的群体性突破，增强了社会凝聚力与向心力。在全球大环境不甚明朗，香港面临经济、民生、对外关系方面重重挑战的情况下，香港的体育健儿借由体育的魅力与力量，充实并增强了广大市民不屈不挠、共度时艰的信心。香港运动员在杭州亚运会的赛场上展现出顽强拼搏、积极向上的形象，运动员们取得的一枚枚奖牌增添了身为香港人和华夏儿女的自豪感与归属感（见表1）。

表1　杭州亚运会期间涉港代表性报道

媒体	报道标题
凤凰网	香港特区政府为杭州亚运会中国香港代表团举办返港欢迎仪式
《经济日报》	港健儿亚运佳绩激励青年发掘潜能
《大公报》	李家超:投放资源发展体育见成果
《明报》	港将凯旋未停步"期望更大舞台"
《东方日报》	龙七公:借助体育盛事推进运动"五化"
《香港商报》	市民为港队打气盼再创佳绩
《大公报》	亚运直击/全城打气,港队拼佳绩
《星岛日报》	香港马术队先声夺人盛装舞步团体赛夺铜
am730	杭州亚运展示国家实力
《大公报》	亚运直击/市民欢呼:张家朗好剑!
《大公报》	独家报道/亚运激昂BGM首首唱入心坎
《大公报》	采访手记/现场播《红日》气氛热闹温馨
《东方日报》	马术三项赛今日展开,港队乘勇再冲奖牌
《星岛日报》	港队摘4奖牌贺中秋
《文汇报》	特首:香港是亚运参与者也是贡献者

① 罗宏涛:《中国运动员传媒形象研究》，北京体育大学博士学位论文，2013，第45页。

运动员媒介形象对社会、对公众在精神层面和物质生活层面都有着显著的影响。从中评数据对香港社交媒体的监测可以看出，杭州亚运期间，无论是涉体育议题影响力，还是对香港前景的信心指数都有明显跃升，飙升至三个月以来的最高峰值，体育议题影响力的上升更为显著，两周内皆突破50%的较高水平，足见体育运动带给社会和市民的震撼力及强大的感染力。[①] 从全球传播层面来看，香港运动员在亚运会上的媒介呈现为香港重塑自身形象提供了重要的契机。

三 从杭州亚运到世界舞台：香港故事的讲述与对外传播

现代奥林匹克运动会的创始人皮埃尔·顾拜旦指出："一个民族，老当益壮的人多，那个民族一定强；一个民族，未老先衰的人多，那个民族一定弱。"通过对香港代表团在亚运会上的宣传报道，世界对香港的形象有了一个全新的认识。清华大学中国发展规划研究院、德勤中国2024年7月31日联合发布的《国际交往中心城市指数2024》报告中，香港在过去一年的形象塑造上取得了斐然的成绩，交出了亮眼的答卷。报告显示，与2023年发布的首份报告相比，香港的国际交往中心城市指数排名从第6名升至第4名，超越新加坡和首尔，直追第3位的纽约，而这主要得益于城市吸引力。[②] 在香港2023年的十大新闻事件评选中，"参加杭州亚运会"位列其中，媒体的对外宣传起到了不容忽视的推广作用，为香港社会全面复苏提供了强大的推动力，也为香港故事的讲述与对外传播打造了一个世界性的舞台。

（一）主体转换：用运动健儿的风采说好香港故事

香港运动员在杭州亚运会的舞台上全力以赴、奋勇拼搏，多次上演转败

---

① 《中评数据：港队亚运佳绩具极大影响》，https：//bj. crntt. com/doc/1067/8/1/4/106781458. html? coluid＝350&kindid＝0&docid＝106781458&mdate＝1009001147，2023 年 10 月 9 日。

② 《清华大学中国发展规划研究院联合德勤中国发布〈国际交往中心城市指数 2024〉》，https：//www. tsinghua. edu. cn/info/1177/112974. htm，2024 年 7 月 31 日。

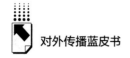

为胜的奇迹，书写下为梦想锲而不舍、永不言弃的动人故事，亚奥理事会第一副主席、中国香港体育协会暨奥林匹克委员会会长霍震霆表示："香港健儿刻苦奋进，突破自我，体现新时代的拼搏精神，为社会注入正能量，赢得了大家的欢呼和喝彩。"①

国际赛场上除了比拼实力、技术、意志之外，很重要的一点是积极应变。香港运动员在杭州亚运会的夺冠之路绝非一帆风顺，面对着极大挑战和困难，甚至落入困境，但他们能够及时调整心态和战术，把握战机，最终反败为胜。如香港男足在八强赛中击败强劲对手伊朗、历史性挺进四强，全港市民兴奋无比；有"剑神"之称的香港选手张家朗4强赛惊险反胜，决赛时势如破竹；香港乒乓球运动员黄镇廷16强赛及8强赛中都是打满了7局，多次在比分落后的情况下后来居上笑到了最后，经过媒体的报道，都成为体现香港拼搏精神的经典战事，充分反映了香港人懂得灵活走位、勇于应变求存的特质。

被市民昵称为"美人鱼"的游泳选手何诗蓓是弹丸之地的香港自己培养的世界级泳手，在杭州亚运会取得2金1银3铜的辉煌战绩，带给香港市民无限的自豪。正如中央政府驻港联络办贺电所言："你们团结拼搏、积极进取，展现出新时代中国香港运动员的精神风貌，体现了中国香港年轻一代的使命担当，向世界展示了中国香港的良好形象。"② 行政长官李家超说，港队健儿专业的体育精神，不屈不挠地奋战到最后一刻的表现，让市民引以为荣，更向世界展示了香港的良好形象，身体力行说好香港故事。

每一面奖牌、每一项纪录，都印证了香港运动员坚毅不屈的精神，也是每一个香港市民脸上的荣光，给整个香港带来了无限的骄傲和喜悦，同时也让世界看到香港青年运动员们的拼搏上进和巨大潜力。

---

① 《香港特区政府为杭州亚运会中国香港代表团举办返港欢迎仪式》，https：//www.chinanews.com.cn/dwq/2023/10-14/10094082.shtml，2023年10月14日。

② 《中央政府驻港联络办向杭州第19届亚运会中国香港代表团致贺电》，https：//finance.sina.com.cn/jjxw/2023-10-09/doc-imzqnxvi7986877.shtml，2023年10月8日。

（二）思维转变：特区政府改变宣传观念与力度

回归前的香港受英国传统思想影响，当时的政府中很多人感觉体育活动只是一个游戏，能参与就很好了，奖牌并不重要。回归后的中央政府认为，体育能帮助香港在国际立足，区旗应该在国际赛场上升起来，因而不断加大体育产业的投入。香港特区政府统计处数据显示，香港体育产业及相关活动的本地生产总值由 2016 年的 510 亿港元增加至 2019 年的 590 亿港元，体育经济雇用的人数由 7.8 万人增加至 8.3 万人；在 2024~2025 年度，政府通过精英运动员发展基金对体育的年度拨款为 9.416 亿港元，体育发展的总预算开支近 79 亿港元。

霍震霆认为香港特区政府现在已经有很大改变："同一批人现在要接受一个新环境，政府一定要做起来。希望提升香港的地位，拿牌对我们来说比较重要，我每一天都希望通过不同渠道，传播运动员对社会的影响、运动员的付出、运动员有强韧的精神。"

为支持香港运动员参加杭州第 19 届亚运会，香港康乐及文化事务署在亚运举办期间开展"同心撑港队"活动，在十八个辖区的指定体育馆设立"亚运直播区"播放亚运会赛事，让市民到场收看亚运会赛事节目，既感受运动盛事的气氛，也为出战的香港运动员打气。香港信和集团旗下奥海城、屯门市广场、荃新天地及朗壹广场的 430 寸、540 寸电视全程高清直播HOYTV77 台频道，方便市民密切关注亚运赛事激烈战况，在热门场次派发打气用品及商户优惠券，让公众投入亚运体坛盛事。为进一步提升大众参与运动的兴趣，令他们观看亚运会赛事时更添趣味，同时设立亚运会专题网页方便市民浏览直播区数据，上传一系列亚运体育运动的入门知识视频，由精英运动员亲身讲解和示范运动技巧。

（三）渠道动员：媒体预先谋划与积极行动

2023 年春节刚过，香港特区政府驻浙江联络处主任刘铭德 2 月 15 日到访了浙江广播电视集团浙江之声。他介绍了驻浙江联络处的背景、职能及香港最新情况，表示香港和杭州人民情感相系，经贸合作密切，希望透过本地媒体的专业和力量，形成香港与浙江的媒体合作通道，共同为人文艺术对话、亚运体育互动、青年交往牵线搭桥，为未来两地媒体合作打好基础。双方就相关方案进行了具体和深度的交流。

香港特区行政长官李家超在杭州亚运会开幕前出席"凝聚亚运会，杭港青连线"活动时指出，杭州亚运会是一个很好的平台，有机会让港队代表和青年义工说好香港故事。港队代表可与来自世界各地的运动员、观众、志愿者交流，认识更多新朋友，担当好香港青年大使的角色，以自身经验让世界知道香港美好的未来，传扬中华文化，把香港中西文化荟萃的特色，介绍给新朋友，邀请他们到香港来，亲身体验"东方之珠"的独特魅力、活力和动感。运动场内是竞技与切磋，运动场外又可以缔造更多的友谊。国家体育总局副局长周进强说，希望透过杭州亚运会进一步增进内地与香港青年间的了解和友谊，增强香港青年的民族自豪感和国家归属感。

2023 年 6 月 17 日，在亚运会进入倒计时 100 天的重要节点之际，凤凰卫视集团与杭州第 19 届亚运会组委会（以下简称杭州亚组委）在中国香港签订战略合作协议，双方在赛事报道、创意传播、活动策划等多方面开展合作，共同做好第 19 届亚运会的国际传播。凤凰卫视作为海外最大的全媒体华语文化传媒集团，在国际华语媒体领域享有盛誉，一如既往支持杭州亚运会筹办工作，持续发挥自身优势，为双方进一步合作奠定了良好的基础。凤凰卫视集团董事局主席兼行政总裁徐威表示，凤凰卫视集团很高兴成为杭州亚运会国际传播的志愿者，与杭州亚组委签署的战略合作协议标志着双方合作迈入新阶段，要充分发挥双方优势，实现强强联合，优势互补，共同为"举办一届有史以来最成功的亚运会"贡献力量。

凤凰卫视在杭州亚运会期间，依托扎根华人世界、面向国际社会的传播优势，通过覆盖全球的卫星电视频道、互联网平台、移动应用、社交传播矩阵，全力报道杭州亚运会，并举办了多场线上线下活动，展现亚运精彩。在赛事筹备、举办及后续的传播推广中，凤凰卫视集团调集了百人规模团队，与全球 60 个记者站通力合作，结合中国视角、国际视野，面向全球华人传播亚运资讯，让世界看到更多运动健儿的精彩表现，同时展示了亚运会的全球影响力和杭州的独特魅力，为亚运会的国际传播作出了突出贡献。

（四）符号隐喻：借助吉祥物生动演绎狮子山精神

2023 年 6 月 15 日，中国香港代表团的吉祥物亮相。中国香港体育协会暨奥林匹克委员会与香港知专设计学院合作，邀请该院学生以"支持中国香港运动员出战杭州亚运"为主题，为代表团征集吉祥物设计。在 60 多份设计方案中，一个狮子造型、名为"坚仔"的作品最终脱颖而出，与公众见面。

体育与公益传播活动是城市公关营销的重要策略，吉祥物的评选可以引起公众与媒体的关注，对提高城市知名度有立竿见影的作用。"坚仔"承载着香港社会对杭州亚运会满满的期待，代表了港人"打不死、摧不垮"的狮子山精神，即认真工作、努力打拼，是迎接挑战、逆境自强，是开拓进取、灵活应变的精神。当时，香港正受到世界经济复苏乏力等因素影响，对外贸易、金融和旅游等行业都出现了较大的波动，而香港体育代表团的精气神儿正是香港奋力应对挑战的缩影，生动展现出香港由治及兴的面貌。

香港运动员在杭州亚运会上生动演绎了狮子山精神，展现出的拼搏精神和爱国热忱，激励着香港市民奋发进取、融入大局，也让世界看到了香港青年一代的意气风发。香港的年轻人就像是一个个成长中的"坚仔"，他们是香港的活力、未来和希望，是保障香港长久繁荣稳定的坚实基础，也是保障"一国两制"在香港生根开花的精锐生力军。

亚运期间，香港市民不仅关注着亚运赛事，"把亚运带回家"也成为一种时尚潮流，随着"坚仔"走进千家万户，更多年轻人在了解香港过去的峥嵘岁月，感受同根同源的中华情。承载着传统文化记忆、融入亚运元素的独特载体"坚仔"，传承着狮子山精神，讲述着独特的亚运故事。

（五）文化传播：对外传播区域亚文化

体育作为文明的重要载体和呈现方式之一，是人类文明交流互鉴的重要

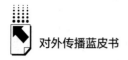

形式。亚运会是体育盛会，也是人文交流、文化交融、民心相通的舞台，杭州亚运会不仅是一场体育盛会，也是亚洲以体育促和平、团结、包容的重大机遇，再次将亚洲各国、各地区人民紧密联系在一起，通过体育这一纽带进一步深化相互理解，"亚洲命运共同体"更加可触可感。

杭州亚运会以"中国新时代·杭州新亚运"为定位，采用各种传播手段，赋予中华优秀传统文化以新的时代内涵和现代表达形式，全方位、多角度、立体式展现杭州韵味，把"最忆杭州"的故事讲述给世界。中国香港代表团团长霍启刚表示，杭州亚运会除了注重比赛体验外，亦更重视文化感受及交流，比如在饭堂会有水果雕花、拉面演示等，让运动员及游客除了看比赛外，还能参观不同旅游景点，感受中华文化。他认为这些方面都值得香港在承办全运会时参考，在比赛外安排更多文化体验交流的项目，让到港的各国朋友感受香港的美和活力。

杭州亚运会举办期间，恰逢"壮观天下无"的农历八月十八钱塘江大潮。风从东方来，潮起亚细亚，香港媒体记者和其他采访杭州亚运会的记者、嘉宾一起来到浙江省嘉兴市海宁市盐官观潮景区，激动地记录下"一线潮、交叉潮、回头潮……不同的潮水形态在钱塘江上轮番登场，犹如亚洲各国和地区运动健儿相聚赛场、各展所长，共同见证盛事盛景"。

"琮琮"、"莲莲"和"宸宸"是杭州亚运会吉祥物，凤凰网记者介绍三个名字的由来时，顺便搬出了代表了杭州的三大世界文化遗产，即良渚古城遗址、西湖、京杭大运河，它们展示了充满历史文化底蕴和时代活力的杭州魅力。相比气势磅礴的北京奥运，香港媒体与内地媒体同频共振，在杭州亚运文化传播的力度和技巧上进行大幅度提升，他们超越了以民族为载体的文化传播理念，在感受亚运盛会的同时，欣赏着诗画江南，注重传播区域文化即江南文化，以桂花、竹编等为文化特质，推出了《杭州亚运会奖牌"湖山"发布 展现江南文化》《"潮"解杭州亚运会开幕式》《杭州亚运会吉祥物蕴含的地名文化》等一系列报道，兼具细腻和新颖特质的文化形象，让海外领略了中国的地方文化，彰显了中国文化的多元与和谐。这样的做法弱化了国家概念，运用视觉形象和文字符号，香港媒体将东方元素、中国传统文化及其深厚的价值内核以更加柔性融合的方式传递了出去，在文化融合与博弈中注重平衡，达到了很好的传播效果。

四　思考与结论

回顾香港发展历程，在每个经济发展周期，香港人总能在危机和变局中抓住机遇、开创新局面。香港的发展史就是一部在识变、应变、求变中实现自我超越的历史。正如中央政府驻港联络办主任郑雁雄所言："回顾过去，香港的每次崛起都是在世界变局中实现的，世界有变量、香港有着数，世界有变局、香港有新局。"亚运会作为全亚洲体育文化盛会，是向世界传播参赛各国各地区形象及亚洲风采的重要窗口，赛场上是运动员间实力的角逐，赛场下是亚洲文明开放交融的对话，在交互过程中达到国际传播的作用，以此来促进文明交流互鉴、提升城市竞争力。如今的国际环境、媒介环境与当年的"乒乓外交"时代完全不同，我们有必要理性解读体育赛事在当代社会所承担的价值，树立正确的赛事观，提升"体育文化吸引力、体育价值观吸引力、体育体制吸引力"，而不仅仅是依赖体育赛事来传播形象、制衡政治以及参与国家间的文化博弈，在这一点上，香港媒体的媒介实践还为我们提供了可参考的经验，在对亚运会的报道中起到了城市宣传、推广作用。

综观杭州亚运会期间的整体报道，与"使用与满足"理论（Use and Gratifications Approach）的实践逻辑不谋而合。"使用与满足"理论是站在受众的立场上，通过媒介使用动机以及需求的满足来考察大众传播给人类带来的心理和行为上的效用。城市形象推广的最终目的，是要让市民对城市整体生活环境、工作环境、发展环境满足日益增长的欲望。城市形象传播的受众满意机制，强调在传播效果上体现多重的满足，包括让城市市民获得精神满足、让城市市民获得城市形象要素的满足，同时令管理者与管理对象获得共生性满意。①

---

① 张鸿雁：《城市形象与城市文化资本论》，东南大学出版社，2002，第398~400页。

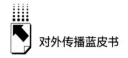

杭州亚运会成为亚洲人民最美好、最深刻的共同记忆。随着杭州亚运会的落幕，带给人们更多的思考。香港各界青少年活动委员会执行主席、天津市政协委员庄家彬先生认为每四年一届的亚运会是体坛精英难得展现身手的机会，亦是发挥所长的国际大舞台，更难得的是在杭州亚运会上本港的参赛健儿可以从多元角度观摩和体验国家建设体育强国、推进中国特色大国外交，开阔眼界和视野，同时思考自己未来要怎样为国家、为香港实现高质量发展作出贡献。体育之所以能够成为没有国界的"世界通用语"，关键在于它实现了情感上的沟通。运动员、观众、工作人员之间的多向奔赴，共同点燃了一个个激情时刻。庄先生认为亚运会不单为年轻运动员带来崭露头角的机会，同时为青年搭建了对外交流的平台，培育香港年轻人的正向思维和国民身份认同，从不同层面带动青年发展。在这方面，媒体可以起到很好的引导作用。

杭州亚运会为香港体育运动员带来新机遇，赛事过后，整个香港的发展更是迎来了历史性机遇，积极参与国际体育盛事正逐渐为香港带来真金白银的效益。杭州亚运会所产生的聚集效应（磁石效应）、乘数效应，吸引了来自世界各地的人物汇聚到香港，直接带动交通、酒店、餐饮、零售等行业收入增长，增加的收入会再次被用于消费和投资，进一步刺激其他行业的发展，使经济总量倍增。经济活动伴随着文化交流和社会融合，能够促进社会进步和发展，其带来的品牌效应可提高香港在全球的知名度和美誉度，吸引更多投资、人才和游客。

体育是社会发展和人类进步的重要标志，是综合国力和社会文明程度的重要体现。香港运动员成功的背后，离不开香港体育界多年来的长期耕耘，包括运动员自身的刻苦训练以及背后专业团队的指导支持，也包括媒体的热情支持，还包括香港特区政府持续的政策导向和资源投入。当今，全球化的体育传播已成为一条庞大的产业链及经济体系。根据《"十四五"体育发展规划》，国内到2025年体育产业总规模达到5万亿元人民币，增加值占国内生产总值比重达到2%，居民体育消费总规模超过2.8万亿元人民币，从业人员超过800万人。2025年，第十五届全国运动会将由粤港澳共同举办，香港作为协办地区，"背靠祖国、联通世界"，具有无与伦比的"一国两制"

制度优势，可以持续发挥共同发展、联通中外的作用。

正如南非国父曼德拉所言："体育事业非常重要，具有改变世界的力量。它能鼓舞人心、团结人们，它无可取代。"相信凭着运动员的拼劲和斗志，有特区政府的务实有为、善作善成，更有社会各界的齐心协力、共同努力，弘扬亚运拼搏精神，壮大体育产业，香港体育热潮将会生生不息，为新阶段香港推进高质量发展带来坚定信心和有益启示，香港必将展现出更强劲的增长潜力和更广阔的发展前景！

参考文献

康悦悦：《香港视觉传达设计中的文化认同与形象建构》，《四川戏剧》2019 年第 10 期。

宋贺扬：《内地游客媒介形象建构研究——以香港〈南华早报〉为例》，《新闻爱好者》2019 年第 4 期。

许俊仟、黄荟云：《香港新媒体中的大陆人形象建构——以香港高登社区为例》，《新闻大学》2015 年第 2 期。

陈薇：《媒体话语中的权力场：香港报纸对中国大陆形象的建构与话语策略》，《国际新闻界》2014 年第 7 期。

唐嘉仪、王童辰：《构建全球认知：香港"科技安全城市"形象的国际传播策略研究》，《港澳研究》2024 年第 2 期。

查瑞波、黄悦、杜书滢等：《"软-硬"关系框架下城市型目的地出入境旅游响应路径——基于 1997～2019 年中国香港特区数据的组态分析》，《地理科学》2022 年第 10 期。

霍胜侠：《香港城市更新中的大众文化介入——以〈喜帖街〉〈岁月神偷〉〈点对点〉为例》，《社会科学研究》2021 年第 5 期。

黄袆华：《现代主义规划下的日常生活——以香港不断转变的城市区域为例》，《南京艺术学院学报》（美术与设计）2019 年第 6 期。

欧阳一菲：《"港味"的追溯、突围与重构——以香港电影中的"唐楼"建筑为例》，《南京师范大学文学院学报》2019 年第 3 期。

黄金：《暧昧的东方性与城市想象——略论西方电影视界中的香港》，《当代电影》2019 年第 4 期。

B.14
中资能源企业澜湄传播现状、
问题和对策建议

冯洁 姜黎 刘文慧 蔡译萱 江涛*

摘 要： 澜湄区域是中资能源企业投资建设"一带一路"项目的重点区域，区域舆论环境对于中资能源企业投资建设成效与企业对外传播形象有重要影响。本报告聚焦中资能源企业在老挝与缅甸两个国家的传播情况，重点梳理了老挝与缅甸区域内的重要媒体和第三方重点机构，结合老挝某水电站曾引发的舆情问题，剖析了中资能源企业澜湄区域传播的主要问题。报告指出，中资企业领导层、国际业务板块、新闻宣传岗位等不同层级不同领域的人员之间国际传播的意识差异明显，并且普遍缺乏与境外媒体和第三方机构打交道的经验，未能形成"海外媒体+第三方机构+自有社交媒体+关键意见领袖/智库"的传播矩阵。未来，中资能源企业在对外传播过程中需要进一步完善相关工作机制、明确宣传职责与范围。

关键词： 中资能源企业 澜湄区域 电力合作 传播策略

一 澜湄区域重点媒体机构情况

澜湄各国舆论环境特点不同，受西方价值观影响程度不同，西方社交媒体平台对澜湄区域国家受众影响显著。而一些第三方机构引导舆论，影响了部分中资能源企业在澜湄区域业务的开展。

---

* 冯洁、姜黎、刘文慧、蔡译萱、江涛，单位系南方电网数字传媒科技有限公司，主要研究方向为企业传播、国际传播。

（一）澜湄各国媒体生态受到西方价值观不同程度影响

由于意识形态及受西方价值观影响程度不同，澜湄区域国家媒体生态各有不同，可以简要概括为：柬埔寨，经济社会发展相对滞后，与我国关系较为稳定，中柬之间的媒体交流较多[①]；老挝，严格管控外国势力对舆论的影响，以官方渠道发声为主[②]；越南，经济发展提速，多国利益角逐，主流发声渠道仍在，但民间声音有活跃多元的趋势[③]；泰国，受欧美日等国影响较多，话语体系更贴近西方，民间声音相对多元但不激进[④]；缅甸，受欧美日等国影响较多，地方势力复杂，民间声音在六国中最为活跃多元[⑤]。

基于上述对澜湄区域各国媒体生态的分析，本文将研究的焦点放在了老挝与缅甸这两个极具特色且研究价值突出的国家。一方面，由于老挝对外国舆论的严格管控，中资能源企业在当地的传播活动必须精心策划，紧密围绕官方主导的信息发布渠道，以确保信息的有效传递与正面形象的塑造。而另一方面，缅甸的情况则更为复杂多变，深受西方影响的同时，地方势力盘根错节，民间声音异常活跃且多元。这种环境对中资能源企业的信息传播能力提出了更为严苛的挑战，要求企业不仅要精准把握官方媒体的导向，还需深入洞察并有效回应民间舆论场的多样需求。因此，对老挝与缅甸的深入研究，将为中资能源企业在澜湄区域乃至更广泛地区的传播策略制定提供宝贵的实践参考与理论支撑。

（二）西方社交媒体平台对澜湄受众影响显著

随着澜湄国家经济发展，网络基础设施完善，移动用户增长，社交媒体成为域内民众获取信息的主渠道。和全球其他国家类似，域内最受欢迎的

---

① 贾渊培、宋琼：《柬埔寨媒体生态及对华报道研究》，《对外传播》2020年第12期。
② 陈曦：《老挝媒体发展的现状与特点分析》，《传媒》2022年第1期。
③ 白杨：《越南媒体"新旧之争"下的整体突围》，《传媒》2021年第12期。
④ 王国安：《泰国华文新媒体发展分析》，《新闻研究导刊》2020年第23期。
⑤ 刘佳：《"一带一路"背景下缅甸华文媒体的变革与发展》，《新闻传播》2020年第12期。

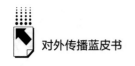

Facebook、Twitter、YouTube、Instagram 等社交媒体平台均由欧美科技公司主导，且具有跨国经营优势。此外，由于 CNN、BBC 等老牌西方媒体以社交媒体平台为运营重点，通过长期布局，已实现多语种分国别分圈层精准传播，使域内网络用户在一定程度上沉浸在由西方主导的平台和信息环境中。

（三）第三方机构舆论影响中资能源企业业务开展

部分第三方机构通过"分享评价社会热点事件，点燃围绕中资能源企业的敏感话题，深入社区、企业访谈，形成'研究成果'，联系媒体并利用社交媒体广泛传播"这一完整的流程，达到歪曲事实、夸大事件、损害中资企业和中国国家形象的目的。例如，缅甸密松大坝环境影响评估报告草案文稿遭泄露，缅甸本土非政府组织（NGO）利用这份草案文稿，通过设置议程、制造对立、引导舆论等方式，迫使项目停工。在此过程中，这些第三方机构还发布了一系列针对中国的研究报告，把中国塑造成觊觎缅甸资源、破坏缅甸环境的不负责者，在国际社会及缅甸民众中造成了极大的负面影响。

针对澜湄国家舆论环境特点，中资能源企业展开针对性的品牌建设，包括正面传播和负面舆情应对等工作。中资能源企业在澜湄区域国家大多已针对国际业务建立起了公关团队，负责多语种日常信息发布、企业社会责任报告发布及正面宣传物料投放。一些能源央企还发挥外籍员工的本土优势，从利益相关者角度讲述中国故事，实现了较好传播效果。大部分受访中资能源企业十分注重海外社交媒体账户运营，建立了社交媒体矩阵，以扩大日常信息发布的传播范围。为应对负面舆情，中资能源企业普遍搭建了舆情监测系统，与媒体、第三方机构合作，预测和响应负面舆情。

二 澜湄区域主要媒体与社会组织情况

（一）老挝主流媒体与第三方机构的对华主要议题

老挝具有较大影响力的媒体均为官方媒体。巴特寮通讯社成立于

1968 年，为老挝国营新闻机构，1999 年创办了《巴特寮》日报及采用英法双语发布的《每日消息》。在老挝国内影响力较大，主要发布政府新闻资讯、国家大政方针和社会动态，以正面报道为主，并遵守有关敏感主题的报道准则。中国国际广播电台与老挝巴特寮通讯社签署了合作协议。《人民报》为老挝人民革命党中央机关报，其前身是《自由老挝报》，1950 年为统一战线抵御法国殖民而诞生，目前隶属于老挝新闻文化旅游部，是"老挝人民革命党的中央之声"。该报周一至周五发行，每期 12 个版面，主要宣传老挝人民革命党的路线、方针和政策，报道老挝国内外新闻事件，是老挝人民革命党喉舌。《人民报》与中国的《人民日报》达成多项新闻合作项目。

《万象时报》是由老挝新闻文化部创办的英文报纸，1994 年成立，创办初衷是为了更好地进行外宣工作，报纸的内容主要以报道老挝国内外大事、解读政策信息为主。《新万象报》是老挝政府在首都万象创办发行的周报，其前身是《万象邮报》，1975 年老挝人民革命党上台后更名，报纸内容主要以报道老挝国内外大事、解读政策信息为主，代表老挝政府及人民革命党的立场。《老挝发展报》是老挝政府创办的日报，以报道老挝国内政策信息为主，代表老挝政府及人民革命党的立场。

老挝国家广播电台是老挝政府创办的第一家国家电台，1960 年 8 月成立，老挝国家广播电台现有 5 个频道。2015 年 12 月汉语广播开播，每晚向全球广播 30 分钟的中文节目。老挝国家电视台为老挝政府创办的国内第一家电视台，1983 年 12 月成立，截至 2018 年 10 月，老挝国家电视台能收到 40 多个海外电视频道。该台与中央电视台、广西人民广播电台签订新闻服务协议，双方在新闻内容、视频数据、设备技术、人员培训等方面进行合作。老挝星空电视台是老挝影响力较大的电视台，运作经费主要靠政府拨款，1998 年成立，内容主要是老挝政府管理的相关事务，也在泰国的部分城市播放。

老挝主流媒体对华报道的主题通常围绕以下几个方面：在经济合作上，老挝媒体常报道中老两国在基础设施、贸易和投资等方面的合作，强

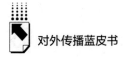

调中老铁路等项目的积极影响;在政治关系上,报道中通常提到两国的友好关系和相互支持,强调双方在区域和国际事务中的合作;在文化交流上,老挝媒体关注中老之间的文化交流和人文合作,强调相互了解和友谊;在区域发展上,媒体探讨中国在东南亚地区的影响力以及老挝在这一过程中的角色。老挝主流媒体对中国的报道多持积极态度,强调合作共赢和共同发展的主题。

老挝重要第三方机构及对华议题如表1所示,主要关注中老经济合作项目的具体影响,分析中国投资在老挝发展中的角色,尤其是在基础设施和农业领域的贡献。

表1 老挝重要第三方机构及对华议题

机构	创建背景	出资方	能源、环境类项目活动	关注议题
日本国际协力机构(JICA)驻老挝办公室	作为世界最大的双边援助机构,JICA在150多个国家和地区开展工作	日本政府提供政府开发援助	在老挝开展了技术合作、担保援助、政府开发援助贷款、志愿者项目、培训、对话项目、青年领袖培训等	电力系统总体规划、电网系统规划、电网技术
亚洲开发银行(ADB)	亚洲开发银行自1968年以来一直为老挝提供支持,并且仍然是该国最大的多边金融机构	亚行大部分贷款资金来自其普通资本资源(OCR)	贷款、赠款和技术援助类项目	电力系统总体规划、水电项目、农村电气化、农村区域配网项目、跨境电力贸易与输电网项目、可再生能源项目、气候变化、能效提升
亚洲基金会驻老挝代表处	亚洲基金会于1958年在老挝启动了第一个项目。如今,该基金会在万象的办事处与当地合作伙伴和老挝政府机构合作,加强治理	总部位于美国旧金山,亚洲基金会从双边和多边发展机构、基金会、公司及个人等各种渠道获得资金	水资源监测项目	水资源、水电、可再生能源、气候变化

续表

机构	创建背景	出资方	能源、环境类项目活动	关注议题
老挝苏州大学	成立于2011年7月,是获得老、中两国政府批准、支持的中国在海外创建的第一所高等学府,校址位于老挝万象。该校从2012年起招收本科生	苏州大学	办学以来,该校每年都要接待数十家前来考察的中国企业,协助安排与老挝政府部门洽谈,帮助开展市场调研,提供人才、技术和语言支持	2013年该校成立"老挝-大湄公河次区域国家研究中心",针对区域共同体共同面对的政治、经济、文化、社会、生态等重大课题开展合作研究
湄公学院	1996年成立,总部在泰国,2009年12月14日由非政府组织转为中、柬、老、缅、泰、越政府间机构	新西兰、泰国	湄公河论坛、区域能源政策制定、电网规划	湄公河流域六国的能源政策制定、发电、电网规划、区域电力市场、中小微企业循环经济管理
拯救湄公河联盟	成立于2009年,以回应公众对湄公河上的水电大坝建设对迁徙鱼类种群、区域粮食安全以及居民生计影响等议题为主	美国	举行研讨会、发表文章反对在湄公河干流上建造梯级水电大坝	该组织认为湄公河地区的大规模水电开发一直是环境、生计和经济破坏的主要因素
生态恢复和区域联盟	泰国NGO生态恢复基金会Foundation for Ecalogical Recovery(FER)下的一个项目,在湄公河国家的区域层面有较强的动员能力	泰国	举行研讨会、组织反水坝运动、反对在湄公河干流上建造梯级水电大坝	反对在湄公河干流上建造梯级水电大坝
国际河流组织	国际河流组织是一个非营利、非政府环保人权组织	美国	监测水利工程项目,收集有关信息并传播;参与组织国际反水库运动	反对在湄公河干流上建造梯级水电大坝
湄公河观察	1993年在日本东京成立的非政府组织	日本	为日本国民提供有关湄公河流域各国环境与开发等问题的情报信息;并为政府机关、跨国金融机构和企业等组织提供政策参考及建议	反对在湄公河干流上建造梯级水电大坝

资料来源:根据公开资料整理。

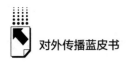
（二）缅甸主流媒体与第三方机构的对华主要议题

在官方媒体层面，《缅甸之光》隶属缅甸宣传部，1914 年由 U Shwe Kyu 在第一次世界大战之后创办于仰光。1969 年，奈温政府将该报收归国有，成为官方最主要的喉舌。以缅文发行，其报道与国家领导人、各部委部长、国家会议及政策等相关的官方新闻，中性、正面报道居多。涉及中国能源项目的报道中，以官方口径为主，包括领导人活动、国会活动、法律条文与政府通告等。《镜报》由缅甸宣传部管理，由记者 U Thaung 创办于 1956 年。奈温政府上台后，对缅甸新闻行业进行管制，《镜报》也在此时被收归国有，以报道缅甸国内外大事、解读政策信息为主。涉及中国能源项目的报道中，以官方口径为主，包括领导人活动、国会活动、法律条文与政府通告等。

《缅甸新光报》是缅甸唯一一份英文官方报纸，并开设新闻网站，由缅甸宣传部进行管理。《缅甸新光报》创刊于 1964 年 1 月 12 日，其前身为《劳动人民日报》。1993 年 4 月 17 日正式更名为《缅甸新光报》。该报拟在日本共同社的支持下，与 The Global Direct Link 公司成立为合资企业，以报道缅甸国内外大事、解读政策信息为主，包括中缅领导人举行会见、会议等，并曾报道缅甸前国务资政昂山素季对"一带一路"大为赞扬。缅甸广播电视台隶属于信息部，由政府全额出资成立，建于 1980 年，以官方口径为主，报道内容包括领导人活动、国会活动等。《妙瓦底日报》隶属军方，被视为缅甸军报，由缅甸国防部管理，创办于 2011 年 4 月 2 日，主要负责报道缅甸国防军领导人、军事演练等军事信息，包括领导人活动、国会活动等。

在私营媒体层面，《七日》于 2010 年创刊，已故外交大臣温昂的儿子 Thaung Su Nyein 于 2002 年创设媒体公司 Information Matrix，后控股《七日》，是缅甸发行量最大的新闻出版物。报道缅甸国内外大事，关注的能源议题有缺电、商贸投资、密松大坝项目、中国大使专访、中缅油气管道赔偿问题等。对华态度相对温和，在民盟政府上台后，是第一家专访中国驻缅甸大使的缅甸媒体。专访中主要谈论了中国对缅援助、中国对缅投资以及密松大坝的问题。《伊洛瓦底》由流亡泰国的缅甸记者创办。资助方包括美国国际开发署、开放社会基金会、美国国家民主基金会，于1993年创立，总部位于泰国清迈，对环保、水电、密松大坝项目、"一带一路"能源项目、皎漂港建设态度较为复杂。认为中国影响着缅甸的许多方面，提出缅甸对中国交往需要有所保留，跟中国的交流需要谨慎。《十一传媒》合作机构主要是泰国《民族报》，运营资金主要来自日本财团，该报业集团成立于2001年6月，最初以缅语报道体育新闻为主，后来覆盖缅甸国内外大事，对中国的报道尖锐，甚至带有强烈的舆论导向性。

《缅甸时报》由澳大利亚人Ross Dunkley和Sonny Swe创办，2000年正式成立。2014年2月，缅甸商业大亨Thein Tun成为该公司的大股东，关注的能源议题有缺电、环境、密松项目、中缅油气管道等"一带一路"能源项目。对中国持中立态度，曾发表缅甸综合发展研究所执行主编Joern Kristensen的署名文章《将密松难题变为双赢》。《前线》与《缅甸时报》隶属于同一媒体集团，创立于2015年，调查类报道居多，关注内容有环境、外商投资、电力、油气等能源议题，中立报道为主。《今日缅甸》由汤森路透基金会创立，创始人由前《伊洛瓦底》记者等人员组成，于2015年成立，该媒体在缅甸以调查报道为特色，主要报道人权不公平和民主发展。能源类报道内容涉及外商在缅甸的能源投资，侧重于能源项目的消息类报道。《缅甸民主之声》是部分缅甸知识青年在外国成立的媒体机构，1992年在挪威奥斯陆创立。关注议题包括环境、缺电、煤电项目、水电项目、风电项目、莱比塘铜矿、中缅油气管道、密松大坝项目等，对中国能源项目的态度较为复杂，认为和中国的交流需要谨慎。《声音》是缅甸唯一一个关注政治社会改革的民间智库Myanmar egress的成员，2004年创刊，2013年开始发行《声音日报》，报纸侧重于评论。对中国政府的倡议、经济项目和中国投资进行评论，中立报道居多，在涉及密松项目的报道和评论中存在负面报道。

缅甸主流媒体对华报道的主题主要包括经济、政治、社会与安全层面。经济合作层面关注中缅经济走廊建设及基础设施投资，强调经济互利的机会。政治关系层面报道中常提到两国的战略伙伴关系，支持彼此在国际事务中的立场。在社会层面，探讨中国在缅甸社会的影响力，包括文化交流和人

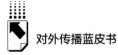

员往来。安全层面涉及中缅边境安全问题，关注地方武装冲突及其对两国关系的影响。总体上，缅甸媒体对中国的报道呈现出复杂态度，既有积极合作的侧面，也对某些问题表达关注和警惕。

　　缅甸重要第三方机构及对华议题如表2所示，强调中国在缅甸的投资对经济发展的推动作用，但同时也关注对当地资源和环境的影响。缅甸第三方机构的报道态度较为多元，有时表现出批判性和警惕性，反映出对中缅关系中潜在风险的关注。

表2　缅甸重要第三方机构及对华议题

机构	创建背景	出资方	能源、环境类项目活动	关注议题
日本国际协力机构（JICA）驻缅甸办公室	作为世界最大的双边援助机构，JICA在150多个国家和地区开展工作	日本政府提供政府开发援助	在缅甸开展了技术合作、担保援助、政府开发援助贷款、志愿者项目、培训、对话项目、青年领袖培训等	电力系统总体规划、电网系统规划
缅甸河流网络	2007年在泰国清迈成立，由关注缅甸水电建设的多家民间组织组合而成。旨在保护缅甸河流生态系统；主张对自然资源的可持续利用；维护因水电开发带来负面影响的社区民众的权益	美国国家民主基金会	撰写"反坝"调查报告，广发公开信、请愿书	缅甸水电建设所波及的流域
萨尔温江观察组织	成立于1999年，总部位于泰国清迈，是一个由关注缅甸环境等议题的不同民间团体组成的联盟，成员以缅甸民间组织为主体，也有泰国民间组织以及地区和国际非政府组织的参与	美国国家民主基金会	和缅甸河流网联系密切，发布的研究报告大多相同，由于二者都是联合性质的组织，因此在反坝运动中也最有影响力，其报告《萨尔温江面临威胁》有较强影响力	主要关注萨尔温江水电开发问题，致力于使当地社区及国际社会了解与关注被提议修建的水力发电设施将对萨尔温江盆地造成的影响

续表

机构	创建背景	出资方	能源、环境类项目活动	关注议题
掸邦萨帕瓦环境组织	总部位于泰国曼谷	不详	发布"反坝"报告《根与韧性》《预兆》	关注掸邦境内的萨尔温江水电开发问题
克伦河流观察	总部位于泰国清迈,由六个克伦社会组织和一些社区代表组成	不详	举行研讨会,发表文章《在枪口下筑坝》	主要关注克伦邦境内的萨尔温江水电开发问题
克钦发展网络组织	成立于2004年,是由克钦邦和国外的民间团体组成的	美国	举行研讨会、发表文章《伊洛瓦底江筑坝》《抵抗大坝的淹没》、反对建造大坝	关注伊洛瓦底江上游流域的水电开发
克钦浸信会	克钦邦最有影响力的宗教团体,成立于1895年,下属有15家协会和300多间教堂	泰国	举行研讨会、组织反水坝运动、发表文章反对在湄公河干流上建造梯级水电大坝	反对在湄公河干流上建造梯级水电大坝
库基妇女人权组织	2000年成立,总部在靠近印缅边境的印度摩利镇(Moreh),在新德里设有分部	美国	发布"反坝"报告《停止钦敦江筑坝》	主要关注与库基族生活密切相关的钦敦江水电开发问题
湄公河观察	1993年在日本东京成立的非政府组织	日本	为日本国民提供有关湄公河流域各国环境与开发等问题的情报信息;并为政府机关、跨国金融机构和企业等组织提供政策参考及建议	该组织认为湄公河流域因为修建大坝(水电站)对下游盆地生计、环境造成负面影响,反对在湄公河干流上建造梯级水电大坝
缅甸企业责任中心(MCRB)	2013年由设在英国的人权与商业研究所、丹麦人权研究所联合发起	英国UK Aid、挪威外交部、丹麦、瑞士、荷兰和冰岛联合出资	该中心发起缅甸企业透明度项目,旨在促进缅甸企业在反腐、机构透明度、人权、健康、安全和环境等方面的透明度提升并对企业透明度进行评级	MCRB参与缅甸政策法规的倡导工作,例如能源项目环境与社会影响评价(ESIA)、企业社会责任项目等

资料来源:根据公开资料整理。

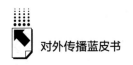

三　案例分析：老挝南塔河1号水电站舆情事件

老挝南塔河 1 号水电站由中国南方电网国际公司（以下简称南方电网）与老挝国家电力公司共同投资建设。项目位于老挝博胶省湄公河左岸支流南塔河上，以发电为主，兼有防洪、灌溉等综合效益。建设期 4 年，特许经营期 8 年，总装机容量为 168MW。项目投资建设期间，老挝主流媒体报道围绕发电、防洪泄洪、减贫、提高当地人民生活水平等消息类报道为主。报道信源来自老挝副总理，琅南塔省省长，中国驻老大使，南方电网国际公司、老挝能矿部、博胶省能矿局等官方机构负责人。报道类型均为正面或中立的消息类报道。

2021 年 2 月 3 日，自由亚洲电台（RFA）发布报道称，中国在老挝南塔河 1 号水电站项目"所有搬迁的村民现在都已经安顿下来，但没有土地可以耕种"以及"村民中只有少数人在没有被洪水淹没的地区有农田，但我们大多数人没有"。报道被国际 NGO 企业人权资源中心（Business and Human Rights Resource Center）转载，该组织还向南方电网公司发出正式问询函，并说明南方电网相关回复内容将在该组织网站上公开。

在企业层面，收到人权资源中心的问询函后，考虑到自由亚洲电台的报道严重失实，且有经其他境外媒体和国际 NGO 转载放大负面影响的风险，回应媒体和 NGO 问询也是跨国公司的日常工作之一，南方电网在审慎研判风险收益并征求南网传媒意见后，采取了回应人权组织问询的策略。南网传媒公司在回复人权组织的澄清信函中指出，南塔河电站项目土地分配和工作计划的起草由省和县级移民委员会完成，企业项目办公室的任务是修建通往农田的道路，与企业相关的农田分配和道路改造均已完成。

针对文章提出的"搬迁村民没有得到充分补偿"问题，与事实严重不符。两个省的政府和人民议会通过并启动了以补偿政策为基础的民生恢复计划。补偿款已经发放给了搬迁村民。针对自由亚洲电台报道中电站移民说无法获得生活用水的说法，南方电网澄清："这些说法完全是捏造的。为了保障生活用水，我们修建了重力供水系统，包括分接点、输水管、蓄水池和取水点。水的质量超过了地方安全标准。移民的用水情况得到了极大地改善，而他们以前要去很远的地方取水。"

该舆情的回应难点在于南方电网国际公司、老挝国家电力公司、老挝南塔河电力公司及 SP 公司四者关系和责任分担。舆情发生后，老挝南塔河公司立即与老挝国家电力公司和 SP 公司核实情况，得到的反馈是并未拖欠，该说法也得到了项目所在的琅南塔省移民委的确认。

针对南塔河 1 号水电站的舆情情况，南方电网最终以项目公司即南塔河电力公司为回应主体，与合作方加强沟通，建议和推动合作方联动所在国媒体发声。虽然老挝对中资企业投资的整体舆论环境以中立或支持声音为主，但反对声音有增长苗头，特别是在美国"重返亚太"战略下，针对中资企业基础设施项目的关注日益增加，NGO 也开始活跃。围绕电网等基础设施绿地项目的重点话题多为"移民、环境保护、就业"等；而围绕股权投资项目的重点话题多为"债务陷阱"。日常监测系统要同时关注投资者、建设者、合作方以及政府动态，涉及任何一方的舆情都可能影响到企业业务本身。遇到这类情况，应在内部区分责任，统一口径对外，并发挥各自优势，调动当地媒体及第三方力量发声。

四　中资能源企业澜湄传播存在问题

目前，中资能源企业在澜湄区域传播工作中仍面临一些实际问题与现实障碍。

（一）中资能源企业人员国际传播意识存在显著差异

调研发现，中资能源企业的国际传播意识与国际业务开展程度正相关。国际业务开展越早、项目越多、本土化程度越深，国际传播意识越强。经历过舆情风险转化为财务风险的企业，主动传播与积极应对的意识更强。同时，中资能源企业领导层、国际业务板块、新闻宣传战线等不同层级不同领域的人员国际传播意识差异较大。国际传播是国际业务

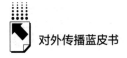

必要组成部分的共识尚未形成，对舆情和考核的担忧导致"多做少说"的思想比较普遍。

（二）国际传播能力较为薄弱

渠道建设方面，中资能源企业普遍开设了海外社交媒体账号，但国际传播渠道资源较少，较为缺乏与境外媒体和第三方机构打交道的经验，在甄别合作对象、控制接触风险、推进合作上存在一定障碍，尚未形成"海外媒体+第三方机构+自有社交媒体+关键意见领袖/智库"的传播矩阵；话语体系方面，尚未形成适应国际传播特点的话语体系；内容传播方面，尚未形成日常信息发布和针对项目所在国的企业社会责任履行报告发布机制，末端舆情应对压力大；舆情监测方面，已构建起舆情监测系统，但监测的精度和深度还需提升，与监测匹配的分级响应机制尚不完善。

（三）国际传播工作机制有待完善

调研发现，中资能源企业存在不同程度的国际传播投入不足情况。表现为国际传播专职人员占比低，海外重点项目公关专员未全面配备，国际传播经费支持不足。工作机制上，中资能源企业新闻宣传部门与国际业务主管部门、国际业务单位及集团各业务板块涉外团队的日常工作机制有待优化，合力尚未发挥。涉外舆情分级响应制度不完善，存在审核流程较长、回应时效性受影响的情况。

（四）企业宣传职责范围有待明确

部分受访中资能源企业反映，企业对外宣传主要围绕党和国家重大战略、企业重点工作重要活动、企业社会责任等主题展开，整体与国家大外宣主题吻合节奏一致。但局部存在专项宣传任务可能触发驻在国受众敏感情绪、易被贴上政治标签的问题。企业海外公关团队在执行专项宣传任务和规避舆情风险保障项目安全方面，存在一定矛盾。

五 对策和建议

基于对部分中资能源企业、第三方机构和澜湄国家主流媒体的调研访谈，结合对国际第三方机构和澜湄主流媒体的研究，课题组就在澜湄区域开展国际传播工作提出以下建议。

（一）进一步加强国际传播培训和交流

习近平总书记在关于做好国际传播工作的指示精神中，明确了各级党委（党组）的责任。建议国家部委加强针对央企领导干部的国际传播主题培训，自上而下提升国际传播意识；定期组织涉外央企职工（含公共关系部门人员）专题培训，开设澜湄区域国家法律法规、新闻传播、舆情应对及跨文化融合理论实践等课程，提高央企干部职工国际传播能力素养；引导中资能源企业主动开展国际传播经验教训交流研讨，提升中资能源企业国际传播整体水平，加强企业间传播协同。

（二）相关部门可指导企业与国内外"第三方机构"合作

国际传播是一项系统工程，建议相关部门推动建立包括媒体、中外智库、NGO等在内的国家级"第三方机构资源库"，汇聚多方资源深入研究"第三方机构"资金来源、立场、影响力、活动策略等；依据资源库加强对中资能源央企与国际国内第三方机构合作的指引，帮助中资能源企业降低风险，扩大传播渠道，逐步形成良好的区域舆论环境。

（三）建立激励为主、多维度考量的评价体系

建议主管部门参考国家对重点科研领域的支持模式，以鼓励、赋权为导向评价企业国际传播工作实效。建立容错机制，坚持"做得好也要说得好"导向，促进各级党组织对国际传播的投入。在设置考核指标时，为重点内容推送、日常信息发布、舆情应对等赋予不同权重，注重传播实效。同时，将

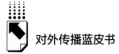
国际传播相关内部参考、研究报告等非公开渠道成果纳入激励范围，加强国际传播研究。引导企业从集团层面建立由新闻宣传部门牵头、国际业务等相关板块参与的国际传播日常工作机制，加强新闻宣传、国际、规划、财务及法规等业务协同。

（四）支持培育中资"第三方机构"，构建分类传播协同发力格局

中资能源企业反映，其在部分驻在国业务开展尚处早期，与当地政府、媒体、企业、社区等社会各界的公共关系建设处在起步阶段，企业形象尚未树立，加上部分国家知华友华声量不足，不宜以企业社交媒体"主号"直接参加部分专项宣传任务。建议鼓励企业建设海外社交媒体账号矩阵并分类运营，以不同定位的账号实现不同宣传功能，避免单一账号涉及海外敏感议题导致封号和舆情，进而影响海外项目安全。建议主管部门和相关部委，着眼于中资能源企业形象塑造的中长期目标，加快培育中资智库、媒体、NGO等第三方机构，分类分场景考虑传播任务实施主体和发布对象，形成"企业+媒体+智库+NGO"精准传播、协同发力的格局，对国家形象和对外宣传提供有力支撑。

参考文献

贾渊培、宋琼：《柬埔寨媒体生态及对华报道研究》，《对外传播》2020年第12期。

陈曦：《老挝媒体发展的现状与特点分析》，《传媒》2022年第1期。

白杨：《越南媒体"新旧之争"下的整体突围》，《传媒》2021年第12期。

王国安：《泰国华文新媒体发展分析》，《新闻研究导刊》2020年第23期。

刘佳：《"一带一路"背景下缅甸华文媒体的变革与发展》，《新闻传播》2020年第12期。

袁胜、田苗：《中国企业海外社交媒体传播力分析》，《传媒》2024年第13期。

王琴琴、刘文静：《AI赋能企业公益传播：具体应用、伦理隐忧及发展策略》，《新闻爱好者》2024年第5期。

吴琦：《创新表达·凝聚共识：中国企业面向国际"Z世代"精准传播思考》，《中

国出版》2023 年第 24 期。

杨洋洋：《事件发酵、媒体助推与公众关注：企业突发舆情事件生成机制研究》，《情报杂志》2023 年第 9 期。

张静、赵晨晨：《多源媒体情绪传播影响了企业策略性专利行为吗?》，《南京审计大学学报》2023 年第 3 期。

纪盈如、陈洁：《企业社会责任传播对公众灾后网络亲社会行为影响研究》，《新闻春秋》2023 年第 3 期。

刘伟勋：《基于媒体融合的中央企业国际传播模式创新研究》，《中国出版》2023 年第 7 期。

李宁：《公益品牌建设赋能企业形象传播》，《传媒》2023 年第 6 期。

陈淑琴、王筱莉、赵来军等：《跨平台网络中企业负面事件网络舆情传播模型》，《计算机工程与应用》2023 年第 19 期。

王战、邓芸：《跨文化传播效率提升的顺应策略研究——以在法中资企业的中法员工为例》，《新闻与传播评论》2022 年第 5 期。

杨波、谢乐：《企业危机事件网络舆情传播态势生成机理研究——基于信息生态的多阶段 fsQCA 分析》，《管理评论》2022 年第 7 期。

Abstract

This report compiles and summarises the methods, achievements, problems and optimisation of China's overseas communication in various fields since 2023. The main findings are that during the period from 2023 to 2024, despite the fact that the international communication order has remained generally "strong in the West and weak in the East", the main bodies of China's overseas communication practice have actively adopted diversified strategies and flexibly used a variety of discourse tactics and modes of communication, which have significantly improved the effectiveness of foreign communication. Mainstream media have become more capable of telling China's story, local international communication centres at all levels have achieved remarkable results, the discourse power of think tanks and scientific research institutes has been strengthened, enterprises have emerged as an emerging force in oversea communication, and civil society organizations, netizens and Internet opinion leaders have also played a unique role in cross-cultural communication. The formation of this diversified pattern has not only enriched the content and forms of China's overseas communication, but also strengthened its influence and voice on the international stage. In addition, technological innovation has also become an important driving force for the development of China's overseas communication practice, with AIGC technology (Artificial Intelligence Generated Content) showing great potential in assisting editorial production, accurate delivery, intelligent interaction, content production and intelligent auditing, bringing new opportunities for international communication. At the same time, the application of emerging technologies such as virtual reality and digital technology has also provided new paths for the immersive dissemination of traditional Chinese culture and the cultural translation of cultural and customary paintings, further broadening the channels and forms of overseas communication.

At present, China's overseas communication practices in various fields of society have received generally balanced and positive evaluations globally, but still face challenges such as geopolitical games and economic counter-globalisation. In the future, China needs to continue to improve the effectiveness of its overseas communication by strengthening regional and country-specific research, making good use of artificial intelligence technology, and innovating communication methods. Meanwhile, it is recommended to enhance the international communication capacity of mainstream media, improve the construction of local international communication centres, encourage think tanks to carry out overseas communication practices, provide support for Chinese enterprises going abroad, and activate and stimulate the communication vitality of civil society organizations and individuals, so as to further build an all-around and multi-layered foreign communication pattern.

Keywords: Diversification; Technological Innovation; Chinese Excellent Traditional Culture; International Communication Capacity Building; Oversea Communication Vitality

Contents

I   General Report

Abstract: This report takes January 2023 to August 2024 as the research period, and systematically searches relevant academic literature, publicity reports, industry reports, etc. during the research period, mainly on the methods and methods of China's overseas communication from 2023 to 2024, and the major achievements and practical problems. We systematically searched the relevant academic literature, publicity reports, industry reports and other materials within the research period, and mainly sorted out the methods and approaches, major achievements and practical problems of China's overseas communication in 2023 – 2024. The study found that during the period from January 2023 to August 2024, in terms of methods and approaches, the main bodies of China's overseas communication practices in various fields have actively adopted diversified strategies, flexibly applied various discourse strategies, integrated various communication modes, and proactively transformed their thinking on external communication in order to continuously optimise the effectiveness of their own overseas communication. In terms of major achievements, since 2023, the ability of China's mainstream media to tell China's story has been continuously improved, the construction of international communication centres at local levels has achieved obvious results, the discourse power of think tanks and scientific research institutes has been strengthened, enterprises have emerged as an emerging force in overseas communication, civil society organizations have been actively involved in international interactions, and netizens and Internet opinion leaders have played a unique role in cross-cultural communication. The reality is that the mainstream media still play an important role in intercultural communication. In reality, the mainstream media still suffer from a certain degree of internalisation, superficiality, templating and generalisation in the field of overseas communication; the team building and audience orientation of local international communication centres at all levels still need to be further clarified; the influence of think tanks and scientific research institutes in external communication needs to be continuously improved; and Chinese enterprises need to break through the political and social barriers of overseas societies in the process of "going overseas". And the vitality of civil society organisations and individuals, such as net celebrities and Internet opinion leaders, needs to be further stimulated.

Keywords: Overseas Communication; Going Abroad; Mainstream Media; Enterprises; Think Tanks; Civil Society Organisations; Individuals; Societal Communication

II   Thematic Articles

B.2   AIGC Technology Enabling International Communication:
Opportunities, Challenges and Paths

Lin Aijun, Gong Yufeng / 063

Abstract: Against the background of intensified collision of global value logic and rapid adjustment of the world political and economic order, technological revolution and industrial upgrading are reshaping the logic of communication, and enhancing the influence of China's foreign communication has become the focus of

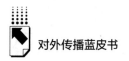
attention from all walks of life. This paper has sorted out the various opportunities of AIGC technology empowering international communication, including assisted editorial, precise placement, intelligent interaction, content production, intelligent auditing, etc. Meanwhile, it has pointed out the challenges of content homogenisation and copyright disputes, algorithmic bias and uneven distribution of information power, and China's foreign discourse power has not yet been matched with the national power in the practice of AIGC technology, etc. It also puts forward the proposal of building communication subjects with multi-channel communication matrix, guiding the communication logic with cognitive logic, and improving the influence of China's foreign communication with multi-channel communication matrix. At the end of the paper, we put forward some practical paths of international communication in the new era, such as building a communication body with a multi-channel communication matrix, guiding the deployment and application of technology with cognitive logic, systematically transforming technological achievements in a demand-oriented manner, and promoting the practice of technological application with the concept of value alignment, with the hope of providing references to the systematic construction of China's oversea communication.

Keywords: International Communication; Artificial Intelligence; AIGC; Value Alignment

B.3 Analysis of the Current Situation and Future Path of China's International Communication

Peng Weibu / 080

Abstract: At present, China's international communication environment has undergone significant changes. Compared with the traditional media era, China's international communication has seen the parallel and integration of traditional media and new media, and many new situations and phenomena have emerged.

Although in general, the international communication order in which the West is strong and the East is weak has not been fundamentally altered, the international communication environment has seen many improvements with the development of social media, such as TIK Tik Tok, and the production of high-quality content based on China's excellent history and culture, which has been widely disseminated. and the production of high-quality content has been widely disseminated, storytelling ability has been improved, content has become more diversified, and means of communication have become more varied, which has promoted the spread of Chinese culture overseas and attracted a large number of people travelling to China, and China's international communication environment has been improved in many ways. We need to attract the successful experience of the past, further enhance our storytelling capacity, produce quality content that better reflects the spirit of China's outstanding culture, and present the image of a beautiful, prosperous and peaceful China.

Keywords: International Communication; New Dynamics; New Dynamics; New Ideas

B. 4 China in the Eyes of International Tourists: Evaluating the

Influence of Cities' Overseas Communication—Based on

"China Travel" Big Model Data and Case Studies

Liu Guan, Lei Li and Liu Haoyu / 091

Abstract: This report focuses on the image of Chinese cities from the perspective of international tourists, and explores the influence of Chinese cities' external communication by analysing the content of videos posted by foreign tourists on the YouTube platform with the theme of "China Travel". The report collects videos of foreign tourists ' travel experiences in China after the implementation of the visa-free policy, extracts the relevant information in their subtitles through a large model, and combines them with quantitative data from

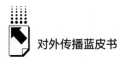

YouTube pages to build a novel and effective system for assessing the influence of cities' external communication. The system will evaluate the communication power of each typical city and generate a list of cities' external communication power accordingly. In addition, an in-depth case study of a city's external communication influence in six aspects (security, convenience, friendliness, environment, food, urban construction) will be conducted to explore the key factors of a successful communication strategy, and countermeasures to enhance the international image and attractiveness of Chinese cities will be discussed.

Keywords: China Travel; City's International Communication; Indicator System; Large Language Modelling

B.5 Summary of the Effectiveness of Overseas
Communication in 2023~2024 and Future Prospects

Lin Zhongxuan, Zhang Ruqian and Jing Gaohong / 112

Abstract: This report systematically analyses the effects of China's overseas communication practices in 2023—2024, summarizes the experience and strategies, and looks forward to the overseas communication activities in 2024~2025. The study finds that China's overseas communication has received a generally balanced and positive evaluation globally, but still faces challenges such as geopolitical games and economic counter-globalisation. In the future, China needs to continue to improve the effectiveness of its international communication by strengthening regional and country studies, making good use of artificial intelligence technology and innovating communication methods. Meanwhile, it is recommended to enhance the international communication capacity of mainstream media, improve the construction of local international communication centres, encourage think tanks to carry out international communication practices, provide support for Chinese enterprises going abroad, and activate and stimulate the communication vitality of civil society organisations and individuals, so as to further build an all-around and multi-layered international communication pattern.

Keywords: Communication Effect; Meta-analysis; Omni-directional; Multi-level

Ⅲ   Traditional Culture Innovation

B.6   Innovative Strategies for Immersive Communication of Chinese Excellent Traditional Culture under Virtual Reality Technology

Cheng Siqi, Xiao Yu / 143

Abstract: Through a combination of qualitative and quantitative methods, this report aims to explore innovative strategies for realising the immersive communication of Chinese excellent traditional culture in the context of the new era through virtual reality technology. Based on the news reports retrieved from the People's Daily Online and the Giant Arithmetic Platform, the CCTV Spring Festival Gala and the official YouTube account of CGTN, the report compiles the communication characteristics and application status of the excellent traditional Chinese culture at the current stage, and statistically analyses the four aspects of policy support, market scale, consumer demand and technological development that affect the immersive communication of the excellent traditional Chinese culture. The report points out that the platform window for the external display of Chinese traditional culture is the most important platform for the dissemination of Chinese traditional culture. The report points out that the deficiencies in the platform window for overseas display, the industrial system for technology development, the technical experience on the user's end, and the design and development of high-quality content are the main problems faced by the innovation of immersive communication of Chinese excellent traditional culture. In the future, the export of Chinese outstanding traditional culture immersive works needs to be further enhanced through platform expansion, content optimisation, concept upgrade, application feedback and emotional resonance.

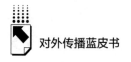
Keywords: Virtual Reality; Chinese Excellent Traditional Culture; Immersion Communication; Communication Skills

B.7 Overseas Cultural Translation Strategies of Chinese Custom
Paintings in the Context of Digital Technology: A Case
Study Based on the Digital Art Exhibition of Jinling Tu

Liu Qian, Yu Shuqing, Luo Jiayue and Pan Yuxin / 166

Abstract: The report aims to analyse the case of the Digital Art Exhibition of "The Pictures of Jinling", focusing on the strategies and paths of digital technology to revitalize cultural relics in the process of digitization of museums, and to help the dissemination of Chinese outstanding traditional culture to the outside world. The study points out that digital technology has given the digital art exhibition "Jinling Tu" the advantages of accessibility of customary painting, high immersion of three-screen linkage, and strong experience of combining reality and reality, which inadvertently lowers the barriers and thresholds for foreigners to understand and appreciate China's excellent traditional culture, and thus facilitates the foreign cultural translation and dissemination of this kind of traditional culture. Translation and dissemination of such traditional culture. On this basis, the report suggests that in the context of digital transformation of museums, further excavation of living content, the use of digital technology means that can be visualised, and a good balance between fun and education in the revitalisation of digital cultural relics are important references for the foreign dissemination of China's outstanding traditional culture.

Keywords: Museum Digitisation; Chinese Cultural Custom Painting; Digital Technology; Cultural Translation

B . 8 Digital Human and New Opportunities for

International Communication   *Lin Aijun , Cheng Yufan* / 180

Abstract: The purpose of this study is to discuss the new opportunities that the virtual digital person brings to the practice of foreign communication. The study points out that in the age of intelligence, the underlying logic of the international communication field and even the entire communication ecosystem is undergoing unprecedented and profound changes. As an emerging medium, the virtual digital person is gradually penetrating and enriching diversified foreign communication application scenarios. By virtue of the intelligence of information dissemination, the immersion of emotional interaction and the diversity of communication fields, virtual digital people have opened up new paths in multi-dimensional collaborative communication and cross-cultural communication of Chinese civilisation, presenting a series of exemplary innovative practices. The study finds that although China's virtual digital people still face many challenges in foreign communication practice, the reasonable exploitation and innovation of the unique media availability of virtual digital people can inject new momentum into China's communication cause and promote the further enhancement of its international status and influence.

Keywords: Digital Human; International Communication; Media Affordance

IV Local Media and International Communication

B . 9   GD Today's Innovative Overseas Communication

Practices and Implications   *Zhao Yang* / 194

Abstract: Since its establishment, Guangdong International Communication Centre (GDToday), as the core platform for Guangdong's external communication, has successfully built a communication ecosystem with significant

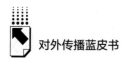

international influence by constructing an independently managed external communication system, creating a matrix of overseas social media accounts, and building a cooperation network with Hong Kong, Macao and the global media. GDToday is committed to providing diversified and innovative content products, aiming to integrate into the global media landscape to establish credibility and communication, and building a service network covering economic, trade and cultural exchanges worldwide. GDToday is committed to providing diversified and innovative content products, aiming at integrating into the global media landscape, establishing credibility and communication power, and building a global economic, trade and cultural exchange service network. In recent years, GDToday has grown rapidly, not only responding effectively to the information needs of overseas users, but also taking the initiative to broaden the channels of communication between China and the rest of the world, and becoming an authoritative provincial international communication platform that connects the province's external communication resources.

Keywords: GDToday; Overseas Communication; Ecosystem

B.10 Hunan International Communication Centre's Innovative Overseas Communication Practices and Implications

Tang Ji'an, Wan Shaoguang and Zhu Simeng / 215

Abstract: This report focuses on Hunan International Communication Centre's core platform, Hunan International Channel (HICC), and discusses the innovative practices of local mainstream media in foreign communication in the context of globalisation. Based on the compilation and analysis of relevant practice cases, the report suggests that in recent years, Hunan International Communication Centre and Hunan International Channel have successfully enhanced the international community's understanding and knowledge of China through the market mechanism, such as the joint operation of channels and co-production of programmes by Chinese and foreign media. In addition, building an overseas multi-platform new media matrix, creating new media studios with brand characteristics for foreign communication, and extensively using digital technology for content dissemination and user operation are important ways for local media to carry out foreign communication work in the new era. The study points out that under the media convergence strategy, local mainstream media and international communication centres at all levels need to continuously promote the dissemination and influence of local and even national foreign communication by means of cultural exchanges to convey Chinese values, creating large-scale foreign affairs activities to show China's charisma, conveying China's voices through special programmes, and developing multi-path development to form a communication synergy.

Keywords: International communication; International Communication Basis; Hunan International Channel; Digital Technology; Media Strategy Integration

B.11 Hubei Radio and Television Station's Innovative Practices and Implications for International Communication

Cao Xiqing, Zhao Huan and Zou Jing / 230

Abstract: This report takes Hubei Radio and Television Station's foreign communication innovation practice as the object of research, focusing on combing and analysing the practical experience and practices of Hubei International Communication Centre since its establishment in 2023. The study finds that the Hubei International Communication Centre has formed a joint working mechanism for international communication, a mechanism for content innovation, and a production and management mechanism for major projects, such as the "Media Brain". In addition, through the five development strategies of channel construction, alliance strengthening, product refinement, cultural and tourism

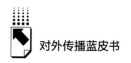

integration and conceptual innovation, as well as the five communication strategies of basing on the local community, proactive voice, other's perspective, dialogue with the youth, and technological empowerment, the Hubei International Communication Center has not only presented a true and rich Hubei to the international community, but also allowed the international community to learn about a comprehensive and three-dimensional China.

Keywords: Innovative Institutional Mechanisms; International Communication System; Communication Strategies; Communication Effectiveness

V   Case Studies

B.12   Cultural Concepts, Innovative Practices and Experiences of
Hangzhou Asian Games Overseas Communication

Guo Hanyu, Wang Ruyue / 246

Abstract: The successful hosting of the Hangzhou Asian Games has opened a new and moving chapter for presenting a true, three-dimensional and comprehensive image of China, accelerating the construction of Chinese discourse and Chinese narrative system, and providing important insights for researchers and relevant decision-makers to enhance their understanding of the logic, system, experience and laws of foreign communication of sports events. Taking the Hangzhou Asian Games as a case study, this report analyses the external communication paradigm of the Hangzhou Asian Games from the perspectives of cultural concepts, innovative practices, and lessons learned. The study concludes that the concept of organising the Hangzhou Asian Games reflects a rich cultural concept of external communication, which is deeply reflected in the "Humanistic Asian Games", "Green Asian Games", "Urban Asian Games", "Intelligent Asian Games" and "Intelligent Asian Games". In the context of openness, interactivity, mobility and emotion, the successful hosting of the Asian Games in Hangzhou has contributed to the successful development of digital public diplomacy. In the context of open, interactive, mobile and emotional foreign communication, the successful hosting of Hangzhou Asian Games provides an important reference for making good use of the home opportunity of digital public diplomacy, adhering to the practice of empathy, innovating integrated communication, and exploring the new dialogue paradigm in social communication.

Keywords: Hangzhou Asian Games; International Communication; Chinese Discourse System; Chinese Narrative System

B. 13 From Hangzhou Asian Games to the World Stage: A New Opportunity for Hong Kong's City Image Building and Overseas Communication *Dong Yanrong* / 261

Abstract: Hong Kong's role as a global media powerhouse, its location at the centre of the Asia−Pacific region, its easy access to international exchanges and co-operation, and its well-developed communication and networking facilities provide convenient conditions for the development of journalism. The Hangzhou Asian Games provided new opportunities for Hong Kong to build its city image and communicate with the outside world. During the Hangzhou Asian Games, the Hong Kong delegation achieved remarkable results, which were actively disseminated through the media and rebuilt the image of the "Pearl of the Orient". The Asian Games is not only a sports event, but also a platform for cultural dissemination. Hong Kong has made use of the Asian Games to tell the story of the city and enhance its international recognition, with the SAR Government stepping up publicity, the media actively participating, and the mascot "Kin" symbolising the spirit of the Lion Rock, which demonstrates Hong Kong's indomitable style and guides young people to pay attention to the development of the country and enhance patriotic sentiments. The effect of the Asian Games has promoted Hong Kong's economic and cultural exchanges, and enhanced the city's

competitiveness and international status. Hong Kong should continue to seize the international opportunities and strengthen its external communication to enhance the city's competitiveness and international influence.

Keywords: Hong Kong City Image; Overseas Communication; Hangzhou Asian Games; Sports Communication

B.14 Current Situation, Problems and Countermeasures Suggestions of Chinese Energy Enterprises' Propagation in Lancang and Mekong Regions

Feng Jie, Jiang Li, Liu Wenhui, Cai Yixuan and Jiang Tao / 274

Abstract: The Lancang and Mekong regions are the key regions for Chinese energy companies to invest in the "Belt and Road" projects, and the regional public opinion environment has an important impact on the effectiveness of Chinese energy companies' investment and construction, as well as their international communication image. This report focuses on the communication situation of Chinese energy companies in Laos and Myanmar, highlights important media and third-party key organisations in Laos and Myanmar, and analyses the main problems of Chinese energy companies' communication in the Lancang region in light of a public opinion issue triggered by a hydropower plant in Laos. The report points out that there are obvious differences in the awareness of international communication among different levels and fields of Chinese enterprises, such as leadership, international business segments and news propaganda positions, and they generally lack experience in dealing with overseas media and third-party organisations, failing to form a "communication matrix" of "overseas media + third-party organisations + own social media + key opinion leaders/think tanks". It has failed to form a "overseas media + third-party organisations + own social media + key opinion leaders/think tanks" communication matrix. In the future, Chinese-funded energy enterprises need to further improve the relevant working mechanism and clarify the responsibilities and scope of publicity in the process of external communication.

Keywords: Chinese-Funded Energy Enterprises; Lancang－Mekong River region; Electricity cooperation; Communication Strategy

社会科学文献出版社

皮 书

智库成果出版与传播平台

❖ 皮书定义 ❖

皮书是对中国与世界发展状况和热点问题进行年度监测，以专业的角度、专家的视野和实证研究方法，针对某一领域或区域现状与发展态势展开分析和预测，具备前沿性、原创性、实证性、连续性、时效性等特点的公开出版物，由一系列权威研究报告组成。

❖ 皮书作者 ❖

皮书系列报告作者以国内外一流研究机构、知名高校等重点智库的研究人员为主，多为相关领域一流专家学者，他们的观点代表了当下学界对中国与世界的现实和未来最高水平的解读与分析。

❖ 皮书荣誉 ❖

皮书作为中国社会科学院基础理论研究与应用对策研究融合发展的代表性成果，不仅是哲学社会科学工作者服务中国特色社会主义现代化建设的重要成果，更是助力中国特色新型智库建设、构建中国特色哲学社会科学"三大体系"的重要平台。皮书系列先后被列入"十二五""十三五""十四五"时期国家重点出版物出版专项规划项目；自2013年起，重点皮书被列入中国社会科学院国家哲学社会科学创新工程项目。

权威报告·连续出版·独家资源

皮书数据库
ANNUAL REPORT(YEARBOOK) DATABASE

分析解读当下中国发展变迁的高端智库平台

所获荣誉

- 2022年，入选技术赋能"新闻+"推荐案例
- 2020年，入选全国新闻出版深度融合发展创新案例
- 2019年，入选国家新闻出版署数字出版精品遴选推荐计划
- 2016年，入选"十三五"国家重点电子出版物出版规划骨干工程
- 2013年，荣获"中国出版政府奖·网络出版物奖"提名奖

皮书数据库

"社科数托邦"
微信公众号

成为用户

登录网址www.pishu.com.cn访问皮书数据库网站或下载皮书数据库APP，通过手机号码验证或邮箱验证即可成为皮书数据库用户。

用户福利

- 已注册用户购书后可免费获赠100元皮书数据库充值卡。刮开充值卡涂层获取充值密码，登录并进入"会员中心"—"在线充值"—"充值卡充值"，充值成功即可购买和查看数据库内容。
- 用户福利最终解释权归社会科学文献出版社所有。

数据库服务热线：010-59367265
数据库服务QQ：2475522410
数据库服务邮箱：database@ssap.cn
图书销售热线：010-59367070/7028
图书服务QQ：1265056568
图书服务邮箱：duzhe@ssap.cn

社会科学文献出版社 皮书系列
SOCIAL SCIENCES ACADEMIC PRESS (CHINA)

卡号：462494842455
密码：

S 基本子库
SUB DATABASE

中国社会发展数据库（下设 12 个专题子库）

紧扣人口、政治、外交、法律、教育、医疗卫生、资源环境等 12 个社会发展领域的前沿和热点，全面整合专业著作、智库报告、学术资讯、调研数据等类型资源，帮助用户追踪中国社会发展动态、研究社会发展战略与政策、了解社会热点问题、分析社会发展趋势。

中国经济发展数据库（下设 12 专题子库）

内容涵盖宏观经济、产业经济、工业经济、农业经济、财政金融、房地产经济、城市经济、商业贸易等 12 个重点经济领域，为把握经济运行态势、洞察经济发展规律、研判经济发展趋势、进行经济调控决策提供参考和依据。

中国行业发展数据库（下设 17 个专题子库）

以中国国民经济行业分类为依据，覆盖金融业、旅游业、交通运输业、能源矿产业、制造业等 100 多个行业，跟踪分析国民经济相关行业市场运行状况和政策导向，汇集行业发展前沿资讯，为投资、从业及各种经济决策提供理论支撑和实践指导。

中国区域发展数据库（下设 4 个专题子库）

对中国特定区域内的经济、社会、文化等领域现状与发展情况进行深度分析和预测，涉及省级行政区、城市群、城市、农村等不同维度，研究层级至县及县以下行政区，为学者研究地方经济社会宏观态势、经验模式、发展案例提供支撑，为地方政府决策提供参考。

中国文化传媒数据库（下设 18 个专题子库）

内容覆盖文化产业、新闻传播、电影娱乐、文学艺术、群众文化、图书情报等 18 个重点研究领域，聚焦文化传媒领域发展前沿、热点话题、行业实践，服务用户的教学科研、文化投资、企业规划等需要。

世界经济与国际关系数据库（下设 6 个专题子库）

整合世界经济、国际政治、世界文化与科技、全球性问题、国际组织与国际法、区域研究 6 大领域研究成果，对世界经济形势、国际形势进行连续性深度分析，对年度热点问题进行专题解读，为研判全球发展趋势提供事实和数据支持。

法律声明

“皮书系列”（含蓝皮书、绿皮书、黄皮书）之品牌由社会科学文献出版社最早使用并持续至今，现已被中国图书行业所熟知。“皮书系列”的相关商标已在国家商标管理部门商标局注册，包括但不限于 LOGO（▧）、皮书、Pishu、经济蓝皮书、社会蓝皮书等。“皮书系列”图书的注册商标专用权及封面设计、版式设计的著作权均为社会科学文献出版社所有。未经社会科学文献出版社书面授权许可，任何使用与“皮书系列”图书注册商标、封面设计、版式设计相同或者近似的文字、图形或其组合的行为均系侵权行为。

经作者授权，本书的专有出版权及信息网络传播权等为社会科学文献出版社享有。未经社会科学文献出版社书面授权许可，任何就本书内容的复制、发行或以数字形式进行网络传播的行为均系侵权行为。

社会科学文献出版社将通过法律途径追究上述侵权行为的法律责任，维护自身合法权益。

欢迎社会各界人士对侵犯社会科学文献出版社上述权利的侵权行为进行举报。电话：010-59367121，电子邮箱：fawubu@ssap.cn。

社会科学文献出版社